古代歷史文化研究輯刊

初 編

王 明 蓀 主編

第 4 冊

情感與制度：魏晉時代的母子關係

鄭 雅 如 著

國家圖書館出版品預行編目資料

情感與制度：魏晉時代的母子關係／鄭雅如 著 — 初版 — 台
北縣永和市：花木蘭文化出版社，2009〔民98〕

目 2+168 面：19×26 公分

（古代歷史文化研究輯刊 初編：第 4 冊）

ISBN：978-986-6449-32-1（精裝）

1. 女性　2. 母親　3. 親子關係　4. 魏晉南北朝

544.14　　　　　　　　　　　　　　　　98002280

ISBN - 978-986-6449-32-1

9 789866 449321

古代歷史文化研究輯刊
初　編　第　四　冊　　　　　　ISBN：978-986-6449-32-1

情感與制度：魏晉時代的母子關係

作　　者　鄭雅如

主　　編　王明蓀

總 編 輯　杜潔祥

出　　版　花木蘭文化出版社

發 行 所　花木蘭文化出版社

發 行 人　高小娟

聯絡地址　台北縣永和市中正路五九五號七樓之三

　　　　　電話：02-2923-1455／傳眞：02-2923-1452

網　　址　http://www.huamulan.tw 信箱 sut81518@ms59.hinet.net

印　　刷　普羅文化出版廣告事業

初　　版　2009 年 3 月

定　　價　初編 20 冊（精裝）新台幣 31,000 元

情感與制度：魏晉時代的母子關係

鄭雅如　著

作者簡介

鄭雅如，臺灣大學歷史學系博士候選人，現任職於中央研究院歷史語言研究所。研究領域為中國中古社會文化史。

提　要

　　本書從喪服禮制、文化理念、家庭結構等面向具體考察魏晉時期的母子關係。

　　魏晉以降儒家家庭理念正逐步與禮律結合，規範母子關係與建構父系家庭息息相關。依據禮制，「父至尊」的觀念深深影響母子倫理，然而「母至親」的訴求在現實中亦激起強烈迴響；母子情感與父系制度之間有著微妙複雜的交會與對抗。

　　魏晉時期孝子為母服喪的變革凸顯「母以子貴」、「母子至親」對父系原則帶來的衝擊；在一妻多妾家庭中，不同的母子名分在互動經驗上存在明顯的差異，人心情感無法如禮制規範的齊一；親生母子於家內、社會的處境亦往往榮辱與共，形成以母親為核心的情感認同。母職猶如一把雙刃之劍，既是父系家庭延續的保證，也改變女性自身的處境，甚至回頭挑戰父系制度對母職的控制。

　　然而母子名分的成立與人倫理想既受父系制度主宰，母職對於父系制度的挑戰，往往只能是架構內的局部修正。東晉于氏爭取重新界定母子關係的失敗，凸顯了超逸出父系制度的女性經驗，父權社會往往「無心」也沒有「能力」理解。

目次

第一章　緒論：從東晉于氏上表談起

前　言

本章爲正式討論論文主題之前的說明。分爲四個部份，第一節以東晉于氏的故事爲引，闡述筆者的研究動機和問題意識。第二節界定本文的研究範圍，定義使用的相關辭彙。第三節回顧並檢討與母職相關的史學研究，以及其他學科領域中，對本文的寫作深具啓發的作品。第四節略述本論文之章節安排。

第一節　楔子——于氏的故事

現存史傳記載中，女性上表向朝廷陳情的例子，並不多見，較爲人熟知的，僅有西漢淳于意之女緹縈，〔註1〕以及明朝楊繼盛之妻張氏。〔註2〕前者爲了贖父罪刑，後者則欲救夫性命。而爲了女性本人的困境上表發言者，就現存史料來看，東晉于氏當爲第一人。讓我們就從于氏的故事說起。〔註3〕

> 妾（于氏）昔初奉醮歸於賀氏，胤嗣不殖，母兄群從以妾犯七出，
> 數告賀氏求妾還。妾姑薄氏過見矜愍，無子歸之天命，婚姻之好，

〔註1〕見《史記》（北京：中華書局校點本，1992）卷一〇五〈太倉公傳〉，頁2795。

〔註2〕見《明史》（北京：中華書局校點本，1991）卷二〇九〈楊繼盛傳〉，頁5541～5542。

〔註3〕于氏的上表及時人之評議，皆輯錄於（唐）杜佑所撰寫的《通典》；見杜佑，《通典》（王文錦點校，北京：中華書局校點本，1988）卷六九〈禮典二十九〉「養兄弟子爲後後自生子議」條，頁1907～1913。

義無絕離，故使夫喬，多立側媵。喬仲兄群，哀妾之身，恕妾之志，數謂親屬曰：「于新婦不幸無子，若群陶新婦生前男，以後當以一子與之。」陶氏既產澄、馥二男，其後子輝在孕，群即白薄：「若所育是男，以乞新婦。」妾敬諾拜賜，先爲衣服，以待其生。輝生之日，洗浴斷臍，妾即取還，服藥下乳以乳之。陶氏時取孩抱，群恆訶止，婢使有言其本末者，群輒責之。誠欲使子一情以親妾，而絕本恩於所生。輝百餘日，無命不育，妾誠自悲傷，爲之憔悴，姑長上下，益見矜憐。群續復以子率，重見鎭撫，妾所以託心盡力，皆如養輝，故率至於有識，不自知非妾之子也。率生過周，而喬妾張始生子纂，於時群尚平存，不以爲疑。原薄及群以率賜妾之意，非惟以續喬之嗣，乃以存妾之身，妾所以得終奉烝嘗於賀氏，緣守群信言也。率年六歲，纂年五歲，群始喪亡。其後言語洩露，而率漸自嫌爲非妾所生。率既長，與妾九族內外修姑姨之親，而白談者或以喬既有纂，其率不得久安爲妾子，若不去，則是與爲人後。去年，率即歸還陶氏。喬時寢疾，曰：「吾母、兄平生之日所共議也，陌上遊談之士，遽能深明禮情？當與公私共論正之。」尋遂喪亡。率既年小，未究大義，動於游言，無以自處。妾亦婦人，不達典儀，唯以聞於先姑，謂妾養率以爲己子，非所謂人後也。妾受命不天，嬰此煢獨，少託心力，老而見棄，曾無螟蠃式穀之報，婦人之情，能無怨結？〔註4〕

時間是在東晉成帝咸和五年（330），一位婦女向朝廷上表陳情，她是已故散騎侍郎賀喬之妻于氏。〔註5〕于氏嫁給賀喬爲妻，一直沒有生育子息，于氏本家以于氏無子爲理由，請求賀家遣還于氏。但賀喬的母親薄氏站在家族的立場，認爲婚姻合二姓之好，不可解除，不答應于氏本家之請，而令賀喬以納妾的方式來解決無子的問題。二伯賀群同情于氏無子，將其妻陶氏新生之男嬰給予于氏扶養，不幸百日夭折。後來陶氏又生一子，賀群續將新生兒給予于氏，名爲賀率。于氏養育賀率，「推燥居溼，分肌損氣，二十餘年，已至成人」。〔註6〕但另一方面，賀喬之妾張氏，順利地完成爲家庭誕育子嗣的任務，產下一子，名賀纂。賀喬既有了親生骨血，賀率是否可爲于氏之子便引起了

〔註4〕 《通典》卷六九〈禮典二十九〉「養兄弟子爲後後自生子議」條，頁1907～1908。
〔註5〕 見《通典》卷六九〈禮典二十九〉「養兄弟子爲後後自生子議」條，頁1907。
〔註6〕 見《通典》卷六九〈禮典二十九〉「養兄弟子爲後後自生子議」條，頁1910。

質疑，爭議多年，在于氏上表的前一年，賀率歸還所生母陶氏。于氏養育賀率二十餘年，「少訖心力，老而見棄」，「婦人之情，能無怨結？」故上表向朝廷陳情，自述養育賀率之始末。

于氏除了自述陳情緣由，在表文中並針對賀率的身分是「爲人後」的說法，「備論其所不解六條，其所疑十事」反駁，從自己擔任母親之職、養育賀率的經驗出發，認爲賀率應該是自己的兒子。朝廷將于氏所陳，交付群臣討論。四位發表意見的朝臣，只有博士杜瑗站在同情于氏的立場，認爲養育之情不可抹煞，賀率應爲于氏之子；其餘以尙書張闓爲首的朝臣，皆從父系繼嗣制度的角度評論此事，認爲于氏養賀率是爲賀喬之後嗣，主張賀喬既有親生血胤，則賀率當還本，以賀喬爲主體來判定親屬關係，完全忽視于氏爲母的經驗事實。最後，事件依舊以賀率歸還本生定案。〔註7〕（于氏的立論及朝臣的回應在第六章有詳細探討。）

于氏上表的經過與內容，在現存史料中，僅見於《通典・禮典》，作者杜佑輯錄這篇上表，以及時人的議論，題名爲「養兄弟子爲後後自生子議」；由此可見，後世男性史家對這個母親爭取養子爲己子的事件，是站在父系繼嗣制度的立場拍板定案。于氏力辯「養率以爲己子，非所謂人後也」，以女性自己爲母的經驗來認定母子關係，逸出了父系繼嗣制度的規範，而被制度的維護者斥責「博引非類之物爲喻」，〔註8〕凸顯了在女性經驗與父系制度衝突的情況下，女性的情感與經驗受到嚴重的忽視、扭曲。從東晉至現代，一千六百多年來，于氏與賀率的關係，一直以于氏最不願接受的角度被後人詮釋。在即將進入西元廿一世紀的今日，我們的社會是否已有「能力」，從于氏的角度理解于氏的聲嘶力辯？女性「無子」的文化壓力是否依然存在？我們的社會對母職的看法是否依然充滿父權觀點？值得我們深思。

于氏的表文中，一共出現了四位母親，依出現的先後次序，分別是于氏（賀輝、賀率的養母，賀纂的嫡母）、薄氏（賀群、賀喬兄弟的母親）、陶氏（賀輝、賀率的生母）、張氏（賀纂的生母）。從故事所見，這四位母親在同一家族中的地位和處境顯然很不一樣。

〔註7〕　見《通典》卷六九〈禮典二十九〉「養兄弟子爲後後自生子議」條，頁 1908
　　　　～1913。

〔註8〕　見尙書張闓議，在《通典》卷六九〈禮典二十九〉「養兄弟子爲後後自生子議」
　　　　條，頁 1913。

在于氏的表文中，我們看到賀群、賀喬的母親薄氏，做爲母親所享有的威嚴和權力，其地位儼然如賀家的女家長，在許多家族事務的決策上，具有最高的決定權。于氏無子不孕，承受龐大的家族壓力；養育賀率爲子，又因爲無法在父系繼嗣制度中找到依據，而終不被承認；但于氏身爲賀喬的妻子，又得以依據禮法自動擁有母親身分，成爲賀纂的嫡母。于氏與賀率母子關係的解除，于氏與賀纂母子關係的成立，在父系制度下，皆不是于氏所能自主。賀輝、賀率的生母陶氏，在丈夫作主的情況下，被迫連續與所生二子割斷親恩，扮演宛如生育工具的角色；夫亡後，陶氏終究又依恃父系家族的禮法奪回親子。賀纂的生母張氏，爲妾的身分低賤，在家內必須敬事嫡妻，但由於于氏無子，賀纂成爲賀喬的嗣子，繼承門戶，張氏有可能母以子貴，提高在家內的地位。這四位母親中，陶氏爲賀率的生母，于氏爲賀率的養母，一生一養，兩人皆自認是賀率的母親，彼此有爭奪賀率爲子的衝突。對於于氏、陶氏兩人的母職經驗，有必要更詳細的討論。

于氏雖然不能生育自己的骨肉，但仍足以擔任養育的母職。二伯賀群承諾將自己的兒子給于氏扶養，在陶氏懷胎期間，于氏就開始準備做母親，先將嬰兒的小衣準備妥當，一心等待胎兒出生。陶氏生下一個男嬰賀輝，洗浴斷臍後，賀輝就被抱到于氏這邊扶養。于氏「服藥下乳」，親自哺乳賀輝；除了不是懷胎十月所生，于氏做足了母親應當擔任的母職。但是賀輝卻百日早夭，于氏養育自己子嗣的希望又再破滅。賀家上下同情于氏，賀群後來又再將陶氏所生的賀率，給于氏扶養。于氏養育賀率，一如養育賀輝般的愼重盡心，不論是身體上、物質上的準備，都希望能讓賀率在「未有識」的情況下，自然建立起與于氏的母子親情，將于氏當作親生母親。于氏以母親的心情、母親的行動、母親的身分養育賀率；于氏是賀率的母親，就于氏的母職經驗而言，實爲理所當然。

于氏扶養賀率不過一年，賀喬之妾張氏就生了兒子賀纂。爲人妾在嫡妻不孕的情況下爲家庭誕育一子，對張氏這位母親而言，無疑是幸運的；而對于氏來說，雖因爲嫡妻的身分自動成爲賀纂的嫡母，但張氏的生子有成，恰好凸顯自己肚子「不爭氣」的事實，養育賀率對于氏而言，可能更成一種寄託和慰藉。據于氏的自述，賀纂出生後，在賀群的維護下，于氏養育賀率爲子並沒有出現爭議，所以于氏仍以賀率爲己子扶養，賀纂則可能由生母張氏照料。所以雖然就嫡庶制度而言，于氏是賀纂的嫡母，但從于氏的母職經驗

來看，賀率才是于氏親手拉拔長大的兒子。

賀群一再將自己的兒子給于氏扶養，並且禁止婢女說東道西，也不讓陶氏抱取自己所生的嬰孩。賀群的行止，對于氏而言固然恩感五內，但對另一位母親，孩子的生母、陶氏而言，又是怎樣的感受？陶氏是否願意割斷親恩，讓孩子認他人爲母？于氏表中並未提到陶氏個人的意見，但從「陶氏時取孩抱」的行爲，及尚書張闓議曰：「賀喬妻于氏表與群妻陶氏所稱不同」，[註9]可推測陶氏對自己親生的兒子親情難斷。然而在姑認可、夫作主的情況下，陶氏的意見似乎是被忽略的。爲了瞭解陶氏可能的想法和心情，我們試著推想一下陶氏的母職經驗。

賀輝與賀率皆是一出生就被帶離陶氏身邊，因此陶氏僅擔任了生育的母職。試推想，嬰孩在出生之前，在母親體內孕育十月，其間，母親與腹中骨肉一體相連，以自己的血肉哺育胎兒成長，爲母的甜蜜與辛苦、母子在懷孕期間產生的親密連繫，實非他人所能了解。婦人從懷孕開始，就已經成爲母親，扮演母職，而男子往往在胎兒出生後，才逐漸有了當父親的感受。因此母親與嬰兒的感情，極可能和父親與嬰兒大不相同。賀輝與賀率一出生，就在賀群的決定下被抱走，賀群之能捨與陶氏之不捨或可由彼此的父職、母職經驗推想而知。

對比於于氏的「胤嗣不殖」，陶氏則頻頻生子；但相同的是，兩人的生育能力皆受父權制度的控制。于氏的無子，不見容於父系家族對婦職的期望，爲此，于氏承受危及婚姻的壓力及丈夫納妾的難堪，在夫家孤零無依。陶氏頻頻生育兒子，圓滿完成「廣繼嗣」的職責。然而自己的身體和生育能力卻在丈夫的意志下，變成生育工具。陶氏連續兩個懷胎十月所生的兒子，甫出生就被帶離身邊，在丈夫的威權下，被迫割斷母子親情。陶氏對兒子的情感不斷受到丈夫的壓抑，兒子雖是陶氏所生，陶氏卻完全無法維護她做爲母親的權利。

于氏養育賀率，推燥居濕二十餘年，賀率爲于氏之子，就于氏而言故屬理所當然，但依據父系繼嗣制度，賀喬與賀率的人倫關係如何定位，才是判定賀率身分的關鍵，因此我們必須討論賀喬在此事件中的角色。于氏自述養子的經過，顯示于氏養育賀群之子，主要獲得了賀群的支持，且經由姑薄氏的同意，然而于氏的丈夫賀喬，在這個過程中的態度和扮演的角色，于氏卻幾乎隻字未提，這是一個十分奇特的地方。婦人在父系禮法的規範中必須「出

〔註9〕在《通典》卷六九〈禮典二十九〉「養兄弟子爲後後自生子議」條，頁1913。

嫁從夫」，〔註10〕賀喬身為于氏的丈夫，對於于氏能否扶養自己兄弟的小孩，應該具有決定的權力，于氏卻沒有明確的寫出賀喬的意見，為自己的處境辯護，或許賀喬的意見對于氏不一定有利，這是一個無法證實的重要關鍵。試推想賀喬對此事件的態度，也許賀喬在尚未有子嗣的情況下，並不反對于氏扶養二兄之子做為自己的嗣子，但是當妾張氏生育了自己的親子之後，賀喬如何界定于氏所扶養的賀率與自己的關係？于氏養賀率不過一年，賀纂即誕生，對賀喬而言，纂是與他有血緣的親骨肉，而率既非他親生，撫育幼兒又是母親的職責，賀喬與賀率的感情可能並不深厚。據于氏引述，賀喬在臨亡之前對賀率的事有所交待，但其言仍然沒有明確表示賀喬是否將賀率認作己子。或許賀喬是有意模糊自己的立場，基於與妻子的情份，不能明白主張去率，而又私心於己子賀纂，不願承認賀率的身分為嫡長。在父權家族中，賀喬身為人夫、人父，曖昧不明的態度，或許是于氏終究失去賀率的關鍵，如果賀喬以家父長的身分，明確地向族人表示賀率為己子，就像賀群當初盡力維護于氏與賀率一般，也許于氏與賀率的母子關係便能夠維持；但是，賀喬顯然沒有這麼做。

　　于氏身為女性，出嫁從夫，婚姻轉變了她的生活空間和生命經驗；廣繼嗣，是為人婦重要的職責，于氏不幸無子，使其有虧婦職，無子的難堪，第一便是「出妻」的威脅，即使不被出，或是失卻翁姑疼愛、或是影響夫妻情感、或是面對妻妾之爭，人生的前景總是蒙上一層陰影。對于氏個人而言，得以撫養賀率也許是她生命最大的寄託與安慰。然而在母子相依二十餘年後，仍因「（賀）喬既有（賀）纂，……若不去則是與為人後」，奪去于氏自嬰幼扶養至成人的兒子。于氏的丈夫不為自己伸志，讓于氏有苦難言；夫歿後，于氏養育二十餘年的兒子又被認定不是于氏之子；于氏的陳情不被朝廷接受，其上表又被後世男性史家題為「養兄弟子為後後自生子議」，以賀喬為主體來定論此事。夫已亡，養育成人的兒子又被迫脫離母子關係，「少訖心力，老而見棄」，于氏的處境，實在堪憐。

　　于氏故事中四位母親的處境，呈現女性為父系家族承擔生、養子嗣的重責大任，可能面對的種種情境和人倫關係。在文化壓力下，成為母親，應是古代中國婦女普遍的願望，而生男、生貴男，更是母親最大的期望。原來是

〔註10〕見賈公彥〈疏〉，在《儀禮注疏》（《十三經注疏》阮元刻本，台北：世界書局，1963）卷二九〈喪服〉，頁4b。

生物自然的繁衍行為，卻在文化制度、觀念中，構築成複雜的人倫關係。傳統中國父系家族，如何認定母子關係？有何性別文化意義？對母親而言，誰可為子？對兒子而言，誰是母親？母親與兒子的情感互動有何特色、如何連繫？歷史書寫如何描述母職、塑造理想的母親形象？母子關係對於女性在父系家族中的處境有何影響？女性自己的為母經驗又是如何牽動父系家族？都是值得討論的問題。

于氏的表文呈顯不同世代、身分的母親圍繞在母子關係下的不同處境，引發筆者研究魏晉時期母子關係的動機，而父系禮制與母子的情感經驗對母子關係的形塑，以及三者的交融與衝突，更引起筆者的好奇。本文以魏晉時代的母子關係為主題，以「制度」與「情感」這兩個面向為主軸，分析父系禮制如何定位母名及母子關係；魏晉時期孝子為母親的服喪，如何修正父系禮制對母子關係的限制，禮制在落實的過程中又是如何發展變化；一妻多妾家庭中，各種母親與子的認同如何建立，母子榮辱與共的現象對母子關係有何影響；歷史書寫塑造何種樣貌的母子人倫，文化價值如何影響母子之間的互動；最後，綜合魏晉時期母子關係在制度與實態的相輔與衝突，討論母職對父系家族的貢獻與威脅，藉由于氏據禮（理）抗爭的例子，揭露女性自身的母職經驗對女性的特殊意義，並可能引發對父系制度的挑戰。

本文的研究就禮制史、家族史、文化史方面，將有助於增補魏晉禮制發展的知識，瞭解門第社會中，理想的母子人倫秩序以及魏晉士人家族生活的側面；就婦女史方面，填補母職研究的空白，有助於我們更深入的瞭解父系制度下，婦女所處的文化情境以及她們被忽視的生命經驗。

第二節　研究範圍與概念界定

本文的題目是「情感與制度：魏晉時代的母子關係」，在此先界定本文的研究範圍，以及幾個關鍵名詞的使用定義。

首先，在時代斷限上，本文以魏晉時期為主要討論範圍；僅在第二章因為以先秦以來的喪服制度作為基礎，討論父系觀點下的母子關係，故未凸顯魏晉的時代特色。

魏晉時期是門閥士族掌權的時代，個人寄身於家族門第而非王朝，對於家族人倫的維護尤其關注，士族特別強調透過禮制來安定人倫秩序，行為與

禮制能否應合受到重視。另一方面，玄學家提倡「稱情直往」的士風亦衝擊到傳統禮法，學者曾指出「緣情入禮」是魏晉禮學發展的趨勢，因應時代課題，魏晉禮學發展蓬勃，通過禮制的革新來消彌情禮之間的衝突。〔註11〕魏晉時期留下大量的議禮材料，其中相當多的數量集中於討論如何實踐喪服制度，而各種人倫關係的喪服議禮，又以孝子爲母親服喪爭議最多。魏晉時期，兒子爲母親如何服喪的爭執頻繁，顯示現實中的母子人倫與父系禮制規範有難以對應的落差。由於材料集中與時代表現的特色，因此筆者選擇以魏晉時期作爲研究的主要時代。

　　本文雖以魏晉時期爲主，但考量歷史的延續性、倫理生活在長時間變化緩慢的特質，以及史傳資料關於母子之間的生活記載十分有限等因素，部份的討論有時必須上溯兩漢、下及南朝，少數議題並運用到北朝的史料，在此先予以說明。

　　其次，解釋幾個在本文經常出現的名詞用法。本文所指的「父系制度」有廣、狹二義。狹義的解釋是指其具有鞏固父系家族及社會的作用，並有明確固定的規範及運作機制的制度，例如傳統中國的喪服制度、婚姻制度、繼嗣制度等。廣義的解釋，指文化生活中各種以男性爲主體的價值取向，但缺乏明確固定的規範，實踐上的變化與彈性亦較大，而影響層面可能更廣泛。本文所指的「母子情感」，泛指母子於實際生活中互動的經驗，以及培養的感情。

　　「母子情感」與「父系制度」具有互相強化與破壞的兩面關係。一方面，母子的情感經驗形成於「父系制度」的環境中，在許多方面往往發展成爲符合父系文化所期望的母子關係，更進一步對父系家族、社會的鞏固有所貢獻；另一方面，母子的情感經驗，又有其自發生成的特性，「父系制度」難以完全掌控，可能會出現挑戰「父系制度」的情形。于氏出於養育的母職經驗與情感，認定賀率爲己子，不受「父系制度」的制約，即爲明顯的例證。「母子情感」與「父系制度」的應合與衝突，正是本文討論「母子關係」的主要脈絡。

　　再者，本文所指的「母子關係」，主要有三個不同層次及涵蓋範圍的指涉：一是指生物的性別劃分上，一女一男，二者的人際關係爲「母子」，或稱爲「母子名分」；二是指「母子名分」下，彼此相應的行爲分際，此涵義包括「名分」

〔註11〕見余英時，〈名教危機與魏晉士風的演變〉，《中國知識階層史論》，台北：聯經出版事業公司，1980），頁358～367。

與相應的「行爲」，或稱爲「母子人倫」；三是指「母子名分」下，相關的行爲互動可能產生的情感、權力、利益、衝突等狀態，涵蓋所有與「母子名分」相關的現象，是「母子關係」最廣義的解釋。在一妻多妾的父系家族中，母子名分有多種組合，母子人倫在不同組合中也有不同的特徵。多元的母子名分與多樣的母子人倫，在文化制度、家族社會、情感經驗中交織的各種不同母子關係，是本文所關注的另一焦點。

第三節　研究回顧與檢討

　　近廿年來，中國婦女史的研究，有逐漸蓬勃發展的趨勢。從研究成果來看，舉凡貞節觀念、女主政治、婦女與婚姻、婦女與文學、婦女與宗教、女權思想與運動等研究，皆頗有進展。〔註12〕但關於「母親」，這個多數婦女在遠古以來就在扮演的角色，不論就研究數量或研究的取向來看，仍有許多值得發展的空間。目前的母職研究呈現點狀的發展，這有兩層涵義：一是研究方式多爲單一主題式的切入，例如研究母權、母教、理想的母親形象、禮制中的母親地位等，多爲單一母職面向的討論，缺乏整合性的研究；二是各主題的研究數量皆相當零星，除了研究中古時期婦女與「生育文化」的關係，在最近幾年取得較大的成果外，許多主題還不足以鋪展成完整的全面討論。〔註13〕這些現象都顯示母職研究在學界還有待開發。

〔註12〕關於近五十年來台灣地區「中國婦女史」的研究成果，請參考李貞德，〈超越父系家族的藩籬——台灣地區「中國婦女史研究」（1945～1995）〉《新史學》7：2，1996），頁139～179。「婦女與宗教」的研究成果，見李貞德，〈最近中國宗教史研究中的女性問題〉（《近代中國婦女史研究》2，1994），頁251～270。大陸地區的女性研究回顧，請參考臧健，〈中國大陸近年中國婦女史研究之概況〉（《近代中國婦女史研究》3，1995），頁237～248。杜芳琴，〈七十年來中國婦女史研究綜述（1919～1989）〉（《發現婦女的歷史——中國婦女史論集》，天津：天津社會科學院，1996），頁187～209。英文著作的回顧，請參考 Orliski, Connie, "From the Sung to the PRC: An Introduction to Recent English-Language Scholarship on Women in Chinese History"（《近代中國婦女史研究》3，1995），頁217～235。Ropp, Paul 著，梁其姿譯，〈明清婦女研究：評介最近有關之英文著作〉（《新史學》4：2，1991），頁77～116。

〔註13〕近年來，李貞德教授以漢唐之間爲範圍，針對婦女在生育文化中扮演的角色和處境，進行一系列相關的探討，包括求子、懷孕、生產、墮胎、棄嬰、殺嬰以及乳母研究，將中古時期婦女與生育文化的關係做了相當完整的討論。見氏著，〈漢隋之間的「生子不舉」問題〉（《中央研究院歷史語言研究所集刊》

　　過去的母職研究可區分為制度取徑及經驗取徑，而將兩種取徑的研究成果並列，往往看到的是矛盾的母職圖像。杜正勝研究女性在父系家族中的角色，從喪服禮所規範的服紀來考察母親的地位。杜正勝指出母親在家庭中的地位受限於父系家族結構而相對地低落，同時母親並非單純的血緣稱謂，必須結合母親與父親的關係而界定。〔註14〕杜正勝另一篇母職研究，採取個案研究的方式，考察春秋時代魯季敬姜的事蹟，指出封建時代家國一體，這樣的家族結構，使古典的慈母有如嚴君，維繫家風於不墮。〔註15〕制度取徑的母職研究，我們僅看到制度架構下母親地位的低落，及母親身分依附於父親的不確定性，顯現父系制度中，母親地位受到壓抑。而個別母親事蹟的研究，又讓我們看到在現實生活中母親尊嚴的展現，母親訓誨子姪，整飭閨門家風，在家庭中佔有舉足輕重的地位。制度面與生活面的落差，顯示單從一個面向討論母職有所不足，如何結合兩種研究取徑，考察制度與現實的相互影響，是母職研究有待加強努力的方向。

　　以「母子關係」為主題的史學研究十分少見，但近年出現兩篇佳作，無論是研究的角度或提出的觀點，對於母職研究皆相當具有啟發性。熊秉真探討明清家庭的母子關係，以大量的明清文集、傳記、年譜為史料，將母子關係自其他人倫關係抽離出來討論。熊氏指出在中國性別文化的制約下，一個男子一生中最熟悉、並且可以公開地、無所顧忌熱愛的唯一女性往往是他的母親；同樣地，一個女子一生中可以毫無保留的付出情感，並要求他對自己忠誠、親愛和感激的唯一男性就是他的兒子。母子間的忠誠與情感建立在母親對兒子的褓抱提攜與犧牲奉獻，母親且不時有意識的提醒兒子，母親對他的期望。透過母子共同吃苦患難的經驗及母親一再的灌輸、耳提面命，母親的價值觀、完整性及影響力會活在兒子的生命裏，終生相隨。〔註16〕熊氏

66：3，1995），頁747～812；〈漢唐之間醫書中的生產之道〉（《中央研究院歷史語言研究所集刊》67：3，1996），頁533～654；〈漢唐之間求子醫方試探——兼論婦科濫觴與性別論述〉（《中央研究院歷史語言研究所集刊》68：2，1997），頁283～367；〈漢魏六朝的乳母〉（《中央研究院歷史語言研究所集刊》70：2，1999），頁439～481。

〔註14〕杜正勝，〈女性在父系家族中的角色〉（《古代社會與國家》，台北：允晨文化實業股份有限公司，1992），頁869～876。

〔註15〕杜正勝，〈古典的慈母魯季敬姜〉（《歷史月刊》4，1988），頁114～121。

〔註16〕熊秉真著、岳心怡譯，〈建構的感情——明清家庭的母子關係〉（收入盧建榮主編，《性別、政治與集體心態——中國新文化史》，臺北：麥田出版，2001），

的研究，連結性別、情感與權力的角度，著重母子共同吃苦患難的經驗對母子關係產生的影響，並且指出情感也是權力的來源。這種轉變觀點的研究，突破過去從各種「父系制度」研究母職的侷限，爲母職的研究開展了新的方向，引發筆者從「母子關係」研究母職的興趣和注意母子情感經驗的研究方向。

Alan Cole 的近作討論中國佛教中的母子關係，〔註17〕他指出五到十世紀之間，佛教高僧和信徒透過譬喻文學一再重複「母恩難報卻應報」的主題，以「救母拔離苦境」（先有佛陀後有目連）爲核心故事，提倡七月十五的普渡法會。Alan Cole 認爲儒家尊父的倫理價值，貶抑母親的地位，人子缺乏適當的管道報答母親的恩惠；而佛教的信仰及儀式正好補足了人子對於母恩難報的缺憾。因此高僧與信徒的努力，不但爲傳統中國的「母子私恩」提供了抒情的管道，也鞏固了佛教寺廟在中國的社會與經濟地位。〔註18〕Alan Cole 的研究，凸顯了儒家倫理對母親的壓抑，而認爲佛教信仰解決了人子「母恩難報」的情感緊張，其研究角度和觀點，對於佛教在中古時期興盛的原因提出新的解釋。但有學者認爲，漢唐之間爲人子者亦不乏嘗試經由儒家體系來彰顯母子私恩，透過迂迴解釋禮法，企圖在服喪方面尊崇生養自己的母親，而貶抑配父的嫡、繼之母。〔註19〕筆者從魏晉時期孝子爲母服喪的議禮，考察母子關係，希望有助於澄清中古時期孝子如何回報母恩的問題。

歷史學以外的研究領域，亦有兩篇與母職相關的西文研究，啓發筆者的研究觀點。人類學家 Margery Wolf 研究台灣農村婦女與家庭的關係，指出在父系制度的架構下，存在母親以自己爲核心，以所生之子女爲成員，以情感與忠誠爲凝聚力量的「子宮家庭」（uterine family）。女兒在出嫁後，離開原生的「子宮家庭」，兒子則不同，永遠在母親的身邊，同時兒子娶的媳婦，及之後誕生的孫子女，也都是「子宮家庭」的一員；因此，母親的未來寄望在兒

頁 255～280；Hsiung Ping-Chen, "Constructed Emotions: The Bond Between Mothers And Sons In Late Imperial China", Late Imperial China. Vol. 15, No.1（June 1994）87～117.

〔註17〕Alan Cole, *Mothers and Sons in Chinese Buddhism*. Stanford: Stanford University Press,1998.

〔註18〕參考李貞德，〈漢唐之間的母親〉（國科會結案報告 NSC88-2411-H-001-019，1999），頁 5。

〔註19〕見李貞德，〈漢唐之間的母親〉（國科會結案報告 NSC88-2411-H-001-019，1999），頁 5。

子的未來，母親與兒子的關係特別密切。〔註20〕Wolf 考察女性內心對家庭的認同圖像，提出「子宮家庭」的概念，打破僅存在「父系家庭」的思考方式，揭露出以母親為主體的家庭認同，及母子關係對女性的重要。

美國當代詩人及作家 Adrienne Rich 在 1977 年發表 *Of Woman Bor* 一書，是美國第二波婦運探討母職的經典作品。Rich 將父權社會用來控制女性的生育和性欲的「母職制度」（the institution of motherhood），與女性自己做母親的身、心經驗加以區分，討論在父權制度下女人身為母親的境況，以及在不受男性支配下，母親角色所帶給女性的經驗。〔註21〕Rich 將母親角色區分成「經驗」與「制度」，影響筆者本文的研究取徑。

女性在傳統中國父系社會，扮演「廣繼嗣」的重責大任，母親角色深深影響女性在家內的地位和處境；做為母親，也是多數女性重要的生命經驗，要瞭解古代婦女的生活，便不能忽略母職研究。目前歷史學領域的母職研究，仍有許多值得深入探討的空間。本文在上述研究的基礎及啟發下，從「母子關係」來討論母職，分析「父系制度」與「母子情感」對「母子關係」的影響，期望能對魏晉婦女史的研究有所補益。

第四節　章節安排

本論文共有六章。在第二章，筆者從喪服制度來考察父系觀點下的母子關係。首先，簡要描述整個喪服制度的制服原則，以及藉由服喪所彰顯的父系人倫價值，做為進一步討論喪服制度中的母子關係之知識背景。再者，利用《儀禮·喪服》，分別討論親生母子、非親生母子彼此如何服喪的規範，分析父系禮制如何界定母子關係，又是如何貶抑母子關係。

第三章承續第二章的禮制脈絡，重點放在魏晉時期孝子如何為母服喪。筆者利用《通典》中，集中於魏晉時期的服喪禮議和案例，討論人子為母親服喪的發展變化。魏晉時期留下大量的服喪議禮，一方面顯示魏晉時代重視喪服禮的實踐，另一方面也透露出現實人情和父系禮制有難以應合之處。焦點在於孝子為母親服喪，加入個人的自主判斷，不願完全依循禮制規定，而引起朝廷或禮學家的批評討論。首先探討魏晉爭議最多的庶生母服喪，考察

〔註20〕 Margery Wolf, *Women and the Family in Rural Taiwan*. Stanford: Stanford University Press, 1972.

〔註21〕 Adrienne Rich, *Of Women Born*. New York: W・W・Norton & Company, 1986.

主張服重與服輕所依據的理由，以及子爲庶生母服在魏晉的重要發展。其次討論子爲出母服喪的相關爭議，服或不服，有何根據，孝子如何自作主張詮釋禮經與父命。最後討論在漢晉間逐漸發展成立的孝子爲嫁母服，及相關的同母異父兄弟服，凸顯在禮經缺乏明確規範的情況下，人情義理如何滲入禮制，回應現實的人倫需要。

二、三章的討論，一方面顯示父系禮制與孝子服喪實踐，存在對比落差；另一方面也揭露禮制並非一成不變，必須順應人倫需要而調整。筆者嘗試在第四章、第五章討論禮不勝情的現實情境，以及喪服制度之外，其他塑造母子關係的文化價值。由於歷史中的人倫現象具有變化緩慢的特徵，爲了呈現比較完整的人倫文化情境，第四、五章的取材範圍將有超出魏晉時代的情形，而追溯到兩漢、延續到南朝，並引用少數北朝的材料。

第四章討論母子在生活情境中榮辱與共的現象。經典中「子以母貴」、「母以子貴」的說法，印證於現實生活有十分豐富的內涵。母親的嫡庶身分影響兒子的嫡庶身分，家父長對母子的愛惡亦經常是一體牽連；而兒子的成就與地位也往往與母親分享。命運相連的處境，使母子關係更爲緊密。但另一方面，家父長的權力，以及嫡庶之辨的觀念，還是可能對母子關係產生不利的影響，筆者亦予以分析，冀望能呈現母與子在家內、社會的各種可能處境。

第五章討論以儒家爲主流的價值係統中，文化所強調、重視的母子關係與互動情況。利用史傳記載及筆記小說、佛教故事、僧傳等材料，呈現母子生活互動的實態，這些材料所描述的母子互動情形是融合現實實態與文化觀點的產物，往往蘊含作者及時代的文化價值觀點，具有塑造理想典範的作用，並且壓抑不符合文化價值的現象。首先討論生育文化下的母子關係，著重於女性在生育文化中扮演的角色，生育文化加諸女性的壓力，以及胎教與母子感通的觀念，顯示生育文化對母職的期望和對親生母子的特殊看法。其次討論最受史家青睞的賢母故事，「教子有方」受到儒家文化高度肯定，是母親最大的成就。討論的焦點放在母教故事中所見的母子關係，以及母教的主要內容和特徵，並分析文化價值重視母教，對母子關係可能帶來的影響。從母教追續下來，接著討論母親與兒子的權力關係。母親多以教子顯榮，兒子則因孝親留名。在孝道的影響下，母親對兒子有極大的權力，對應不同的母子名分，而在展現上亦有所區別。母親藉由對兒子的權力，伸張自己的意志，並將影響力延伸至社會、國家。母子之間除了有明顯的上下權力關係，母子情

感對於母子關係亦有重大影響。所以最後將焦點放在親生母子與繼假母子的情感互動，凸顯母子在文化生活中所培養的情感，難以限制在禮制的規範中。

第六章為結論，綜合討論女性為母的經驗對「父系制度」的挑戰。「父系制度」如何塑造母職、利用母職傳承父系家族？為母經驗如何受到「父系制度」的壓抑，如何尋求突破？首先，綜合討論魏晉時期的母子關係如何挑戰父系制度的控制。其次，討論于氏如何從為母的經驗出發，推翻賀率為人後的說法，並證成兩人的母子關係，做為母職經驗挑戰「父系制度」的極致例證。最後，分析時人對于氏上表的評議，考察于氏立論與「父系制度」的衝突點，歸結「父系制度」如何控制母職。

第二章 父系觀點下的母子人倫：以喪服 制度爲主的考察

前 言

  傳統中國父系家庭的婚姻制度是採取一妻多妾制，一家之內獨尊一父，而母有嫡、庶、繼、慈之別，母子名分的界定在禮制中是一個比較複雜的問題。有母之名的家內女性，與子在禮法上的關係，受到父系原則的規範，具體而微的呈現在喪服制度中，因此欲討論母子關係如何定義，其在家族中與其他人倫關係的相對位階，以及母子人倫在禮制中的安排，必須先瞭解喪服制度所規範的人倫體系，再進一步從《儀禮・喪服》中母子之服的規範進行分析。喪服制度與宗法制度息息相關，其中呈現濃厚的父系繼嗣及尊祖敬宗的原則，在六種服術的調理下，喪服制度所表現的親屬關係並非直接的血緣關係，有關喪服制度與人倫體系的問題將在第一節討論。〈喪服〉中母子人倫親疏如何安排，並非全然以母子血緣爲依據，必須考慮父親的存歿，父親爵位的高低，母親的身分以及子在家族中的身分。這幾種因素相互交叉作用，呈現多種排列組合，顯示母子人倫在禮制中的複雜性。

  本文所要討論的母，是指與父親有婚姻關係的女性，經傳文字中出現的有「母」、「君母」（嫡母）、「繼母」、「慈母」、「庶母慈己」、「庶母」等各種母親，爲了方便於討論，筆者將母子之間的服喪區分爲親生母子的服喪與非親生母子服喪，整理經傳中母子服喪之規範，分析禮制如何界定母子關係的親疏，以及規範服制輕重的原則。第二節討論親生母子如何制服的問題。分析

具有生身關係的母子如何制服，在家庭結構及身分的變化中，母子關係有何改變，如何藉由禮制調整人倫關係，以及父系原則如何影響母子關係。第三節討論非親生母子的制服。凸顯沒有生身血緣的連繫時，禮制依何種原則定位母子關係，並與親生母子人倫的親疏與制服輕重作比較。對象按嫡庶分別兩類，包括嫡母、繼母、所後母；庶母、庶母慈己者與慈母。

第一節　喪服制度所表現的人倫關係

　　傳統中國的生命儀式中，最能表現人際關係及身分的莫過於喪服制度，而《儀禮・喪服》經傳則是對此制度記載最詳備的典籍。《儀禮・喪服》經傳的內容分成三部份，一是〈經〉，說明喪服、喪期和適用對象。二是〈傳〉，多在經文條目後，以問答方式闡明經文制服的用意，或進一步明確解說喪服的適用對象。三是〈記〉，在全篇之末，做為補充前兩者之缺漏。〈喪服〉經傳似非成於一人一時之作，部份傳文之後又再別引「傳曰」，學者認為「是作傳者，引舊傳證成己意。」〔註1〕記文中也有〈傳〉為其作解，「則是作傳者又在作記者之後明矣。」〔註2〕此皆可見〈喪服〉經傳傳衍的痕跡；喪服制度是在長久的實行中逐步發展形成的。學者研究先秦社會的喪服禮俗，不盡與《儀禮・喪服》篇記載相同，〔註3〕然而觀《禮記》〈檀弓〉、〈曾子問〉、〈喪服小記〉、〈服問〉、〈三年問〉和〈喪服四制〉等篇，孔門討論喪服制度的態度，已將其視為一項行之久遠的成規，可推論這項制度，必在孔子之前已大體成形，但可能並非當時社會上多數人皆遵行的風俗，只是儒者對其尤其重視，因而詳加考究，闡釋更明，且極力推行。〔註4〕

　　鄭玄《目錄》闡釋喪服禮的精義，云：

> 天子以下，死而相喪，衣服年月親疏隆殺之禮也。喪必有服，所以為至痛飾也。〔註5〕

〔註1〕　共有六條，〈經〉五條，〈記〉一條。參考（清）胡培翬，《儀禮正義》（南京：江蘇古籍出版社，1993）卷二一〈喪服一〉，頁1388。

〔註2〕　參考胡培翬，《儀禮正義》卷二一〈喪服一〉，頁1339～1340。

〔註3〕　參考章景明，《先秦喪服制度考》（台北：台灣中華書局，1986再版），頁24～28。

〔註4〕　參考閻鴻中，《周秦漢時代家族倫理之變遷》（國立台灣大學歷史學研究所博士論文，1997），頁108。

〔註5〕　引自賈公彥〈疏〉，在《儀禮注疏》卷二八〈喪服〉，頁1a。

《儀禮·喪服》規範的對象，自天子至於庶人，皆總包在內。服喪的對象雖然不限於親屬，但以親屬爲主。〔註6〕喪服制度是由服制與喪期兩者搭配而成。「衣服」即服制，由重到輕分別有斬衰、齊衰、大功、小功、緦麻；「年月」即喪期，由長到短，分別爲三年、期年、九月、七月、五月、三月。而主要的搭配有五類：斬衰三年、齊衰期、大功九月、小功五月和緦麻三月，稱爲「五服」。〔註7〕鄭玄指出服制與喪期配合的基本原則是親者隆——服制重且喪期長；疏者殺——服制輕且喪期短；而生人之所以爲喪者制服，是爲了以外在的服飾表現內心的哀傷之情。《白虎通》云：「喪禮必制衰麻何？以副意也。服以飾情，情貌相配，中外相應，是之謂飾。」〔註8〕由此可見，喪服禮制是一套據由生者與死者的親疏關係，配合喪服之輕重及喪期之久暫，以表現對死者的哀悼之情的制度。

　　事實上「親疏隆殺」只是最基本的制服原則之一，喪服制度中還包含其他原則互相搭配，構成一個複雜的人倫體系。《禮記·大傳》云：

　　　　服術有六，一曰親親，二曰尊尊，三曰名，四曰出入，五曰長幼，

　　　　六曰從服。〔註9〕

鄭玄注云：「親親，父母爲首。尊尊，君爲首。名，世母叔母之屬也。出入，女子子嫁者，及在室者。長幼，成人及殤也。從服，若夫爲妻之父母，妻爲夫之黨服。」〔註10〕「親親」，即是依親屬關係的親疏遠近，而定喪服輕重的一個原則。父母是與我們親屬關係最親密者，爲之服三年之喪，因此爲「親親」之首。「尊尊」是依身分地位的尊卑貴賤作標準，來安排喪服輕重的一個原則。《禮記·喪服四制》云：「資于事父以事君，而敬同。貴貴、尊尊，義之大者也。故爲君亦斬衰三年，以義制者也。」〔註11〕因國君身分至爲尊貴，而爲之服斬衰三年，故謂君爲「尊尊」之首。「名」，即名義。以世母、叔母

〔註6〕　石磊，〈儀禮喪服篇所表現的親屬結構〉（《中央研究院民族學研究所集刊》53，1986），頁2～23。

〔註7〕　參考杜正勝，〈中國傳統家族特質之現代反省——特從服紀與法律的考察〉（《大陸雜誌》95：4，1997），頁5（總頁149）。

〔註8〕　（清）陳立撰，吳則虞點校，《白虎通疏證》（北京：中華書局，1994）卷一一〈喪服〉「論衰」，頁510。

〔註9〕　（唐）孔穎達，《禮記正義》（《十三經注疏》阮元刻本，北京：中華書局，1996）卷三四〈大傳第十六〉，頁279c。

〔註10〕　在《禮記正義》卷三四〈大傳第十六〉，頁279c。

〔註11〕　《禮記正義》卷六三〈喪服四制第四十九〉，頁467a。

爲例，與己本是沒有血親關係的路人，因配於世父、叔父，於己乃有「世母」、「叔母」之名，所以爲之有服。「出入」，指依宗族之歸屬，而定喪服輕重的一個原則。例如女子子在室本屬於父宗，故爲父服斬衰三年，出嫁後，改屬夫宗，則爲夫服斬衰三年，爲父母則降爲齊衰期，父母爲其服喪也從齊衰期年降爲大功九月，此即所謂「出」。若女子出嫁後被出（出妻之規範，後文再另外討論），或夫亡無子復歸本宗者，則仍服在室未嫁之本服，此即所謂「入」。「長幼」，指以年齡來安排服喪輕重的一個原則。鄭玄云：「殤者，男女未冠笄而死，可哀傷也。」〔註12〕《釋名》曰：「未二十而死曰殤。」〔註13〕喪服制度中，若男女年未二十即死，爲之服喪比於成人而死更輕。「從服」，即跟隨某個關係人之服喪而服的一個原則，例如夫妻互相爲對方的親屬服喪。從服的情形共有六種，《禮記‧大傳》曰：「從服有六：有屬從，有徒從，有從有服而無服，有從無服而有服，有從重而輕，有從輕而重。」〔註14〕

關於「從服」，僅取「屬從」、「徒從」稍作解釋，不再一一討論。「屬從」，孔穎達云：「屬謂親屬，以其親屬，爲其支黨。」〔註15〕以子爲母黨服喪爲例，對子而言，母爲至親，而母黨本爲外族，以母之故而爲母黨服。母爲其父母服齊衰期，子從母而服，乃爲外祖父母服小功五月。「屬從」在六種「從服」中較爲特殊，《禮記‧喪服小記》云：「從服者，所從亡，則已。屬從者，所從雖沒也，服。」〔註16〕凡是「屬從」者，無論所從者是存是歿，從服之人皆當爲其親人有服。「屬從」除了子從母以外，夫從妻，妻從夫也都是「屬從」。「徒從」，孔穎達云：「徒，空也，與彼無親，空服彼之支黨。」〔註17〕例如妾爲女君之黨、庶子爲君母（嫡母）之親等等。「徒從」則所從者亡，即不再爲所從者之親有服。〔註18〕

據禮學家的解釋，六種服術之中，「親親」當爲最早發展的原則。朱熹云：「夏、商而上，大概只是親親長長之意，到得周來，則又添得許多貴貴的禮數。如始封之君不臣諸父昆弟，封君之子，不臣諸父而臣昆弟，期之喪天子

〔註12〕在《儀禮注疏》卷三一〈喪服〉，頁13a。
〔註13〕（清）王先謙撰集，《釋名疏證補》（台北：台灣商務印書館，1968）卷八〈釋喪制第二十七〉，頁409。
〔註14〕《禮記正義》卷三四〈大傳第十六〉，頁279c。
〔註15〕在《禮記正義》卷三四〈大傳第十六〉，頁279c。
〔註16〕《禮記正義》卷三二〈喪服小記第十五〉，頁268b。
〔註17〕在《禮記正義》卷三四〈大傳第十六〉，頁279c。
〔註18〕關於「服術」的討論，參考章景明，《先秦喪服制度考》，頁31～37。

諸侯絕，大夫降。……此皆貴貴之義。」〔註19〕胡培翬案：「孔子云：『親親之殺，尊賢之等，禮所生也。』貴貴即尊賢之義。古者喪期無數，……但殷以前質，至周更參以貴貴之制，而五服等殺益明。」〔註20〕因此至周代以下，喪服制中除了「親親」的原則，特別注意身分和爵位在喪服禮制的相應隆殺。此後，「親親」、「尊尊」成爲服術中最重要的原則，二者爲經，其餘四者爲緯，如此交織成一個複雜完備的人倫體系。人們依據彼此在此體系中的位置，互相爲對方服喪，因此喪服制度不僅可藉以表現人際間的情份，透過服喪，更能確定彼此在整個家族、社會體系的關係與身分，具有明顯的社會組織功能。

　　喪服制度所表現的社會組織，是一個宗法社會；喪服制度與宗法制度有著密切配合的關係。對於宗法制度的記載，主要見於《禮記・大傳》：

　　　　君有合族之道，族人不得以其戚戚君，位也。庶子不祭，明其宗也。

　　　　庶子不得爲長子三年，不繼祖也。〔註21〕

「合族之道」據孔穎達〈疏〉，謂透過同族之人一起吃食燕飲之禮，來聚合同一宗族的人。〔註22〕鄭玄注云：「君恩可以下施，而族人皆臣也，不得以父兄子弟之親，自戚於君。位，謂齒列也，所以尊君別嫌也。」〔註23〕國君有搏聚族人之禮，然而國君身分尊貴，族人於君皆爲臣子，不可以親戚的身分同國君班輩，排列位序，由此可見「宗主權」之至上。「庶子」一辭，在禮制中有兩種解釋：一是相對於嫡妻所生之嫡子，則凡妾所生者乃爲庶子。另一則是相對於「宗子」，其餘皆爲庶子。〔註24〕此處之義應從於後者。庶子不祭祀宗廟，是表示尊重宗子的祭祀之權，鄭注曰：「明，猶尊也。」〔註25〕庶子不得爲自己的長子服三年之喪，因爲庶子不繼祖先之正體；「長子」指一家之嫡長子。〔註26〕《儀禮・喪服》中亦有相同的規範，〈喪服・斬衰三年章〉曰：「父爲長子。傳曰：何以三年也。正體於上，又乃將所傳重也。庶子不得爲

〔註19〕　（宋）黎靖德編，《朱子語類》（台北：文津出版社，1986）卷六三〈中庸二〉，
　　　　　頁1554。
〔註20〕　在《儀禮正義》卷二一〈喪服一〉，頁1342。
〔註21〕　《禮記正義》卷三四〈大傳第十六〉，頁280a。
〔註22〕　見《禮記正義》卷三四〈大傳第十六〉，頁280a。
〔註23〕　在《禮記正義》卷三四〈大傳第十六〉，頁280a。
〔註24〕　關於「庶子」一詞的討論，參考閻鴻中，《周秦漢時代家族倫理之變遷》，頁
　　　　　39，註3。
〔註25〕　在《禮記正義》卷三四〈大傳第十六〉，頁280a。
〔註26〕　見《儀禮正義》卷二一〈喪服一〉，頁1366。

長子三年，不繼祖也。」〔註27〕鄭玄注曰：「此言爲父後者，然後爲長子三年。」故知父爲宗子，乃得爲其長子服三年喪；父的宗法身分爲庶子，就不得爲自己的長子服三年。何謂「正體」？雷次宗云：「父子一體也，而長嫡獨正。」〔註28〕故知父子之間，只有代代皆爲長子，以嫡嫡相繼承者，方繼祖宗之正體。「傳重」，鄭注云：「代己爲宗廟主。」〔註29〕因此在宗法制度中，宗子繼承祖宗正體，身負主祭宗廟之重任，其宗法身分特別尊貴；宗子之長子也是祖先之正體，又將繼承主持宗廟祭祀，因此喪服制度中，父親特別爲長子服至重之喪，給予特別的尊重。

以上的特徵顯示，宗法制度是一個父系嫡長繼承之制度，特別重視嫡庶身分之辨，這些特色也反映在喪服制度中「父至尊」的地位，以及爲長子及嫡孫服喪重於爲衆子及庶孫服等規範。

宗法制度中又有大宗、小宗之別，《禮記·大傳》曰：

> 別子爲祖，繼別爲宗，繼禰者爲小宗。有百世不遷之宗，有五世則遷之宗。百世不遷者，別子之後也；宗其繼別子之所自出者，百世不遷者也。宗其繼高祖者，五世則遷者也。尊祖故敬宗，敬宗，尊祖之義也。……絕族無移服，親者屬也。〔註30〕

「別子」，據鄭玄的解釋是指「諸侯之庶子」，或是「始來此國」的異姓大夫。〔註31〕後者是始封爲大夫，前者則爲國君庶子，因「庶子不祭」及「不得以其戚戚君」，因此在國君之下單獨成爲一族之始祖。繼承別子的嫡長子就是新宗族的大宗，特爲族人所尊重；而其餘的父系繼承人，則爲小宗。〔註32〕繼承別子（始祖）的大宗百世不遷，而繼承父親的小宗，超過五代就不再與共高祖以上之族人同宗。

宗法制度中，小宗有四，大宗一，合稱「五宗」。〔註33〕（參見附錄一「大小宗圖」）孔穎達曰：「其繼高祖至子五代，繼曾祖至孫五代，繼祖至曾孫五代，繼禰至玄孫五代，不復與四從兄弟爲宗，故云五代則遷。」〔註34〕家

〔註27〕《儀禮注疏》卷二九〈喪服〉，頁4a。
〔註28〕在《儀禮正義》卷二一〈喪服一〉，頁1366。
〔註29〕《儀禮注疏》卷二九〈喪服〉，頁4a。
〔註30〕《禮記正義》卷三四〈大傳第十六〉，頁280a。
〔註31〕見鄭玄〈注〉，在《禮記正義》卷三四〈大傳第十六〉，頁280a。
〔註32〕見鄭玄〈注〉，在《禮記正義》卷三四〈大傳第十六〉，頁280b。
〔註33〕見孔穎達〈疏〉，在《禮記正義》卷三四〈大傳第十六〉，頁280b。
〔註34〕在《禮記正義》卷三四〈大傳第十六〉，頁280b。

族長主持歷代祖先宗廟祭祀，凡屬於該祖之子孫皆來會祭。小宗五世以外的族人，不再有共同祭祀祖先的活動，稱爲「絕族」，其喪無服，不算親屬。〔註35〕而大宗祭祀始祖，以嫡長子繼承，代代延續下去，百世不遷，所有的小宗皆須來祭，達到收族的作用。家族成員祭祀自己所從出之祖先，稱爲「尊祖」；成員聽命於家族長（宗子），奉他爲宗廟的主祭者，謂之「敬宗」；利用這種方式，把家族成員搏聚起來，即爲「收族」。〔註36〕

《禮記‧喪服小記》曰：「親親以三爲五，以五爲九；上殺、下殺、旁殺而親畢矣。」〔註37〕鄭玄注曰：「己，上親父，下親子，三也。以父親祖，以子親孫，五也。以祖親高祖，以孫親玄孫，九也。」〔註38〕任何一種服紀都是以（男性）生人自己做中心，由己向上推之，有父、祖、曾祖、高祖，爲四世。由己向下推之，有子、孫、曾孫、玄孫，爲四世。上及四世，下及四世，合己共爲九世。古人稱此上下一系如同大樹主幹的親屬結構爲「一本」。〔註39〕「親益疏者，服之則輕。」〔註40〕所以爲父服喪，重於爲祖服，是謂「上殺」；爲子服喪，重於爲孫服，是謂下殺；爲昆弟服喪重於爲從父昆弟服，是謂旁殺。

親屬結構除了「一本」還有以（男性）自己爲中心的「同心圓」結構。〔註41〕（參見附錄二「五服圖」）《禮記‧大傳》曰：「四世而緦，服之窮也。五世祖免，殺同姓也。六世，親屬竭矣。」〔註42〕「四世」，謂與死者同一高祖，而己與死者則爲高祖下第五代之人。「五世」、「六世」之義倣此。〔註43〕由己旁推之，有昆弟（同父），從父昆弟（同祖），從祖昆弟（同曾祖），族昆弟（同高祖），亦爲四世。以自己爲同心圓的中心，一圈一圈往外推；服內親疏明顯的界限在大功，是家族共財的極限，服喪則止於共承高祖之族

〔註35〕見孔穎達〈疏〉，在《禮記正義》卷三四〈大傳第十六〉，頁280c。

〔註36〕參考杜正勝，〈中國傳統家族特質之現代反省——特從服紀與法律的考察〉（《大陸雜誌》95：4，1997），頁5（總頁149）。

〔註37〕《禮記正義》卷三二〈喪服小記第十五〉，頁267a。

〔註38〕在《禮記正義》卷三二〈喪服小記第十五〉，頁267a。

〔註39〕參考杜正勝，《古代社會與國家》，頁857～858。

〔註40〕鄭玄〈注〉，在《禮記正義》卷三二〈喪服小記第十五〉，頁267a。

〔註41〕參考杜正勝，《古代社會與國家》，頁857～858。

〔註42〕《禮記正義》卷三四〈大傳第十六〉，頁279b。

〔註43〕參見楊天宇注語，在氏撰，《禮記譯注》（上海：上海古籍出版社，1997），頁581。

兄弟。五世族人共高祖之父，臨喪弔問，祖訟免冠而已，無服，是「同姓」族人的極限。〔註44〕所以喪服制度中，爲父系親屬服喪的範圍，和小宗所聚合的族人範圍一致，其中，共祖成員是近親的界限。

喪服禮制所規範的是以小宗「五世則遷」之父系宗族爲主的人倫體系。必須說明的是，喪服中也有爲母系親屬服喪的規範，不過其範圍只限外祖父母、舅及舅之子、從母（母之姊妹）及從母之子而已；且母系親屬的服制限制在最輕的「緦麻三月」，僅有外祖父母、從母加服至小功。〔註45〕子爲母系親屬服喪如此的輕微，原因何在？從血緣關係來看，母親的父母應該和父親的父母站在同等的人倫位階，但子爲祖父母服齊衰期的喪服，〔註46〕爲外祖父母僅有小功；〔註47〕子爲父親的兄弟服齊衰期的喪，〔註48〕爲母親的兄弟則只有緦麻三月之服，〔註49〕輕重差距更是明顯。子爲母系親屬的服制，顯然與血緣關係不能相稱。《儀禮・喪服》云：「外親之服皆緦也。」〔註50〕賈公彥曰：「以其異姓，故云外親；以本非骨肉，情疏，故聖人制禮無過緦也。」〔註51〕在父系制度中，子從父親之姓氏，屬於父系家族的成員，母系親屬則歸屬於另一個父系家族，是異姓之人，因此被歸類爲「外親」，不承認其爲「骨肉」。因此，父系家族透過喪服制度的調節，將母系親屬歸爲「外親」，使得每個男性都以自己的父系家族爲自我認同的歸屬。

喪服制度雖以小宗爲主，但透過爲百世不遷之宗子服喪，以及大宗不絕的立後制度，仍彰顯了宗法制度中「尊祖敬宗」的精神。〈喪服・齊衰三月章〉云：「丈夫、婦人爲宗子、宗子之母、妻。傳曰：何以服齊衰三月也？尊祖也。尊祖，故敬宗；敬宗者，尊祖之義也。」〔註52〕大宗不遷，同宗的男女雖在五代之外，仍世世爲大宗宗子及宗子的母親和妻子有服，其喪期雖只有三月，服制卻是僅次於斬衰之齊衰。制定較重的喪服，是爲了藉由尊敬宗子來彰顯

〔註44〕 參考杜正勝，《古代社會與國家》，頁 858～859。
〔註45〕 子爲外祖父母、從母及從母之子服喪，見《儀禮注疏》卷三三〈喪服〉，頁 17a；爲舅及舅之子服喪，見《儀禮注疏》卷三三〈喪服〉，頁 19a。
〔註46〕 見《儀禮注疏》卷三○〈喪服〉，頁 8a。
〔註47〕 見《儀禮注疏》卷三三〈喪服〉，頁 17a。
〔註48〕 見《儀禮注疏》卷三○〈喪服〉，頁 8a。
〔註49〕 見《儀禮注疏》卷三三〈喪服〉，頁 19a。
〔註50〕 在《儀禮注疏》卷三三〈喪服〉，頁 17b。
〔註51〕 賈公彥〈疏〉，在《儀禮注疏》卷三三〈喪服〉，頁 17b。
〔註52〕 《儀禮注疏》卷三一〈喪服〉，頁 12a。

尊敬祖先的心意。而宗子之母、妻，統領族人之婦，故族人亦爲之服喪，亦是「尊祖敬宗」的表現。〔註53〕

《儀禮・喪服》經傳中明白提出大宗不可絕嗣的觀念：「大宗者，收族者也，不可以絕，故族人以支子後大宗也。」〔註54〕將宗族凝聚起來是宗子的責任，也是宗子地位的來源，宗子藉由祭祀祖先，聚合族人燕享以食，以及分別昭穆等儀式，來達到收族的目的。〔註55〕其中尤以宗廟祭祀最爲重要，宗子負責宗廟祭祀，不僅享祀祖先之血食，也是「族人生命歸宿的寄託」。〔註56〕《禮記・曾子問》引孔子之言曰：「凡殤與無後者，祭於宗子之家。」〔註57〕宗子的存在，保障同宗無後者死後得與祖先及族人同受祭祀，因此大宗必不能絕後嗣。宗子若無後，需以同宗支子入繼，入繼之子必須如同宗子的親生子嗣一般爲宗子的親人服喪。〔註58〕關於立後制度的細節，留待下文再詳細討論。

喪服制度所表現的人倫體系，是以父系小宗的親屬爲主要範圍，以大功之親爲同居共財的界限。母系親屬在喪服制度所呈現的人際網絡中被歸類爲「外親」，親屬關係顯得十分疏遠。喪服制度中，服術以「親親」爲最主要的原則，但周道重「尊尊」，強調以宗法身分及爵位高低來隆殺喪服，在親疏關係之外，重視彼此在家族、社會網絡中的身分尊卑，因此喪服制度所表現的人倫關係，並不是彼此直接的血緣關係，唯有放在整個宗法社會的尊卑秩序體系，才能理解一人爲另一人服某種喪服的理由。〔註59〕

第二節　親生母子間的服喪規範分析

傳統中國父系家族是以喪服制度來劃定親屬範圍及親疏關係，母子關係的規範也在其中。天下沒有無母之人，對於母子關係的認定，最單純最樸素的依據，應該即是生物現象的「生」。然而喪服制度中的母子關係，並非都是親生母子，因此制服的依據除了血緣，還有其他的判準原則。母子關係置於

〔註53〕見《儀禮正義》卷二三〈喪服三〉，頁1462～1464。

〔註54〕《儀禮注疏》卷三〇〈喪服〉，頁9a。

〔註55〕見閻鴻中，《周秦漢時代家族倫理之變遷》，頁53～55。

〔註56〕見閻鴻中，《周秦漢時代家族倫理之變遷》，頁53。

〔註57〕見《禮記正義》卷一九〈曾子問第七〉，頁172b。

〔註58〕見《儀禮注疏》卷二九〈喪服〉，頁4b。

〔註59〕參考閻鴻中，《周秦漢時代家族倫理之變遷》，頁114。

家庭組織的場域及歷史文化的脈絡中，做為人倫體系的一環，其相待之道受家庭與文化制度的影響，尤其受到父親意志的左右。為了有條理的討論各種不同的母子關係如何制服，筆者以生育為準，分為親生與非親生，分別討論。以下便從親生母子之間的服喪進行分析。

在進入討論之前，首先將《儀禮・喪服》中，親生母子間的服喪規範整理如下，以方便討論：

（1）「父卒則為母」（服齊衰三年）

（2）「父在為母（服齊衰杖期）。傳曰：何以期也？屈也。至尊在不敢伸其私尊也，父必三年然後娶，達子之志也。」

（3）「母為長子（服齊衰三年）。傳曰：何以三年？父之所不降，母亦不敢降。」

（4）「為眾子。」（服齊衰不杖期）

（5）「公之庶昆弟、大夫之庶子，為母（服大功九月）。傳曰：何以大功也？先君餘尊之所厭不得過大功也。大夫之庶子，則從乎父而降也。父之所不降，子亦不敢降也。」

（6）「公子為其母，練冠，麻，麻衣縓緣。傳曰：何以不在五服之中也？君之所不服，子亦不敢服也。」

（7）「庶子為父後者，為其母（服緦麻三月）。傳曰：何以緦也？傳曰：與尊者為一體，不敢服其私親也。然則何以服緦也？有死於宮中者，則為之三月不變祭，因是以服緦也。」

（8）「公妾、大夫之妾為其子（服齊衰不杖期）。傳曰：何以期也？妾不得體君，為其子得遂也。」

（9）「出妻之子為母（服齊衰杖期）。傳曰：出妻之子為母期，為外祖父母無服。傳曰：絕族無施服。」

（10）「出妻之子為父後者，則為出母無服。傳曰：與尊者為一體，不敢服其私親也。」

（11）「為人後者，為其父母（服齊衰不杖期），報。傳曰：何以期也，不貳斬也。何以不貳斬也？持重於大宗者，降其小宗也。為人後者孰後？後大宗也！曷為後大宗？大宗者，尊之統也。」

上列數條所規範的對象皆是至親母子，而因家庭結構的改變、父親爵位的高低和兒子宗法身分的不同，在喪期與服制上產生不同的變化。子為生母服喪

最重齊衰三年，最輕甚至無服，其間的差異可謂巨大；母爲子服喪也受彼此的身分影響，並非一成不變。可見母子天然血緣之親並非制服的惟一依據，雖皆所生，藉由喪服所表現的親疏關係卻不相同。以下試討論喪服規範所見，影響親生母子之間制服的因素，以瞭解父系禮法如何界定母子關係，藉由禮法表現出何種樣貌的母子人倫。

（一）母子之間服喪的基本型態

　　（1）、（2）、（3）、（4）條是規範母子之間服喪的基本型態。除了「母爲長子」條僅限於大宗，其他規範的對象包括所有家庭的嫡生母子，以及士階層以下家庭之庶生母子。

　　父母與子女「生則相歡，死則相哀，此之謂骨肉之親也。」〔註60〕父母並列「親親」之首，子爲父母當服最重之喪，但喪服禮制中，爲父母服喪之輕重卻不相等。子爲父服斬衰三年，爲母，則父在服齊衰杖期，父卒始伸爲三年，且猶不得服斬衰。理由何在？〈喪服〉傳曰：「爲父何以斬衰也？父至尊也。」〔註61〕《禮記・喪服四制》云：「天無二日，土無二王，國無二君，家無二尊，以一治之也。故父在爲母齊衰期者，見無二也。」〔註62〕一家之內，父、母、子三者結合成父子、母子、夫妻三種人倫關係，父不獨尊於子，爲夫則尊於妻，而母只爲子所尊，故曰父爲「至尊」，母爲「私尊」。妻卒，夫爲妻服齊衰期，〔註63〕子從父服期年而釋服，不敢繼以重服令父觸景傷情。而父卒爲母雖伸三年，但以家無二尊，仍在服制輕重上予以差別，以明「父至尊」之義。故子爲母服，降殺一等，又以「父卒」、「父在」決定爲母服喪之久暫，表現出父、母、子三人在家庭中的尊卑差序，其背後的精神是以父親爲家中的至尊。從親屬關係而言，父與母皆是子的至親尊長，從宗法身分來看，二者卻有尊卑之別，禮法上，「尊父」、「父命」等原則成爲安排母子關係的主要依據，對子而言，母親的尊重程度被壓抑在父親之下。

　　母爲子服喪，即使對象同樣是親生的兒子，爲長子服與眾子服卻輕重有別。長子因將繼承家統，爲先祖之正體，受「尊祖敬宗」的原則影響，父親爲之服斬衰三年。父所不降，母亦不敢降，故母親亦爲長子服三年；但母於

〔註60〕陳奇猷，《呂氏春秋校釋》（上海：學林出版社，1995）卷九〈精通篇〉，頁508。

〔註61〕《儀禮注疏》卷二九〈喪服〉，頁4。

〔註62〕《禮記正義》卷六三〈喪服四制第四十九〉，頁467a。

〔註63〕見《儀禮注疏》卷三〇〈喪服〉，頁7b。

子有「私尊」之義，母爲子服不得重於子爲母服，故以齊衰取代斬衰爲服制。父母爲長子以外的「眾子」服齊衰期之喪。「眾子」，據鄭注解釋爲：「長子之弟及妾子、女子子在室亦如之。」〔註64〕母爲長子以下之子，不論己子、妾子皆服齊衰期，所謂「其夫屬乎父道者，妻皆母道也」，〔註65〕顯然對妻子而言，「母親」的名分是跟隨丈夫而來，妾子也必須尊父之妻爲嫡母，由此可見，血緣並非母子關係的唯一依據。而嫡生母子關係中，母親對於長子因爲「尊祖敬宗」的精神，必須給予特別尊重，也突顯了血緣之外的文化因素對母子關係的影響。

（二）妾母子之服喪

　　（5）、（6）、（7）、（8）條討論父親的爵位爲大夫以上，妾母子之間如何服喪。在《儀禮・喪服》的規範中，庶子爲生母服喪的規範比較複雜，除了受父親的存歿影響，由於生母爲妾，復受「嫡庶之辨」影響，地位卑賤，受服更輕；此外，父親爵位的高低，以及庶子的宗法身分也左右庶子爲生母服喪的輕重。第（6）條，言公子父在爲己母，鄭注云：

> 公子，君之庶子也。……練冠而麻衣縓緣，三年練之受飾也。〈檀弓〉曰：『練，練衣黃裏縓緣。』諸侯之妾子，厭於父，爲母不得伸權，爲制此服，不奪其恩也。」〔註66〕

公子父在爲己母之服喪，不在五服之中。因爲諸侯身分尊貴，與妾的地位相隔懸殊，諸侯不爲庶妾服喪；父不服，子亦不敢服，子僅能以三年之喪中，練祭的服飾來表達追思生母之情，比於「父在，爲母期」差別遠矣。第（5）條依鄭玄的解釋，「公之庶昆弟，則父卒也，大夫之庶子，則父在也。」〔註67〕君卒，庶子爲母僅有大功之服，因爲君的身分特別尊貴，雖卒，猶有餘尊之厭，故子仍然不能爲母伸三年之服。大夫庶子父在，也是由於父親的地位尊隆，故由齊衰期年再降一等，僅服大功九月；若大夫庶子父卒，依鄭玄的說法，庶子可爲己母服三年。〔註68〕《儀禮・喪服》經傳未別列士庶子爲生母服之文，鄭玄以爲「士雖在，庶子爲母皆如眾人。」

〔註64〕在《儀禮注疏》卷三〇〈喪服〉，頁8b。
〔註65〕《儀禮注疏》卷三二〈喪服〉，頁14a～14b。
〔註66〕《儀禮注疏》卷三三〈喪服〉，頁19b。
〔註67〕在《儀禮注疏》卷三二〈喪服〉，頁14b。
〔註68〕見《儀禮注疏》卷三三〈喪服〉，頁18b。

賈疏云：「士卑無厭故也。」〔註69〕故可知士庶子父在，爲母服齊衰期，父歿爲母三年，與常人無異。這幾條是專門針對貴族統治階層而設，父親的爵位越高，身分愈尊貴，兒子爲庶生母服喪就必須更受父親壓抑而愈輕；到士的階層，因士、庶地位相差無幾，故依常人之禮。

　　庶子爲生母服還有一條特別的規定，庶子的宗法身分若是「爲父後」，成爲家族的繼承人，便與至尊爲一體，生母雖然是兒子的「私親」，兒子也僅爲生母服緦麻三月。庶子因承繼祖禰，提高在家族中的身分，也提高其在社會上的地位。於禮，庶生母卻沒有隨之獲得尊重，反而強調其地位卑賤須更受厭降。禮制的目的，恐怕正是防止「母以子貴」，害怕卑賤之女以貴子而驟然提升地位。馬融以爲：「承父之體，四時祭祀，不敢申私親服，廢尊者之祭，故服緦也。」〔註70〕從爲父後者主持家族祭祀的職責來說明，認爲不廢家族祖先的祭祀是降服的理由。不論是「尊父」或「尊祖敬宗」，所代表的皆是尊重父系的原則。此條統言「庶子爲父後」，未分別父親身分的貴賤，即表示「尊祖」與「尊父」之精神，是所有父系家庭皆必遵行的原則。

　　庶子爲後還有另一種情況——出繼爲他人之後。庶子出爲人後，若按照出後爲本生家族降一等而制服，則大夫階層爲所生母服小功五月，士階層服齊衰期；若等同於庶子爲父後，則爲所生母一律服緦麻三月。

　　妾在家庭中地位卑賤，庶子爲生母服受到特別多的限制，庶生母爲己子服，於禮反而可遂服期。賈公彥〈疏〉云：

> 諸侯絕旁期，爲眾子無服。大夫降一等，爲眾子大功。其妻體君，皆從夫而降之。至於二妾，賤，皆不得體君，君不厭妾，故自爲其子得申，遂而服期也。〔註71〕

父母爲眾子服喪，原本應服齊衰期，但受身分尊卑的影響而有降殺。諸侯爲眾子無服，大夫則爲眾子服大功。兒子的生母若爲父親之妻，以「體君」之故，一身榮辱隨夫升降，爲他人服喪亦從夫而增減。故諸侯、大夫之妻爲眾子服亦降殺，遂有服大功甚至無服的情況。而諸侯、大夫之妾，身分卑賤，不得體君，故不須從君厭降，反而得遂母子之情，妾爲己子服齊衰期；由此遂出現生母爲兒子服喪重於子爲母服的情形，背離了母子倫常原有的尊卑次序。

〔註69〕在《儀禮注疏》卷三三〈喪服〉，頁18b。
〔註70〕《通典》卷九二〈禮典五十二〉「緦麻成人服三月」條，頁2510。
〔註71〕在《儀禮注疏》卷三一〈喪服〉，頁11b。

庶子爲生母服喪的變化，主要受制於父親身分之尊卑，及庶子在家族中宗法身分變化之影響。妾母因身分卑微，更加強尊父重宗之義，因此父親身分越尊，子從於父，爲妾母服喪則越輕；而妾不體君，不隨君厭降，服制中反而出現母爲子服喪重於子爲母服的情形。顯示父、母、子三者組成的倫常尊卑，在庶生母子之間便不再一定是母尊於子。至於士階層，因身分在貴族中屬卑賤，子不再因爲父親的身分厭降母服，爲母服喪得與常人無異。

若庶子爲父傳重，則與父一體同尊，不論其父的爵位高低、身分貴賤，庶子爲生母服皆僅得緦麻。由此可知，重宗與尊父，是安排家內秩序的主要依據。此外「嫡庶之辨」也是禮制的重要精神，妻、妾因爲與父親的關係不同而有嫡、庶之別，在禮法上的尊卑有很大的差別。嫡生母爲家中亞尊，受父至尊壓抑，子爲其服喪有三年與期年之別；且因與夫一體尊卑，出現降服親生子的情況，但不失母尊子卑之義。而妾母庶子的母子關係，不但較嫡生母子更受父系禮制抑制，且從服制輕重來看，反而出現子尊於母的現象，可見禮制中的母子人倫未必皆是母尊於子。貴嫡賤庶，妾在禮法上的地位卑賤，更受家族公義的壓抑，以親生母親的身分不能受子之重服，卻必須爲子服重。

（三）母被父出或子出為人後

（9）、（10）、（11）是母子有一方離開家庭，家庭組成成員產生變化時，母子之間服喪的變制。母子關係在禮法中的位階既低於父子關係；已出適的婦人在夫家又是從於丈夫來界定人倫關係，當夫妻離絕時，對於母子關係會發生什麼影響呢？傳統中國的離婚規範中，有所謂的「七去」，規範男方「出妻」的條件。《大戴禮記‧本命篇》云：

> 婦有七去：不順父母去，無子去，淫去，妒去，有惡疾去，多言去，竊盜去。不順父母去，爲其逆德也。無子，爲其絕世也。淫，爲其亂家也。有惡疾，爲其不可與共粢盛也。口多言，爲其離親也。盜竊，爲其反義也。〔註72〕

觀「七去」的內容，蘊含的是對「婦道」的要求：婦人必須孝順翁姑、爲父系家庭生兒育女、佐助祭祀，舉止要貞靜和順，以維持父系家族人倫的和樂。婚姻關係維持與否的要件不在於夫妻情感，而是以維護父系家族的整體利益爲考量。「七去」中有些條目缺乏明確的標準，妻子往往動輒得咎。東漢鮑永

〔註72〕（清）王聘珍著，《大戴禮記解詁》（北京：中華書局，1992）卷八〇〈本命篇〉，頁255。

以妻子在母親面前叱狗而出妻；〔註73〕南齊劉瓛因妻子在壁上鑿孔時，不愼將壁土洒落在母親身上，引起母親不悅而出妻。〔註74〕這兩個例子恰好可以看出，女性爲母的身分，在其子嗣長成主家後，相當尊貴有威嚴。但在此之前，婦人在夫家的地位則十分沒有保障。

漢律中是否有「七出」之條今不可考。〔註75〕婦人以犯「七去」而出者，於史傳中隨處可見，學者已有詳論。〔註76〕然而某些例子也顯示，婦人有這七種行爲之一仍未見被出，學者研究認爲「『七出』原本於禮，可行可不行，雖然於禮可出，未必即應出也。」〔註77〕而亦有在「七去」條件之外出妻的事例，「要之，凡其行爲有礙倫常禮法者，皆得以爲出妻之由，『七出』不過是其較具體化者而已。」〔註78〕依禮可出而未出，禮不言出而出之，決定的主動權皆掌握在男方家庭。另一方面，雖然於禮法無據，漢魏時期亦多有婦人主動棄夫而去者，可見實際上婦人尙有一定的自主權。然而女子棄夫多由家貧，於倫常禮法較無關連；丈夫出妻則強調禮法觀念，確立夫權。二者有本質上的差異。〔註79〕至遲於唐律中，已將「七出」定爲夫妻離絕的要件，成爲正式的法律規定，同時於法律中對妻妾擅離其夫者加以懲罰，禁絕了女性主動的離絕。〔註80〕因此禮法上，將夫妻離絕的權利單方面賦予男方，雖有「七去」之條規範出妻的的理由，但何種行爲及輕重程度即是犯了「七去」卻十分不明確，男方家庭可自由引用判斷，對於婦女十分不利。

禮法上，婦人的出處命運操之於人，母若爲父所出，即成爲他族之人，所有夫族成員皆不再爲此女性服喪，但此女之親生子猶可爲母親服齊衰期之喪，蓋「父與母義合有絕道，母子至親無絕道。」〔註81〕以母子之間天然的

〔註73〕（漢）劉珍，《東觀漢記》（吳樹平校注，鄭州：中州古籍出社，1987）卷一四〈鮑永傳〉，頁551。

〔註74〕（梁）蕭子顯，《南齊書》（北京：中華書局，1995）卷三九〈劉瓛傳〉，頁679。

〔註75〕程樹德云：「按唐律戶婚，雖犯七出，有三不去而出之者，杖一百。疏義，七出者依令，疑漢當亦同是，七棄三不去之文，皆載於漢令，今不可考矣。」見程樹德，《九朝律考》（台北：台灣商務印書館，1965）卷一，頁141。

〔註76〕見劉增貴，《漢代婚姻制度》（台北：華世出版社，1980），頁22～23。

〔註77〕劉增貴，《漢代婚姻制度》，頁40，註釋第115。

〔註78〕劉增貴，《漢代婚姻制度》，頁23。

〔註79〕參考劉增貴，《漢代婚姻制度》，頁24。

〔註80〕（唐）長孫無忌等撰，《唐律疏議》（北京：中華書局，1993）卷一四〈戶婚〉，頁267～269。

〔註81〕賈公彥〈疏〉，在《儀禮注疏》卷三○〈喪服〉，頁7b。

血緣關係不可斷絕而制服。漢晉之間關於子爲出母服喪的爭論多圍繞於此出母是否爲親生母親，如鄭玄答趙商問「子爲出繼母服」；〔註82〕徐邈答劉閏之問「庶子服出嫡母」，皆一再強調，出母非其生母則子不服喪。〔註83〕禮經言「出妻之子」是否包含妾子爲其出母，實有可疑之處。元代禮學家敖繼公云：「若妾子之爲其出母，或有不然者，非達禮也。」〔註84〕認爲凡是生母被出，不分嫡庶，子皆得服齊衰期。然而兒子因爲母親已絕族之故，原本應爲母系親屬服喪者，子皆不再服喪。

　　子爲出母服雖然是基於母子血緣而制服，卻還有一條限制凌駕於血緣之上。如果子的身分是「爲父後」，繼祖禰之正體，代表了一家的尊嚴，那麼對於得罪於父、而成爲他族之人的出母便不得服喪。母子血緣原本無可斷絕，然而，禮制的規範顯然將「尊祖敬宗」的原則置於「母子至親」之上。

　　「尊祖敬宗」的精神亦彰顯在子出爲人後的服喪中。《儀禮·喪服》中描述的立後情況是以大宗收族，不得無後，故族人選同宗支子後大宗。〔註85〕賈疏云：「支子，第二以下庶子也。」〔註86〕禮制規定大宗若無子必須立後，而同宗第二以下庶子有後大宗的資格。支子過繼大宗爲後，便成爲大宗之嫡嗣，承受了宗廟之重，需以尊服服之。所以子出繼爲人後，齊斬之重皆移於所後之父母，爲所後之家族服喪若子。而且既爲大宗之後，本生父母反成爲小宗，大宗以尊降其小宗，有降服之義。故爲人後者以「尊祖敬宗」的精神，降服本生父母，顯示所謂的「家族公義」重於血緣「私情」。秦漢以降，小宗無子亦立後，〔註87〕「尊祖敬宗」的精神隨著立後制度的普遍施行而深入每一個父系家庭。

　　第（11）條規範，子出爲人後爲本生父母服制相同，可能因爲生父於子已無至尊之義，故不再以父尊厭降生母之服。此處子爲本生父母皆服齊衰期，應是指父親與嫡（生）母。若是庶子出爲人後、爲所生母制服，可能應配合其原來爲庶生母的服喪變化，再依據出後爲本生家庭制服降一等的原則；或者比照庶子爲父後，一律爲庶生母服緦麻三月。

〔註82〕見《通典》卷九四〈禮典五十四〉「爲出繼母不服議」條，頁2549。
〔註83〕見《通典》卷九四〈禮典五十四〉「庶子父在爲出嫡母服議」條，頁2546。
〔註84〕參見胡培翬，《儀禮正義》卷二二〈喪服二〉，頁1402。
〔註85〕見《儀禮注疏》卷二九〈喪服〉，頁4b。
〔註86〕在《儀禮注疏》卷二九〈喪服〉，頁4b。
〔註87〕徐乾學語，引自胡培翬，《儀禮正義》卷二二〈喪服二〉，頁1424。

第三節　非親生母子的服喪規範分析

在傳統中國家庭中，有「母親」之名者，除了上一節所討論的生母，許多母親與兒子並無血緣關係，但彼此卻須依母子關係所要求的人倫規範相待。本節所要討論的便是這些沒有生身關係的母子依據何種理由締結母子名分，於喪服制度中又被安排在什麼位置，比於親生母子，在禮法上的親疏關係有何不同。在進行討論之前，同樣先將《儀禮·喪服》中非親生母子的服喪規範作一整理，如下所列：

（1）「爲人後者，爲所後者之妻（父卒，齊衰三年。父在，齊衰期）若子。」

（2）「繼母如母（父卒，齊衰三年；父在，齊衰期。）。傳曰：繼母何以如母？繼母之配父與因母同，故孝子不敢殊也。」

（3）「父卒，繼母嫁，從爲之服（齊衰杖期），報。傳曰：何以期也？貴終也。」

（4）「慈母如母（父卒，齊衰三年；父在，士階層齊衰期，大夫階層大功九月。）。傳曰：慈母者何也？傳曰：妾之無子者，妾子之無母者，父命妾曰：女以爲子。命子曰：女以爲母。若是則生養之，終其生如母，死則喪之三年如母。貴父之命也。」

（5）「君子子爲庶母慈己者（小功五月）。傳曰：君子子者，貴人之子也。爲庶母何以小功也？以慈己加也。」

（6）「士爲庶母（緦麻三月）。傳曰：何以緦也？以名服也。大夫以上，爲庶母無服。」

（7）「大夫之妾爲君之庶子（大功九月）。傳曰：何以大功也？妾爲君之黨服，得與女君同。」

與子沒有生身關係的家內女性，或因配父，或由父命，或以母名稱謂而受子之制服。其服喪輕重，與親生母子相較，最重亦是齊衰三年，最輕無服，似乎沒有太大分別，理由何在？以下爲了便於討論，將母親身分按嫡庶分別，依次討論子爲繼母、嫡母、所後母服，以及子爲慈母、庶母慈己者、庶母服；分析制服的依據，以及服制變化的理由，以瞭解父系家庭如何安排沒有血緣關係的母子名分。

（一）子爲繼母、嫡母、所後母服

　　繼母與繼子並沒有生身血緣關係，然而禮制卻規範「繼母如母」，父卒爲繼母服齊衰三年。如此重服似易引人生疑，故傳文進一步解釋：「繼母之配父，與因母同，故孝子不敢殊也。」鄭玄注曰：「因，猶親也。」〔註88〕賈公彥疏云：「繼母配父，即是伴合之義，既與己母無別，故孝子不敢殊異之也。」〔註89〕夫妻方有伴合之義，〔註90〕故繼母必爲父親的繼嫡妻。「繼母如母」以配父之故，其身分等同於嫡母而當受子最大的尊重，可見母子關係的成立深受母親與父親關係的影響。繼母身分同於嫡母，以下先解釋嫡母在家內的地位。

　　父爲家中之至尊，嫡母便是亞尊，嫡母是家內眾母中身分地位最尊貴者。嫡母即是父的嫡妻，與父親有伴合之義，做爲一家的主婦，與夫共奉粢盛，助奠宗廟，其尊卑榮辱與夫一體相隨。上一節曾討論嫡母爲長子服三年，嫡母爲眾子服期，大夫以上階層，嫡母爲眾子降服；嫡母爲子制服的變化，不分親生與否，皆是母道從於父道的展現。因此即使嫡母與子沒有血緣關係，然而卻因夫爲父，妻便爲母，夫之子皆爲己子，而有母子關係存在；且從服喪的規範觀之，嫡母爲親生子服喪，和爲庶子服喪並無差別，顯示禮制以爲嫡母對己子、庶子皆應該以母道待之，親愛無別。

　　嫡母早卒或被父所出，父親再娶之妻即成爲家庭新的嫡母，稱爲繼母。前嫡母之子必須視繼母如親母，庶子也必須以嫡母之禮敬事之，爲繼母服重喪。我們在上一節曾提過庶子爲生母服有特別厭降的情況，因此庶子爲嫡（繼）母服喪，便有高過於爲所生母服的服制出現，顯示就禮制而言，庶子對嫡（繼）母應該比生母更加尊重。繼母爲嫡，所生之子也是嫡子，但不影響其他嫡子的身分地位。繼母既如嫡母，其與諸子的母子關係同樣是從夫而來，繼母爲長子服重、爲眾子服輕，皆從夫制服，與是否爲己所親生無關。

　　同樣以嫡母身分受子服重的還有所後母。上一節曾提及子出爲人後，以「尊祖敬宗」之故，爲本生父母降服一等，斬齊之重則移於所後父母。〈喪服‧斬衰三年章〉云：「爲人後者（爲所後之父）。……傳曰：何以三年也？受重者必以尊服服之。……爲所後者之祖父母、妻、妻之父母、昆弟、昆弟之子，若子。」〔註91〕鄭玄注云：「若子者，爲所爲後之親如親子。」〔註92〕因此爲

〔註88〕在《儀禮注疏》卷三〇〈喪服〉，頁6b。
〔註89〕在《儀禮注疏》卷三〇〈喪服〉，頁6b。
〔註90〕〈喪服傳〉曰：「夫妻伴合也。」見《儀禮注疏》卷三〇〈喪服〉，頁8a。
〔註91〕《儀禮注疏》卷三〇〈喪服〉，頁4b。
〔註92〕在《儀禮注疏》卷三〇〈喪服〉，頁4b。

人後者以「家族公義」之故，改變自己所從屬的家族，以及宗法身分，在所後家族中成爲長子，肩負傳承祭祀之責。出繼爲後之子對於所後者的親人，必須皆如親子一般服喪，因此對所後者之妻，便以嫡母、親母待之，而以重服服之，所後母爲長子也以齊衰三年重服尊之。

　　嫡母、繼母、所後母，皆以配父的身分而受子重服；「配父之義」若不存，母與子是否仍以母子之道相待？我們在上一節曾討論生母被出，子仍爲之服喪；非生身關係之母子則無此制。但禮無服嫁母之文，卻有繼母嫁應如何服喪的規範。第（3）條「父卒，繼母嫁，從爲之服，報。傳曰：何以期也，貴終也。」繼母因配父而如母，改嫁則成他族之人，失配父之義，繼子何以服齊衰期？後代禮學家對這段經傳文字有相當歧異的解釋。馬融曰：「繼母爲己父三年喪，禮畢，嫁後夫，重成母道，故隨爲之服。繼母不終己父三年喪，則不服也。」〔註93〕以爲傳云「貴終」，指繼母爲父終服三年喪；易言之，子爲嫁繼母服喪的條件，端視此母是否爲父服三年喪。鄭玄注曰：「嘗爲母子，貴終其恩也。」〔註94〕以爲「貴終」是指終全母子之道，而不論嫁繼母是否爲己父服畢三年之喪。馬、鄭所主張的服喪理由雖然不同，但經文「從爲之服」的「從」字皆以虛字贅文訓之。魏王肅則有完全不同的解讀。王肅云：「從乎繼母而寄育，則爲服，不從則不服。」〔註95〕將「從爲之服」斷爲「從，爲之服」，「從」字不但有意義，而且是服喪的關鍵條件，以爲子從繼母改嫁、受撫育之恩，因此爲嫁繼母制服。

　　後代禮學家的解釋大致不離鄭、王之說。鄭說以終始母子之道立論，不設定其他的服喪條件，如此則繼母始因配父而如母，然而母子之道卻不隨父卒他嫁而消失；王說考慮父卒之後，繼母於己是否有寄育的恩情，顯然以爲父卒、繼母他嫁即終止配父之義，而別以撫育之恩情爲制服之理，強調實際的恩情。劉宋崔凱以爲：「齊衰三年章『繼母如母』，則當終始與母同，不得隨嫁乃服，不隨則不服，如此則不成如母。」〔註96〕而同時代之庾蔚之則云：「王順經文，鄭附傳說。王即情易安，於傳亦無礙。」〔註97〕崔主鄭說，庾贊王說，似乎直至六朝，爲嫁繼母服如何解釋，依然是鄭、王之說並傳而行，

〔註93〕在《通典》卷八九〈禮典四十九〉「齊衰杖周」條，頁2452。
〔註94〕在《通典》卷八九〈禮典四十九〉「齊衰杖周」條，頁2452。
〔註95〕在《通典》卷八九〈禮典四十九〉「齊衰杖周」，頁2452。
〔註96〕在《通典》卷九四〈禮典五十四〉「爲父後爲嫁母及繼母嫁服議」條，頁2549。
〔註97〕在《通典》卷九四〈禮典五十四〉「爲父後爲嫁母及繼母嫁服議」條，頁2549。

難以定論。

　　嫡母、繼母、所後母以「配父之義」爲家中母輩最尊者，受子尊重。父卒，子爲其服齊衰三年之重喪，與爲親母無異；且在大夫以上階層，其服重於庶子爲其生母之服，在嫡庶尊卑的加強下，凌駕血緣的連繫。母子關係從父而來，且尊敬過於所生，可見在禮制的規範中，母子名分及人倫相待之道深受夫妻關係及父子關係所影響，「父至尊」及「嫡庶之辨」的原則往往凌駕於血緣連繫之上。可是生身之情仍有其無法取代的意義，禮制中只有親生子可爲出母服喪；另外，子爲生母之黨服爲「屬從」，母歿，子仍爲母黨有服；〔註98〕子爲嫡母、繼母之黨服爲「徒從」，嫡、繼母歿就不再服其黨。〔註99〕可見禮制中仍將親生母子人倫視爲比其他母子關係親密，只是並非禮制強調的重點，若不互相仔細比較，便不易察覺。

（二）子為慈母、庶母慈己者及庶母服

　　子爲非生身關係之父妾服喪凡三：一在〈喪服・齊衰三年章〉爲慈母〔見第（4）條〕，二在〈喪服・小功五月章〉爲庶母慈己者〔見第（5）條〕，三在〈喪服・緦麻三月章〉爲庶母〔見第（6）條〕。子與父妾沒有生身血緣關係，服制變化卻有最重服齊衰三年，最輕無服的差距，可見禮制上其關係親疏有其他的左右因素。爲了瞭解子與父妾在家內的人倫關係，我們從子與庶母之間如何服喪開始分析，做爲討論其人倫關係變化的基礎。

　　依禮，子爲父妾應如何服喪？第（6）條「士爲庶母（緦麻三月）。傳曰：何以緦也？以名服也。大夫以上，爲庶母無服。」規定子爲庶母服喪之禮僅行之於士階層。何謂以名服？馬融注曰：「以有母名，爲之服緦也。」〔註100〕庶母既因母名而有服，何以大夫以上爲庶母無服？賈公彥疏云：「以其降，故無服。」〔註101〕大夫以上身分尊貴，不爲賤妾服喪，故其子亦不爲父妾服喪。

〔註98〕爲親生母親之親黨服喪雖爲「屬從」，但有二個例外，一是若母被出，則子不服生母之黨，改服繼母之黨；見《禮記正義》卷五七〈服問第三十六〉，頁430c。另外，若庶子爲後者，則不服庶生母之黨；見《儀禮注疏》卷三四〈喪服〉，頁21a。

〔註99〕《禮記正義》卷三三〈喪服小記〉云：「君母卒，則不爲君母之黨服。」（頁271b）如果生母死後有繼母，服生母之黨，不服繼母之黨；見《禮記正義》卷五七〈服問第三十六〉，頁430c。

〔註100〕在《通典》卷九二〈禮典五十二〉「緦麻成人服三月」條，頁2510。

〔註101〕在《儀禮注疏》卷三三〈喪服〉，頁18b。

而士爲庶母服五服中最輕之緦麻三月，可見其人倫關係亦相當疏遠。

然而父妾對君之子必須服喪。第（7）條「大夫之妾爲君之庶子（大功九月）。傳曰：何以大功也？妾爲君之黨服，得與女君同。」鄭注云：「妾爲君之長子亦三年。自爲其子期，異於女君也。士之妾，爲君之眾子亦期。」〔註 102〕大夫以上，君之子爲庶母無服，庶母卻須從於女君爲君黨服喪，爲君之長子服齊衰三年，庶子服大功九月。對大夫之妾而言，除了親生子，君之子與己，並無母子關係而皆是君黨，彼雖子輩，己雖有母名，然彼之身分卻尊貴過於己。士妾爲君之子服喪，亦遠高於君之子爲妾之制服。從妾與君之子的服喪規範，可見妾在禮法上地位之低賤，庶母雖有母名，卻沒有母輩的尊嚴。故嚴格來說，妾與君之子並沒有母子關係存在。然而若是有「父命」或養育之恩，妾與君之子的人倫關係便因此變得更密切。

第（4）條〈喪服・齊衰三年章〉云：「慈母如母。」何謂慈母？慈母何以如母？觀經傳之解釋，慈母子關係純粹由「父命」而來。其條件是：有父妾無子，有妾子無母，父命二者爲母子，於是，生則子奉養如親母，父卒，子亦爲慈母服喪三年，如爲己之親母。由此可知，只有父妾才能夠藉由「父命」成爲慈母，而只有無母的庶子可以遵「父命」認父妾爲慈母。若是嫡母，則所有的妾子皆是其子，不須待「父命」支配；而嫡妻之子爲嫡子，父親不可命爲妾子。〔註 103〕可見即使是「父命」亦不得違反嫡庶貴賤的分別。鄭玄〈注〉云：

　　此主謂大夫、士之妾，妾子之無母，父命爲母子者也。其使養之，
　　不命爲母子，則亦服庶母慈己者之服，可也。大夫之妾子，父在爲
　　母大功，則士之妾子，爲母期矣。父卒則皆得伸也。〔註 104〕

鄭玄以爲慈母子關係僅發生在大夫、士階層之妾與庶子。因爲諸侯階層，父卒，庶子爲生母僅有大功之服，不得三年，〔註 105〕故父卒，子爲慈母三年，必不發生於諸侯。大夫、士階層，父卒，庶子爲生母皆得伸三年；故慈母如母者，謂大夫、士階層之妾與庶子受父命，相待如親生母子也。慈母子關係是因父親命爲母子而締結，子爲慈母服三年重喪是因爲「貴父之命」；鄭玄特別假設若庶母有養育之恩而父不命爲母子，則子僅得服庶母慈己者之服，齊

〔註 102〕在《儀禮注疏》卷三二〈喪服〉，頁 15a。
〔註 103〕據胡培翬案語，在氏撰《儀禮正義》卷二二〈喪服二〉，頁 1388。
〔註 104〕在《儀禮注疏》卷三〇〈喪服〉，頁 6b。
〔註 105〕見《儀禮注疏》卷三二〈喪服〉，頁 14b。

清「慈母如母」不由母子養育恩情而立。慈母雖云如母，但慈母不世祭，僅止於受父命為其子者終其身奉亡慈母之祭，其後子孫皆不祭。〔註106〕子為慈母之黨無服。〔註107〕可見慈母與庶子皆僅以一身受命為母子，子不以慈母之親黨為己之親屬，二人的母子關係隨身而止，慈母不似親母或嫡、繼母可在家族中享有子孫綿長祭祀。

　　子為庶母服的規範還有一條「為庶母慈己者」。何謂「庶母慈己者」？第（5）條：「君子子為庶母慈己者（服小功五月）。傳曰：君子子者，貴人之子也。為庶母小功，以慈加也。」馬融曰：「貴人者，嫡夫人也。」〔註108〕鄭玄注云：「君子子者，大夫及公子之嫡妻子。」〔註109〕二人皆以為此條是為嫡妻之子受庶母養育者而制。前文已說明父親不可命嫡妻之子為妾子，然而由此條觀之，庶母可以慈養嫡子，因有慈己之恩，故嫡子為其加服小功；是故，此恩係之於子，不由於父。關於子為庶母慈己者加服小功，應行於何階層，得以慈養嫡子的庶母是否有特殊的身分限定，此制行於父在或父歿，都成為後代禮學家爭議不休的問題；引起最多爭論的是鄭玄此段注引《禮記・內則》，將「庶母慈己」比於國君、大夫養子之禮中的慈母、食母。〔註110〕清胡培翬比較各家之說解釋為庶母慈己條，以為：

> 此條之意，當以〈齊衰三年章〉「慈母如母」條為比附，不必以〈內則〉慈母食母為比附。蓋此兩條，皆謂大夫之子無母者。彼妾子無母使他妾養之，命為母子，則服三年，所謂貴父命也。此嫡子無母，使妾養之，不得命妾為母，而其慈養之恩不可沒，故不云慈母，而云庶母慈己者，而特制為小功之服。其妾子之無母，養於他妾而未命為母子者，服亦如之。是皆以其為庶母，而又有慈己之恩，故加以此服也。……若〈內則〉之三母，是平日養子之法，非無母而使之養，且有選於傳姆之中，不必盡為庶母者，亦與此條名實不符。〔註111〕

由胡培翬的解釋，可知「慈母如母」與「庶母慈己」皆因子無母而為庶母所慈養，前者貴父命為母子，故為服三年；後者雖無父命但以慈養之恩不可沒，

〔註106〕見《禮記正義》卷三三〈喪服小記第十五〉，頁273a。
〔註107〕見《禮記正義》卷三三〈喪服小記十五〉，頁272a。
〔註108〕在《通典》卷九二〈禮典五十二〉「小功成人服五月」條，頁2504。
〔註109〕在《儀禮注疏》卷三三〈喪服〉，頁17b。
〔註110〕見胡培翬，《儀禮正義》卷二四〈喪服四〉，頁1549～1553。
〔註111〕胡培翬，《儀禮正義》卷二四〈喪服四〉，頁1553。

特制爲小功。《禮記・內則》所記爲平日養子之禮，與「庶母慈己」之意實差之千里。總之，本條是以子無母，受庶母鞠養而制服，其加服本於養育之恩。子無母而受他母扶養，彼此情感親如母子亦可想而知，然而終因未有「父命」，或生母爲嫡母，故服喪遠輕於「慈母如母」，換言之在禮法上亦不具正式的母子關係。

　　總結以上的討論，我們可以發現非親生母子關係的締結深受「配父之義」及「父命」支配。一家之內，父親的妻子，就是兒子的母親，且得受子爲母親應服的最重喪服。換言之，嫡妻的身分保証其爲嫡母的地位，而嫡母是眾母中地位最尊者。因此中國父系家族在禮制上對母子關係的安排有利於嫡妻，妻因夫而貴，若嫡妻沒有生育子嗣，而他妾有子，嫡妻同樣可分享母親的身分。庶母與子的人倫關係則極爲淡薄，並沒有母子關係存在，但「父命」同樣可在特定條件下使其變成母子，同樣的情境如果沒有「父命」，即使恩情等同亦無法成立母子關係。因此父系家族中母子關係的建立，除了生身血緣，最大的建構力量便是來自父親，沒有生身關係卻能成立母子關係者，皆是因此母配父的身分或父親的意志而締結，母與子必須藉由父親爲橋樑來建立母子名分；在這個意義上，所謂母親的身分實附屬於父親。

結　論

　　古人藉由喪服的輕重與喪期的久暫，表現生者與死者的情份與人倫關係，這套喪服制度是以「五世則遷」的小宗爲主要服喪範圍，其中，大功之親爲同居共財的界限。親者隆而疏者殺，這是制服的基本原則，但喪服制度與宗法制度關係密切，其中「尊祖敬宗」、「父系繼嗣」、「嫡庶之辨」等宗法精神亦深深影響喪服禮制。因此，藉由喪服所表現的人際關係並非其直接的、私己的親屬關係，或是現實生活中人際互動的親疏實態，而是考量了整個人倫體系相對的身分尊卑，與他人的身分互相牽動調節後的、社會性的網絡關係。

　　由《儀禮・喪服》經傳的整理，我們可以看出，父、母、子三者形成的人倫關係在家庭中的秩序階序。父母同爲「親親」之首，然而父爲家長，代表祖禰正體，與子有「繼體」的關係；母子關係往往受「父至尊」與「尊祖敬宗」的限制，而低於父子關係所代表的家統。爲了凸顯父親在家內至尊的

地位，兒子必須隨父親的存歿而屈伸母服。出母絕族，子猶制服齊衰期，所據是「母子至親」；然而子的身分若爲父親的繼承人，則爲出母無服，至親猶如路人。妾母庶子之服更加重身分尊卑之分別，呈現父親爵位愈高，則庶子爲生母服喪愈輕的情形；甚至出現母爲子服喪重於子服母的服制，背離了母爲子之私尊的人倫原則。庶子的身分若是「爲父後」，尤其壓抑爲庶生母服，其目的似有意藉由服喪，提醒「爲父後」身分之尊貴，庶生母身分之卑賤，壓制庶生母「母以子貴」的可能。

父親爲家內至尊，母親爲兒子的私尊；子爲父後，繼承家統，也成爲家內至尊，子爲至尊與母爲子之私尊，二者存在難解的矛盾，而禮制的規範顯然義無反顧的堅持父系至尊的原則，因此母子關係的壓抑便成爲喪服禮制中一個突出的現象。

母子之間的服喪規範中，「親親」的原則被沖淡許多，父親的爵位，母親的嫡庶身分，子的宗法身分交互作用，喪服制度中呈現的母子人倫關係與最直接的生身之義差距甚大。事實上《儀禮·喪服》中的母子名分有不同來源，母子關係的締結不全由血緣。「繼母如母」，繼母本於「配父之義」，繼子必須對待原本毫無關係之人如自己的親母；「慈母如母」，父命可以安排家內無子妾媵與無母庶子成爲母子。從母子間的服喪來看，不論親生或非親生，最重皆爲齊衰三年，但生母有出母之服，繼母有繼嫁之服，慈母若或出或嫁，則無服，似乎還是有隱微的差別。若從子爲母黨服喪的情形觀之，子服生母之黨爲「屬從」，服嫡母、繼母之黨則爲「徒從」，且子不服慈母之黨。顯示親生母子人倫仍與其他定義下的母子人倫有著親疏之別。然而，若是生母被出，則子服出母，不爲母黨服喪；子爲父後，連出母也不服；庶子爲父後，亦不服庶生母之黨。歸結到底，父系禮制將「尊祖敬宗」視爲「家族公義」，必須堅持維護；而母子之間的情義，卻被定位爲「私情」，可以爲「公義」犧牲。因此，禮制中屢見「家族公義」凌駕於「母子私情」之上，成爲安排母子服喪的最高原則。

喪服禮制對母子關係的界定，成爲傳統中國母子人倫的基本框架。在家庭中，父尊於母，嫡母尊於庶母；母尊於子，庶子爲父後卻又尊於庶生母；父親有權解除母子關係，也可以建立母子關係；「尊祖敬宗」、「貴嫡賤庶」也對母子人倫產生重大的影響。父系制度的框架在許多方面限制了母子關係的可能性，但是人與人之間由生活互動所培養的經驗和感情，恐怕並不是制度

能夠完全掌控的。禮制的規範不能等同於現實的狀況，此制度所表現的家族秩序，可說是儒者的理想，未可視爲先秦普遍實行的禮儀。學者或謂「到了漢代，儒家的思想得勢，喪服制度乃逐漸推行。終於在制度法律，公私生活等方面，影響中國達二千年之久。」〔註112〕這樣的說法恐怕值得商確，其實理想與現實往往有一層鴻溝，何況秦漢以降的家庭型態和先秦的封建家庭有著相當大的差距。在禮制落實的過程中，喪服制度並非一「靜止」的規範，而必須時時回應時代人倫的需求。

　　利用喪服制度維持人倫秩序，當某種違禮的行爲一再出現，便意味著理想秩序與現實人倫存在不對稱的關係。魏晉時期留下大量有關喪服實踐的討論，正好提供一個檢視禮制與現實人情能否配合、如何折衝的例證。魏晉時期的孝子如何實踐爲母服喪？禮學家如何詮釋禮制？母子服喪的規範有何發展？將在第三章予以討論。

〔註112〕參考章景明，《先秦喪服制度考》，頁 18～30。

第三章 孝子觀點下的爲母服喪

前 言

　　上一章討論了《儀禮・喪服》經傳中，母子之間服喪的規範，並分析其背後蘊含的父系本位原則。禮制的理想是維持一個以父系爲主軸的家內人倫秩序，「母子至親」在面對「父至尊」與「尊祖敬宗」時，必須受到壓抑，以厭降母恩來凸顯父尊。然而魏晉時期，關於孝子如何實踐爲母服喪，出現許多爭議和討論，凸顯出禮經的規範與現實中母子關係親疏之落差。

　　本章以魏晉時期孝子爲母親服喪爲主軸，討論禮制規範在現實實踐中產生的爭議，及時人的回應。本章的「孝子」不僅指服孝之子，包含孝順之子的涵意，兒子藉由爲母服重喪展現兒子對母親的孝思。筆者主要從三個主題討論：一、庶子爲生母服喪，二、子爲出母服喪，三、子爲嫁母服喪。前兩項在《儀禮・喪服》中受到特別的壓抑，上一章已經詳論。而史料中與此相關的服喪爭議也特別多，其現象多是子欲爲母服重喪，而引起是否違禮的討論，顯示禮制對母恩的壓抑，可能於人情上有所不足。第三項「子爲嫁母服」，其規範不見於禮經，而在漢晉之間逐漸發展形成，可作爲魏晉禮制順應人情發展的示例。

　　第一節討論魏晉間庶子爲庶生母服重喪的爭議，分析主張服重與服輕兩造如何立論，主要的爭議點爲何，以及東晉以降，孝子爲庶生母服重風氣的發展。庶子爲生母服重的現象與議禮，留下的資料比較多，且相關禮制的發展具有明顯趨向，值得特別注意。第二節討論魏晉間孝子爲出母服的議禮。

情感與制度：魏晉時代的母子關係

子爲出母服的爭議，揭露出母子的往來互動，無法藉由服喪彰顯，孝子藉由詮釋父命與禮經，自作主張調整服喪，衝擊禮制中的父系原則。第三節討論漢晉間爲嫁母服，以及同母異父兄弟服的發展。《儀禮‧喪服》經傳並無規範孝子爲嫁母如何制服，然而漢魏以來一直有相關的討論。禮學家們推衍禮經內容爲嫁母服定制，引出各種詮釋禮經的角度，牽涉到如何界定嫁母與家族、父、子的關係。這些討論反映時人欲將現實中存在的子與嫁母的人倫關係納入禮制體系中，示範了禮制緣人情而發展的過程。同母異父服亦不在《儀禮‧喪服》的規範中，漢晉之間屢有討論，從其發展亦可見人情所重何在。

筆者嘗試藉由孝子的服喪行爲，及時人的回應，勾勒母子人倫與禮制規範有何落差、如何調合折衝？孝子觀點下的爲母服喪，反映出怎樣的母子關係？從經典落實到日用規範的過程中，魏晉時人面對那些情禮問題？他們如何藉由詮釋經典，來回應社會、家族與個人的人倫需求？

第一節　魏晉時期庶子爲生母服喪的變革

在《儀禮‧喪服》的規範中，庶子爲生母服受到「家族公義」特別多的限制。爲庶生母服的相關限制在士階層較少，基本上士庶子爲生母服與庶人無異：父卒，爲庶生母服三年，父在，服一年；然而庶子若爲父後，依然僅能爲生母服緦麻三月。封建時代的貴族之禮，自秦漢以降逐漸普及到編戶齊民的社會，所通行的便是士禮。東晉賀隰云：「時人所行，皆是士禮。」〔註1〕徐邈云：「漢魏以來，通用士禮。」〔註2〕皆可爲證。因此皇室、公侯以外的家庭，庶子爲生母，皆可依士禮行服，不須更加厭降。

於禮，士庶子爲生母服喪，不因父親的身分再加厭降，因此在服喪實踐的過程中，服重、服輕的爭議較少。然而魏晉時人卻有嫡母尚存，不知如何爲庶生母制服的困惑，反映了尊父之外，庶生母受嫡母壓抑的情況。《通典》載：

> 解遂問司徒蔡謨曰：「庶子近喪所生，嫡母尚存，不知制服輕重？」
> 答云：「士之妾子服其母，與凡人喪母同。」〔註3〕

〔註1〕　《通典》卷九四〈禮典五十四〉「士爲所生母服議」條，頁2545。
〔註2〕　《通典》卷九四〈禮典五十四〉「士爲所生母服議」條，頁2546。
〔註3〕　《通典》卷九四〈禮典五十四〉「士爲所生母服議」條，頁2545。

－42－

　　鍾陵胡澹所生母喪，自嫡兄承統而嫡母存，疑不得三年，問范宣。

　　答曰：按禮，由命士以上，父子異宮，……庶子有母之喪，自居其

　　室而遂其情。……嫡母雖貴，然厭降之制，父所不及，婦人無專制

　　之事，豈得引父爲比而屈降支子也。」〔註4〕

魏晉時人在服喪的過程中，不知如何履行喪服而有疑，顯示對於喪服禮制的規範細節，一般時人可能並不十分清楚；但是向禮學家詢問的舉動，亦代表「依禮行服」可能已是士人普遍的要求。禮議問答的過程一方面是禮制的建構過程，另一方面，也是上層思想文化向下控制、下層文化向上滲透的過程。引文中的兩個例子，皆因嫡母尚存，而不知庶子爲庶生母當如何制服？《儀禮·喪服》經傳中，以士身分低賤，不降士庶子爲庶生母服，並未提及嫡母存歿的問題。禮經未言，而行事者卻疑於以嫡母之貴將厭降庶生母，可見「貴嫡賤庶」的觀念在家庭倫常中起著不可忽視的作用。禮法上，嫡母在家中的地位，遠凌駕於妾母，庶子對嫡母必須特別敬奉，可能因此懷疑嫡母是否厭降妾母。

　　庶子的身分不論是否爲父後，禮學家的回答皆認爲，庶子爲庶生母服喪不受嫡母厭降。范宣的答覆一方面說明了禮制的尊父特質，另一方面也明指婦人在家中的地位，即使貴爲嫡母，仍「無專制之道」，不可與父尊同比。一問一答間，揭示了女性在父系家族的人倫秩序中，只宜「從人」，不得自專的原則。女性在夫家既然必須「從夫、從子」，丈夫的愛寵與兒子的成就，便可能成爲女性提升自己在父系家族地位的主要管道，而在一妻多妾的競爭環境下，生養子嗣、「母以子貴」，也許是比較可行的方式。「嫡庶之辨」及「母以子貴」對母子關係的影響，第四章會有更詳細的討論。

　　魏晉時期，士庶子爲庶生母服喪的討論不多，但皇室、諸王之庶子如何爲庶生母服喪，卻是常常引起爭議的議禮主題。無可諱言的，史書中所記載的，大部份是統治階層的人物和事跡；而正如第二章分析《儀禮·喪服》中，子爲生母服的規範所見，庶子爲生母服，特別受到尊卑貴賤的身分影響，在統治階層也就特別容易出現這一類的爭議，成爲史傳中突出的現象。爭議來自於庶子不願遵行禮制厭降的規定，自行爲生母服重喪；而站在統治立場的朝廷，以禮教關乎上下秩序的建立，不容個人肆情違禮，於是在廟堂上展開一次又一次的求情與辯論，在禮制與情感的角力中，透露了庶生母子關係在現實人倫與理想秩序之間無法對稱的情形。魏晉時人藉由詮釋經典，企圖阻

〔註4〕　《通典》卷九四〈禮典五十四〉「士爲所生母服議」條，頁2545。

止或合理化違禮的行為，同時也強化或鬆動了父系家族的價值原則與人倫秩
序。以下討論諸王傳重為生母服的爭議和發展。

（一）司馬昱與鄭夫人的故事

　　東晉司馬睿，本琅邪恭王司馬覲之子，襲封琅邪王。西晉覆亡，司馬睿
即位是為元帝，於江左成立東晉政權，延續晉祚。〔註5〕元帝先後以子司馬裒
和司馬煥，繼承琅邪王之封，嗣恭王後，但二子先後薨。永昌元年（322），
元帝繼以少子司馬昱為琅邪王，即後來之簡文帝。〔註6〕成帝咸和元年（326），
琅邪王司馬昱之生母鄭夫人薨，昱時年七歲，為生母制服重喪。有司以司馬
昱出繼為恭王後，為所生服喪應降服，琅邪國臣未能匡正，奏免國相諸葛頤。
〔註7〕琅邪王司馬昱上表朝廷為己伸志曰：

> 亡母生臨臣宮，沒留臣第，臣雖出後，而上無所厭，則私情得伸。昔
> 敬后崩時，孝王先出後，亦還服重。此則明比，臣所憲章也。〔註8〕

司馬昱出後琅邪恭王，而生母鄭氏在元帝駕崩後，被封為建平國夫人。子雖
出繼，鄭氏仍隨子就琅邪國，全母子之道，而沒於琅邪國第。司馬昱認為自
己雖然為人後，但父已卒，無所厭降，可伸母子之私情。他並舉琅邪孝王為
敬后服重之例，為自己的行為辯護。琅邪孝王即司馬裒，與明帝俱為元帝宮
人荀氏所生，因母出身卑賤，而由敬后虞氏扶養。虞氏薨於永嘉六年（312），
無子，〔註9〕當時司馬裒出繼為叔父長樂亭侯司馬渾之後，〔註10〕卻仍為虞氏
服重喪。〔註11〕

〔註5〕　見《晉書》（北京：中華書局，1991）卷六〈元帝紀〉，頁143～149。

〔註6〕　見《晉書》卷六四〈元四王傳〉，頁1725～1726，1729～1731。

〔註7〕　見《晉書》卷三二〈后妃傳〉下，頁979～980。

〔註8〕　《通典》卷八二〈禮典四十二〉「諸王出後降本父母及所生母服議」條，頁2230。
又《晉書》卷三二〈后妃傳〉下「簡文宣鄭太后」亦載此事，而文字略有出
入，頁979～980。

〔註9〕　《晉書》卷三二〈后妃傳〉下，頁971。

〔註10〕　《晉書》卷六四〈元四王傳〉載司馬裒「初繼叔父長樂亭侯渾，……及（元）
帝為晉王，……更封裒琅邪，嗣恭王後」（頁1725）；據此可知，司馬裒曾經
先後出繼長樂亭侯與琅邪王。又根據〈元帝紀〉，司馬裒出繼琅邪恭王的時間，
約在建武元年（317）（頁145）。司馬昱追述司馬裒為敬后服重，此時司馬裒
的身分係長樂亭侯司馬渾之後嗣。

〔註11〕　按，司馬裒為敬后服重一事，史傳闕載，僅見於司馬昱上成帝表。雖然，司
馬昱上表距司馬裒為敬后服重一事已有14年，其事亦非司馬昱親身目睹，但
是司馬昱與司馬裒為同父異母的兄弟，其追述兄長服喪應非空鑿之言。

司馬昱舉孝王之例，是以孝王同樣出繼爲人後，於禮，對於本生家庭的喪服應降一等，卻仍爲本生家庭之母服重喪，取其「不降」之行，爲己之重服證成。但細究二者的情況，仍有差異：敬后爲司馬裒之嫡母，而鄭夫人爲司馬昱之庶生母，母親的身分不同，在服喪上應該有所區別。按禮，爲人後爲本生父母服期，父母並舉，此母應是指嫡母。公之庶子父卒爲生母服大功九月，出後再降一等，則爲庶生母應是服小功五月。因此，原來按禮制規範，司馬裒應爲敬后服齊衰期，司馬昱則應爲鄭夫人服小功五月。就服重的動機而言，司馬裒非敬后所生，服重可能欲報母養之恩；鄭夫人則爲司馬昱的生母，「生臨臣（司馬昱）宮，沒留臣第」，母子始終相依。因此兩人服重的動機與理由也不太相同。不過二人的行爲，客觀而言皆有違爲人後之禮，司馬裒爲敬后服重是否受到爭議，因缺乏史料只能存疑，不過敬后薨時，裒的父親司馬睿仍健在，裒爲人子無自專之理，其服重可能經過父親的同意。而司馬昱的行爲卻被有司奏議，甚至要免除國相諸葛頤的官位，可見以朝廷的立場，並不容許庶子出後爲所生母服重，何況是在沒有父命的情況。

有司的奏議與琅邪王的上疏，曾引起什麼樣的討論，不得而知，但司馬昱以七歲之齡，「號慕泣血，固請服重」，〔註 12〕結果庾太后「不奪其志」，〔註 13〕改封司馬昱爲會稽王，解除了司馬昱爲人後的身分，並追封鄭夫人爲會稽太妃；改封成帝之同母弟司馬岳（康帝）爲琅邪王，嗣恭王後，解決了這一場天子庶子出爲人後，爲生母服重喪的爭議。

衡諸東晉史傳，諸侯王公欲爲生母服重而遭到朝廷評議，最後得以遂情伸服者，惟有琅邪王司馬昱爲生母鄭夫人。筆者以爲鄭夫人在皇室的地位，可能高於一般的嬪妃。《晉書・簡文宣鄭太后傳》云：

> 簡文宣太后諱阿春，河南滎陽人也。世爲冠族。祖合，臨濟令。父愷，字祖元，安豐太守。后少孤，無兄弟，唯姊妹四人，后最長。先適渤海田氏，生一男而寡，依于舅濮陽吳氏。元帝爲丞相，敬后先崩，將納吳氏女爲夫人。后及吳氏女並游後園，或見之，言於帝曰：「鄭氏女雖嫠，賢於吳氏遠矣。」建武元年，納爲琅邪王夫人，甚有寵。后

〔註 12〕《晉書》卷八〈簡文帝紀〉，頁 219。

〔註 13〕《晉書》卷三二〈后妃傳〉下「簡文宣鄭太后」，頁 980。又《晉書》卷 9〈簡文帝紀〉載：「成帝哀而許之。」考究其實，成帝當時年僅六歲，由皇太后臨朝稱制，允許司馬昱伸其私情，應是皇太后的意思。

> 雖貴幸，而恒有憂色。帝問其故，對曰：「妾有妹，中者已適長沙王
> 褒，餘二妹未有所適，恐姊為人妾，無復求者。」帝因從容謂劉隗曰：
> 「鄭氏二妹，卿可為求佳對，使不失舊。」隗舉其從子儁娶第三者，
> 以小者適漢中李氏，皆得舊門。帝召王褒為尚書郎，以悅后意。后生
> 琅邪悼王、簡文帝、尋陽公主。帝稱尊號，后雖為夫人，詔太子及東
> 海、武陵王皆母事之。帝崩，后稱建平國夫人。〔註14〕

鄭氏出身舊族，由婚嫁的對象及寡居後依於舅氏觀之，可能由於世亂又無兄
弟撐持門戶，而家道中落。因緣際會，成為琅邪王的夫人，猶憂慮為妾的身
分有辱家門，可見士族對妾的卑視。〔註15〕然而鄭氏因受到元帝的愛寵，故
兩個妹妹的婚嫁都得到妥善的安排，妹夫也授予官職，可謂提升了一家的地
位。夫人所生二皇子司馬煥與司馬昱亦因母氏有寵而「子以母貴」，《晉書・
元四王傳》載：

> 琅邪悼王煥字耀祖，母有寵，元帝特所鍾愛。……及煥疾篤，帝為
> 之徹膳，乃下詔封為琅邪王，嗣恭王後。俄而薨，年二歲。帝悼念
> 無已，將葬，以煥既封列國，加以成人之禮，詔立凶門柏歷，備吉
> 凶儀服，營起陵園，功役甚眾。……永昌元年（322），立煥母弟昱
> 為琅邪王，即簡文帝也。〔註16〕

在東晉，因琅邪本元帝之宗國，琅邪王於諸王中地位最尊，非皇帝至親不居
其位，東晉多位繼位之皇帝，都曾受封為琅邪王。〔註17〕司馬煥於疾篤之時
受封，尊寵的意味十分明顯，司馬昱之受封，應該亦緣於生母鄭夫人之得寵。
鄭氏雖為夫人，由於敬后早卒，元帝詔命太子及諸皇子皆母事之。故名分雖
為妾，其地位實等之於嫡。可能由於鄭夫人尊寵非常，明帝等又曾以母事之，
故有司雖糾舉司馬昱為鄭夫人服重喪違禮，而皇室卻網開一面。另一方面，
將司馬昱改封為會稽王，代以成帝同母弟為琅邪王，亦可能著眼於琅邪王地
位特殊，有實際的政治考量。

鄭夫人地位的提升，並未隨著身卒而結束。廢帝時，桓溫專政，有不臣
之心，廢帝被廢，桓溫授意崇德太后下詔，立司馬昱為帝，即簡文帝，在位

〔註14〕《晉書》卷三二〈后妃傳〉下，頁979。
〔註15〕劉增貴，〈魏晉南北朝時代的妾〉（《新史學》2：4，1991），頁16。
〔註16〕《晉書》卷六四〈元四王傳〉，頁1729～1731。
〔註17〕見《晉書》卷六四〈元四王傳〉，頁1731。

三年即崩。〔註18〕簡文帝子司馬曜繼位，是爲孝武帝。太元十九（394）年，孝武帝欲追崇簡文帝生母，事付禮官詳正，尚書令王珣奏曰：

> 按太常臣（車）胤等議，以春秋之義，母以子貴，故仲子、成風咸
> 稱夫人。經云：「考仲子之宮」，明不配食也。且漢文、昭二太后，
> 並繫子號，宜遠準春秋考宮之義，近摹二漢不配之典，尊號既正，
> 宜改築新廟。顯崇尊稱，則罔極之情申；別建寢廟，則嚴禰之道著；
> 繫子爲稱，兼明貴之所由：一舉而三義以允，固哲王之高致。可如
> 胤等議，追尊會稽太妃爲「簡文皇太后」也。〔註19〕

母以子貴，祖母又以孫貴，鄭氏由夫人而太妃，最後追尊至國母太后之尊。但畢竟非元帝嫡配，不得配食太廟，故別立廟以奉祀不絕。鄭氏以沒落舊門、寡居之婦爲王妾，受寵於君，在家內尊重同之於嫡；子以母貴，二子受到皇父特別青睞，封爲貴侯；母以子貴，子力求服重而追封爲會稽太妃，爲一國小君；子孫繼位爲帝，更成國母之尊，立廟享祀。子以母貴，母以子貴，鄭氏的際遇可謂曲折而幸運。

（二）武陵王晞為所生母服喪議

　　司馬昱得以爲庶生母伸情服重，是東晉一個權變的特例——改變庶子出爲人後的身分，追尊所生母的封號，來消解違禮的因素。在東晉諸王中，像司馬昱這樣以庶子出爲人後，或者爲父後的身分，而欲爲生母服重喪的情況屢屢出現，但這些事件之得以被記載，總是因爲帶有違禮的爭議性。司馬昱的異母兄弟司馬晞，生母爲王才人。〔註20〕司馬晞出繼爲武陵王司馬喆之後，〔註21〕於東晉穆帝升平年間（357～361）喪所生母，上表朝廷，乞爲生母服齊衰三年。當時朝臣的討論在《通典》中記載甚詳。〔註22〕筆者試分析這場武陵王爲生母服喪的議禮，以見主張爲庶生母服輕、服重兩造如何立論，探究晉人從理（禮）論上如何定位庶生母子關係。

〔註18〕見《晉書》卷九〈簡文帝紀〉，頁 220；卷三二〈后妃傳下〉「康獻褚皇后傳」，頁 976；卷九八〈桓溫傳〉，頁 2577。

〔註19〕《通典》卷七二〈禮典三十二〉「天子崇所生母」條，頁 1974。

〔註20〕見《晉書》卷六四〈元四王傳〉，頁 1725。

〔註21〕見《晉書》卷六四〈元四王傳〉，頁 1726。

〔註22〕在《通典》卷八二〈禮典四十二〉「諸王出後降本父母及所生母服議」條，頁 2229～2230。

五位朝臣的議論，整理列表於下：〔註23〕

人　物	官　職	制服主張	制　服　依　據
孔　恢	博　士	小功五月	君卒，庶子爲母服大功九月，出後再降一等。
謝　奉	尙　書	緦麻三月	庶子爲後，爲其母緦
許　穆	倉部郎	齊衰周	母以子貴；子出後降一等
崧　重	吏部郎	齊衰周	母以子貴；子出後降一等。
曹處道	祠部郎	緦麻三月	庶子爲父後，爲其母緦；爲父後及爲人後，義不異。

（1）制服齊衰期

許穆與崧重，皆主張司馬晞應爲庶生母制服齊衰期。理由有二：其一是「母以子貴」。許穆認爲，母以子貴而受尊爲夫人，「夫人、諸侯，班爵不殊」，「尊則禮行」。〔註24〕崧重則援引《春秋》史事，闡明「母以子貴」：

> 庶子爲君，母爲夫人，薨卒赴告，皆以成禮，不行妾母之制，夫人成風是也。此則身爲父後，服應緦麻，猶以子貴，得遂私情，經有明文，三傳不貶，況於太宰（司馬晞），貴同古例，不爲父後者耶！〔註25〕

《春秋左傳》中，有庶子被立爲國君，妾母隨之提高地位，原本是媵妾，也被尊爲夫人，享有尊榮。成風者，魯莊公之妾，僖公之母，文公之祖母也。僖公立，尊爲夫人，文公時薨，葬以小君之禮。〔註26〕《春秋》的性質爲史書，記載春秋時代列國政事之興滅，戰國時代列爲六經之一，成爲儒家的經典，其地位與權威遠高於其他史書。然而鄭玄云：「妾子立者得尊其母，禮未之有也。」〔註27〕鄭玄的說法並沒有錯誤，不論是《儀禮》、《禮記》或《周禮》，皆沒有「母以子貴」的說法。《春秋》經傳與《三禮》均被視爲儒家的經典，然而二者的思想或有抵忤之處，使得後人得以各尋所好而援用比附。無論如何，《三禮》無文而《春秋》經傳有其事，「成風之義」遂成爲主張「母

〔註23〕據《通典》卷八二〈禮典四十二〉「諸王出後降本父母及所生母服議」條，頁2229～2230整理。

〔註24〕在《通典》卷八二〈禮典四十二〉「諸王出後降本父母及所生母服議」條，頁2229～2230。

〔註25〕《通典》卷八二〈禮典四十二〉「諸王出後降本父母及所生母服議」條，頁2230。

〔註26〕見楊伯峻編著，《春秋左傳注》（北京，中華書局，1993），頁532～539。

〔註27〕在《通典》卷七二〈禮典三十二〉「天子崇所生母」條，頁1975。

以子貴」者最常引用的典故。

許穆、崧重另一個制服的理由是子出爲人後，應降服本生一等。許穆云：「緣天然之恩，伸王子之厭，薄出禮之降，制服周可也」。〔註28〕崧重則以爲，司馬晞爲元皇之子，若「不出後，必受始封，服無厭降。出後降一等，復何嫌而不周乎？」〔註29〕二者的意見，皆是依據「母以子貴」可伸情服重，再以子出爲後降殺一等，故制服周。

（2）制服小功五月

博士孔恢以爲，《禮》云：「庶子爲父後者，爲其母緦。」又云：「公之庶昆弟、大夫之庶子，爲母九月。」顯示《儀禮》中庶子爲庶生母的服喪有兩種規範。孔恢並未進一步考究禮制的兩種規範對庶子的宗法身法有所區別。認爲司馬晞爲庶生母求服三年可能過重，則「應從九月，無應從緦麻之理」，服喪於輕重之間，取其折衷之道，再以出爲人後須降本生，認爲「從九月亦降一等，應服小功五月」。〔註30〕

（3）制服緦麻三月

尚書謝奉據禮，「庶子爲後，爲其母服緦」。但出後之制度「禮唯大宗，無繼支屬之制」。司馬晞爲天子庶子，出繼諸侯，與禮制規定「後大宗」之義不合。但謝奉以爲「太宰出後武陵，受命元皇，則纂承宗廟，策名有在」，既受父命而出繼，策名於宗廟，故仍合於出後之禮。認爲以公廢私，以義斷恩，正是禮制足以節制人情，分明秩序的法則。主張「貴賤之禮既正，豈得不率禮而矯心。（司馬晞）當依庶子爲後之例，服緦而已」。〔註31〕

祠部郎曹處道亦是依「庶子爲父後」之禮，明言爲父後與爲人後，皆是與尊者一體，「其所生母，俱是私親。爲父後及爲人後，義不異」，故出爲人後之司馬晞，應爲庶生母服緦麻三月。〔註32〕謝奉與曹處道，都將「爲後傳

〔註28〕見《通典》卷八二〈禮典四十二〉「諸王出後降本父母及所生母服議」條，頁2230。

〔註29〕見《通典》卷八二〈禮典四十二〉「諸王出後降本父母及所生母服議」條，頁2230。

〔註30〕見《通典》卷八二〈禮典四十二〉「諸王出後降本父母及所生母服議」條，頁2229。

〔註31〕見《通典》卷八二〈禮典四十二〉「諸王出後降本父母及所生母服議」條，頁2229。

〔註32〕見《通典》卷八二〈禮典四十二〉「諸王出後降本父母及所生母服議」條，頁2230。

重」視做「家族公義」，而母子的恩情則貶爲「私情」，再次重申母子恩情應爲父系家族的利益犧牲。

武陵王晞的身分是出爲人後，但孔恢、謝奉、曹處道，皆以「庶子爲父後」立論，似乎晉人對於子的身分及禮文的應用，爲父後與爲人後，並未嚴格殊分，更有如曹處道者，直言二者不異。雖然有些議禮者，如崧重，分辨武陵王「不爲父後者」，但並非其議論的重點。

朝臣提出三種制服的主張，最後，皇帝下詔常侍「割喻太宰，從緦麻服制」。然而司馬晞的回應卻是不願遵從王命，繼續陳請朝廷，「累表至切」，可見其欲爲生母服重之心十分堅定；朝廷並未直接威嚇強逼，而是「又遣敦喻」，諄諄勸勉，希望司馬晞服從王命。最後司馬晞「不敢執逐私懷，以闕王憲，乃制大功之服」。朝廷下詔應服緦麻，司馬晞卻自服大功，朝廷亦不再強奪，而「詔聽依昔樂安王故事」，同意司馬晞爲庶生母服大功九月。〔註33〕從武陵王司馬晞的例子觀之，服重主張「母以子貴」，緣天然之恩；服輕主張「庶子爲後」，崇「尊祖敬宗」之義。二種制服主張輕重差別甚大，而無法爲雙方接受。最後武陵王所服，並不在朝臣討論之中，而循以晉代故事，折中以大功九月之服。

（三）東晉時期庶子為生母服重的風氣

司馬昱、司馬晞同爲元帝之子，皆出繼爲人後而爲所生母求服重喪，朝廷對二者的處置並不相同，其中或有個人身分、際遇的特殊因素，但也由此可見朝廷處理類似的違禮事件，雖然反對服重，卻似乎缺乏一個穩定統一的立場。而東晉時期，諸王爲庶生母服重卻仍不時發生，挑戰禮制與朝廷的威信。

穆帝永和（345～356）中，汝南王司馬統與江夏公衛崇爲所生母制服三年，尚書令顧和上表糾舉：

> 爲人後者，降其所出，奪天屬之性，顯至公之義。降殺節文，著于周典。案汝南王統爲庶母居廬服重，江夏公衛崇本由疏屬，開國之緒，近喪所生，復行重制，違冒禮度，肆其私情。閭閻許其過厚，談者莫以爲非，則政道陵遲由乎廢，憲章積替始於容違。若弗糾正，無以齊物，皆可下太常奪服，若不祗王命，應加貶黜。〔註34〕

汝南王司馬統的宗法身分是庶子爲父後，衛崇則是衛瓘之玄孫，嗣衛璪（衛

〔註33〕見《晉書》卷二〇〈禮志〉，頁629。

〔註34〕《晉書》卷八三〈顧和傳〉，頁2165～2166。

瓘子）後爲江夏郡公，〔註 35〕由顧和所言，應是出爲人後。顧和以禮經「爲人後者」統論之，似不分辨「庶子爲父後」與「出爲人後」。案《儀禮・喪服》，「庶子爲父後，爲母緦麻三月」；出爲人後，爲本生父母服齊衰期。二者雖皆降殺，卻輕重有別。或許是司馬統和衛崇二人所服皆已過於合禮的服喪期限，故顧和不再分別討論應如何服喪爲允，而逕自建議朝廷奪服。顧和之言再次佐證晉人對於「爲父後」、「爲人後」之義等同視之。

　　皇帝詔可顧和的奏議，似乎事件是以奪服落幕，但有幾點值得注意，一、顧和表文言：「閭閻許其過厚，談者莫以爲非」，顯示爲生母服重的行爲，許多人不以爲非，還深加讚譽，可見庶子爲生母違禮服重在輿論中已獲得相當支持；二、「若不祗王命，應加貶黜」，顯示朝廷即使下令奪服，仍可能遭到當事人的抵抗，朝廷面對服重的風氣，可能拿不出有效的辦法來扼止。這兩點都指向王公庶子爲庶生母服重的行爲，在東晉似已漸成風氣，而非僅是史傳中被糾舉的一二人之作爲。

　　孝武帝太元十七年（392），太常車胤上表，批評「自頃開國公侯，至于卿士，庶子爲後，各肆私情，服其庶母，同之於嫡」的悖風，庶子爲後「身承祖宗之重，而以庶母之私，廢烝嘗之事」，「求之情禮，失莫大焉」。要求朝廷「崇明禮訓，以一風俗」，「考修經典，式明王度」。〔註36〕表上一年，朝廷不予回應。十八年（393），車胤再上一表，責之更嚴：

> 事上經年，未被告報，未審朝議以何爲疑。若以所陳或謬，則經有文；若以古今不同，則晉有成典。升平四年（360），故太宰武陵王所生母喪，表求齊衰三年，詔聽依昔樂安王故事，制大功九月。興寧三年（365），故梁王瑋又所生母喪，亦求三年。庚子詔書依太宰故事，同服大功。若謹案周禮，則緦麻三月；若奉晉制，則大功九月。古禮今制，並無居廬三年之文，而頃年已來，各申私情，更相擬襲，漸以成俗。縱而不禁，則聖典滅矣。〔註37〕

車胤兩次上表，皆直陳庶子爲後爲生母服已成風俗，上自開國王侯，下至卿士，莫不伸情服重。身爲執掌禮教的太常，車胤不能坐視此肆情亂服，積非成是的違禮習尚，要求朝廷堅定禮教立場，重申明確而統一的服制規範。然

〔註35〕見《晉書》卷三六〈衛瓘傳〉，附子衛璪，頁 1066。
〔註36〕見《晉書》卷二〇〈禮志〉，頁 628。
〔註37〕《晉書》卷二〇〈禮志〉，頁 629。

而朝廷爲何要干涉個人服喪的行爲？朝臣爲何要在朝廷上，對個人的行爲是否違禮，辯論不休？車胤切言：

> 夫尊尊親親，立人之本，王化所由，二端而已。故先王設教，務弘其極，尊郊社之敬，制越紼之禮，嚴宗廟之祀，厭庶子之服，所以經緯人文，化成天下。夫屈家事於王道，厭私恩於祖宗，豈非上行乎下，父行乎子！若尊尊之心有時而替，宜厭之情觸事而申，祖宗之敬微，而君臣之禮虧矣。嚴恪微於祖宗，致敬虧於事上，而欲俗安化隆，不亦難乎！區區所惜，實在於斯。職之所司，不敢不言。〔註38〕

禮制具有節制人情，分定尊卑貴賤，維持人倫秩序的作用。儒教家族的人倫秩序大致是嫡尊庶卑、長尊幼卑、男尊女卑，而以父系祖宗爲最高權威，每一代的男性繼承人被視爲祖宗的繼體，受到特別尊重。庶子爲後，地位即從卑者提升爲家族之至尊，喪服亦配合身分貴賤而變化。庶子爲後，爲所生母降爲緦麻之服，此規範的意義在於將庶生母的地位固定於家中之卑賤者，避免「母以子貴」，以維護儒教家族的人倫尊卑秩序。車胤將父系祖宗地位與君王權威配比等同，「恐嚇」朝廷若允許爲後者伸人子之情爲生母服重，則個人的違禮行爲不但構成對祖宗的不敬，破壞儒教家族人倫的上下秩序，同時也等於對社會、國家上下秩序的破壞。車胤發出如此嚴厲的警告，朝廷方才不得不正視違禮的問題，作出回應。尚書上奏：

> 案如辭輒下主者詳尋。依禮，庶子與尊者爲體，不敢服其私親，此尊祖敬宗之義。自頃陵遲，斯禮遂廢。封國之君廢五廟之重，士庶匹夫闕烝嘗之禮，習成積俗，宜被革正。輒內外參詳，謂宜聽胤所上，可依樂安王大功爲正。請爲告書如左，班下內外，以定永制，普令依承，事可奉行。〔註39〕

孝武帝雖詔可尚書所奏，限制庶子爲後爲庶生母之服，但孝武帝之父簡文帝，爲琅邪王時亦曾爲生母違禮服重；此外，孝武帝自己的生母也是庶妾。在頒布晉代成典的隔年（394），孝武帝追尊庶祖母鄭氏爲簡文宣鄭太后，同年並尊崇庶生母爲皇太后。〔註40〕皇帝尊崇尚健在的庶生母爲皇太后，這在晉代

〔註38〕《晉書》卷二〇〈禮志〉，頁629。
〔註39〕《晉書》卷二〇〈禮志〉，頁629。
〔註40〕見《晉書》卷九〈孝武帝紀〉，頁240。

並無前例可循。〔註41〕皇帝自己積極尊崇庶生母，一般輿論也支持爲庶生母服重，似乎禮制對庶母子關係的壓抑，與現實中伸情的需求，實際上已經到達相當緊張的程度。朝廷基於統治的立場，不能輕易放棄維護禮制的職責，但卻沒有主動處理諸王違禮的行爲，更一度對車胤的上奏置之不理。車胤再上痛切的陳奏，提醒朝廷維護禮教對政治、社會秩序的重要，終於獲得朝廷回應，但結果並非回歸禮制，服緦麻三月，而是下詔循晉代故事制以大功九月之服。朝廷雖未能允許人子遂情服重，但順應了爲庶生母加重服喪的風氣，修正了禮經原來的規範。

孝武帝詔定庶子爲後服所生母喪，依樂安王大功爲正，成爲晉代之成典。然而援引樂安王故事是否合於禮制的精神？新的規範又是否足以節制爲庶生母服重的風氣？《通典》載劉宋時人庾蔚之的評論：

> 「庶子爲後，爲所生服緦」，此禮之正文。近遂爲三年，失之甚也。
> 按晉樂安王所生母喪，議者謂應小功，孝武詔令大功，乃合餘尊之義。但餘尊之厭，不言爲後者也。〔註42〕

庾蔚之認爲孝武帝援引樂安王故事，將「庶子爲後，爲所生服緦」提升至大功九月，固然合於餘尊之義，卻罔顧「庶子爲後」的宗法身分，依然是於禮不合。考察史傳，樂安王名司馬鑒，爲晉武帝之庶兄弟，其身分爲開國之始封王侯，不是爲父後。〔註43〕史傳稱武帝爲樂安王「高選師友」，〔註44〕又云「不知母氏」，〔註45〕可見其母身分十分低微。樂安王爲庶生母制大功之服，

〔註41〕懷帝母爲武帝才人，早卒。懷帝即位，追尊曰皇太后。（《晉書》卷三一〈后妃傳上〉，頁968。）明帝母爲元帝宮人，明帝即位，封建安君，成帝時薨，贈豫章郡君，別立廟于京都。（卷三二〈后妃傳下〉，頁972。）哀帝母爲成帝貴人，哀帝即位，尊崇爲皇太妃，儀服與太后同。時朝臣頗有異議。興寧元年（363）薨，哀帝欲服重，朝臣反對，僅服緦麻。（卷三二〈后妃傳下〉，頁974。）簡文宣鄭太后之事不再贅述。孝武帝之母李陵容，原爲簡文帝之宮人，孝武帝即位，尊爲淑妃，其後陸續進爲貴人、夫人、皇太妃，儀服一同太后。太元十九年（394），帝同母弟會稽王司馬道子上表言「母以子貴」，議尊帝母爲皇太后。八月「帝臨軒，遣兼太保劉耽尊爲皇太后，稱崇訓宮」。安帝即位，尊爲太皇太后。隆安四年（400）崩，安帝制服齊衰三年。神主附于宣太后廟。（卷三二〈后妃傳下〉，頁981～982。）

〔註42〕《通典》卷八二〈禮典四十二〉「諸王出後降本父母及所生母服議」條，頁2227。

〔註43〕見《晉書》卷三八〈文六王傳〉，頁1137～1138。

〔註44〕見《晉書》卷三八〈文六王傳〉，頁1137～1138。

〔註45〕見《晉書》卷三八〈文六王傳〉，頁1130。

可能是依據禮經，公之庶昆弟，父卒仍有餘尊之厭，為母服大功九月。東晉屢屢引用樂安王的故事來解決諸王為庶生母服重的爭議，有趣的是，樂安王既不是為父後，也不是為人後，但顯然晉人並不以為不妥。在緦麻三月與齊衰三年間，折衷出大功九月之服，透露出的是朝廷對服重風氣的妥協。

庾蔚之批評庶子為後為所生母服喪，「近遂為三年，失之甚也。」反應出即使有所妥協，所謂「晉代成典」仍無法遏止服重三年的風氣。迨至劉宋，皇室出身於「低級士族」，[註46] 諸王、皇子、公主為庶生母服重更為普遍，甚至於禮官亦直接主張依士禮制服。[註47] 元嘉二十三年（446）御史中丞何承天上疏，嚴厲譴責禮官、博士諸人主張皇子公主依士禮為庶生母服重，最後導致禮官受懲。[註48] 元嘉二十九年（452），南平王劉鑠所生母吳淑儀薨，鑠為文帝之子，依禮為庶生母無服，僅得麻衣練冠，既葬而除。《宋書・禮志》載：

> 有司奏：「古者與尊者為體，不得服其私親。而比世諸侯咸用士禮，五服之內，悉皆成服，於其所生，反不得遂。」於是皇子皆申母服。
> [註49]

猶如東晉之時，車胤的上奏雖迫使朝廷回應，頒定晉代成典統一服制，但隔年孝武帝即追尊生母為皇太后。何承天雖使朝廷懲處了主張皇子、公主可依士禮行服的禮官，但六年後，「皇子皆申母服」。車胤以禮官的身分，向朝廷呼籲正禮以式明王憲；迨至劉宋，主張服重者卻以禮官為首，正象徵庶子為生母服，依士禮而行，已成為無可逆向的潮流；庶子為父後為庶生母緦的動搖，代表「母以子貴」的觀點，在相當程度上已經成功的鬆動父系禮制對庶生母的壓抑。

第二節　魏晉時期子為出母服議

依禮，子為出母服喪，以「至親」而服期，以「為父後」而無服。考量現實人情，子為親母無服，至親如路人情何以堪？禮經只依據「父系制度」

〔註46〕見祝總斌，〈劉裕門第考〉（《北京大學學報》，哲學社會科學版，1982 年第一期），頁 50～56。

〔註47〕見（梁）沈約，《宋書》（北京：中華書局，1996）卷一五〈禮志〉，頁 399～401。

〔註48〕見《宋書》卷一五〈禮志〉，頁 401。

〔註49〕《宋書》卷一五〈禮志〉，頁 401。

理想的人倫原則制服，而現實中可能影響出母子互動關係的各種因素，皆未予考慮。母被出時，子的年齡；母出之後與子的往來；出母歸本家或者再嫁等等問題，對於出母子的人倫關係皆有相當實際而重要的影響。禮經未將出母子可能保持的連繫與互動納入制禮的考量並規範，以致當魏晉時人欲依禮制服喪時，卻發現問題重重，嘗試重新詮釋禮的涵意，甚至提出新的界定。

（一）子爲出母服的變例

從史料所見，魏晉時期孝子考量出母的處境，以及出母與自己的互動和情感，可能傾向於爲出母服較重的喪服，而違反了禮制的規範。《通典》卷九四記載一則「出母父遺命令還繼母子服議」：

> 征南軍師北海矯公智父前取夾氏女，生公智後而出之。未幾，重取王氏女，生公曜。父終之日，謂公智曰：「公曜母年少，必當更嫁。可迎還汝母。」及父卒，公智以告其母。母曰：「我夾氏女，非復矯氏婦也。今將依汝居，然不與矯氏家事。」夾氏來至，王氏不悦，脱縗絰而求去。夾氏見其如此，即還歸夾舍。三年喪畢，王氏果嫁。夾氏乃更來。每有祭祀之事，夾氏不與。及公智祖母并姑亡，夾氏並不爲制服。後夾氏疾困，謂公智：「我非矯氏婦，乃汝母耳，勿葬我矯氏墓也。」公智從其母令，別葬之。公智以父昔有命，母還，於是爲服三年。公曜以夾氏母始終無順父命，竟不爲服。〔註50〕

夾氏被公智父遣出，歸回本家，未再婚嫁。公智父臨亡之際，以「公曜母年少，必當更嫁」爲由，令子可迎還出母夾氏。未審夾氏被出時，公智之年齡，父亡時，公智是否已成人？公智父之遺命，可能出於憐子戀母之情，也可能是基於家族利益考量，欲託夾氏照顧二子。事未可知。王氏服滿三年後，果然再嫁，留公曜於矯家。夾氏雖來，但分際清楚，爲公智母，依子而居；與前夫離絕，非矯氏婦，生不行爲婦之道，不祭祀、不服喪，死亦不葬於矯氏家墓。而二子爲夾氏服喪的態度皆以父親與夾氏的關係來考量，公智以父命母還爲由，服三年；公曜以夾氏「無順父命」，不爲制服。二人皆以「詮釋父命」的方式遂人子之私情。昆弟二人兩極的服喪態度，引起時人的討論。

> 博士劉喜云：公智之父，棄夾納王，其在户庭，尚爲己配，苟有變悔，自由可也。還歸夾氏，則他人矣，去就出處，各從所執，豈復

〔註50〕《通典》卷九四〈禮典五十四〉「出母父遺命令還繼母子服議」條，頁 2550～2551。

矯父所得制乎？故出妻之禮，夫使人致曰：「某不敏，不能從而供粢盛，使某也敢告。」主人曰：「某子不肖，不敢避誅。」又曰「婦當喪而出則除之」。然則相與之禮，於是絕矣。〔註51〕

劉喜針對夫妻離絕後之關係討論，認為公智父並無命夾氏出而更返的權力，夫妻關係既出則絕，「去就出處，各從所執」。依夾氏的態度觀之，其復來矯家，並非受前夫之命，而是著眼於母子關係，依子而居。與劉喜所論切合。

少府劉克義以為：父者子之天，違父與違天同。公曜父臨亡，知其母無守志，故敕公智還其母，此為臨亡情正慮審也。公曜幼小在此母懷抱，其見慈長以至成人，過於所生。而母之亡，哀不過啁噍之頃，衣不釋綵，食不損味，居處自若，古今未之有也。夫孝子事其親，事亡若事存也。女子從人，出之則歸，命之則反，上奉夫母以為姑，下育夫兒以為子，制矯氏之家政，修母氏之教命，而怡然無戚，言非我母也？〔註52〕

劉克義以為「女子從人，出之則歸，命之則返」，故夾氏返矯家是女子從於人的表現；而「父者子之天」，父有遺命迎還夾氏，子應從父命視夾氏為母，公曜不服夾氏即為違抗父命。王氏再嫁而夾氏返之，公曜尚年幼，夾氏代行母職，懷抱公曜，「慈長以至成人，過於所生」。觀劉克義之言，夾氏「上奉夫母」、「下育夫兒」，於實際生活中為前夫擔負起照顧家人的責任。夾氏既有父命復有母恩，公曜不服夾氏之喪，即成背父忘母之人。

劉克義從父系家族的立場評論此事，夾氏的形象成為揮之即去，招之即來，為父系家族利益犧牲奉獻而無怨無悔的女子；可推想公智父令子迎還出母，未嘗不是出於家族利益的考量，借助夾氏持矯氏之家政。父系家族觀點對夾氏出而復返的解釋，與夾氏以自己為主體，僅承認母子關係的自我定位，兩者之間有相當大的落差。若克義描述夾氏的作為不虛，則夾氏雖自認與矯家已無名分，卻實質扮演女性普遍在家內擔負的撫幼恤老的照護者角色，而其自我定位僅表現在禮制中須嚴格依據身分關係施其作為的事項中。故夾氏雖有清楚的自主性定位，但其行事依然沒有擺脫女性為父系家族服務的職責。劉克義的父系觀點推崇夾氏為矯家的奉獻，卻全然消解夾氏所堅持的自

〔註51〕《通典》卷九四〈禮典五十四〉「出母父遺命令還繼母子服議」條，頁2551。
〔註52〕《通典》卷九四〈禮典五十四〉「出母父遺命令還繼母子服議」條，頁2551～2552。

我身分定位。

　　母出而復還依子，持前夫家政、養前夫母、育前夫兒，與前夫家人衍生的人倫關係，其複雜已超出禮經爲出母服所制定的條件。這件發生在西晉初年的服喪爭議，焦點放在後妻之子詮釋父命而不制服是否合於禮。可注意的是，公智也以父命而爲出母服三年，並未受到非議。《禮》言出妻之子爲出母服齊衰期，子若爲父後，則爲出母無服。公智爲父後，卻爲出母服三年，而晉人討論的焦點，並未放在爲父後爲出母服的問題，反而是繼子無服受到爭議，是否魏晉時人對於爲父後爲出母服有不同的解釋呢？以下試予討論。

（二）為父後為出母服的議禮

　　魏嘉平元年（249），魏郡太守鍾毓爲父後，以出母亡無主後者，迎還，自爲制服。〔註53〕鍾毓之父即魏初位尊三公之鍾繇，鍾會爲毓之異母弟。《魏氏春秋》曰：「（鍾）會母見寵於繇，繇爲之出其夫人」。〔註54〕鍾會爲其母張氏作傳，提到「貴妾孫氏，攝嫡專家」，鍾會母有孕，孫氏欲害之，事被發覺，「孫氏由是得罪出」。〔註55〕孫氏可能即是鍾毓生母，因鍾會之母而得罪於夫，被出。鍾毓以「無主後者」爲理由爲出母制服，超出《儀禮・喪服》中關於子爲出母服的解釋。魏郡丞武申上奏曰：

> 禮，出母與父母在爲母周。〔註56〕記曰「爲父後者無服」。按如記言，蓋謂族別家異，自有主後者無服，非謂毓出母無緦麻之親，還毓家者也。禮，姑姊妹女子子無主後者，不爲降，哀其無繼也。〔註57〕

何謂「無主後」？〈喪服〉傳解釋曰：「無主者，謂其無祭主者也。」〔註58〕按人死之後，服喪期間有多次祭禮，配合以服制的遞輕，讓生者逐漸平復哀傷之情；喪期結束後，則有定期祭祀祖先之禮。祭主爲主持祭祀之人，男子

〔註53〕見《通典》卷九四〈禮典五十四〉「爲父後出母更還依己爲服議」條，頁2546～2547。

〔註54〕在（晉）陳壽《三國志・魏書》（北京：中華書局，1995）卷二八〈鍾會傳〉裴松之註引《魏氏春秋》，頁784。

〔註55〕見《三國志・魏書》二八〈鍾會傳〉裴松之註引鍾會爲其母傳，頁784。

〔註56〕依據（清）嚴可均輯校，《全三國文》，武申此奏，謂「出母與父母在」當作「出妻之子」。見氏撰，《全三國文》（《全上古三代秦漢三國六朝文》，北京：中華書局，1995）卷四四，頁5（總頁1303）。

〔註57〕《通典》卷九四〈禮典五十四〉「爲父後出母更還依己爲服議」條，頁2546～2547。

〔註58〕在《儀禮注疏》卷三一〈喪服〉，頁10b。

方可爲祭主。女子出適後，喪禮的祭主是其夫或其子，若夫歿子亡或無子，
則成無主後者。〔註59〕出母若亡於本家，則其祭主可能是兄弟爲父後者，若
再嫁則依後夫家。

《禮記》言「爲父後者爲出母無服」，〔註60〕並不是只針對出母有主後
者立言。武申以郡丞的身分強作解人，似乎有爲長官辯護或代其發言之意；
援引禮經中對特定無主後者之婦女不降服，而認爲是否有主後者，應是制服
的依據之一，可視爲魏人對喪服的衍申詮釋，發展出另一種服喪判準。這樣
的判準，對於無法爲自己立後，必須依附於父系家族的婦女是比較有利的依
據。

《通典》中記載了兩位魏晉禮學家對鍾毓服出母的討論。成洽由鍾毓服
出母之事，對禮經之規範發出批評，嫻熟於禮的吳商則站在維護禮制的立場
予以回答。〔註61〕爲了方便討論，筆者將二者難答相關的部份予以穿插並列：
〔註62〕

> 成洽難：〈喪服傳〉曰：「出妻之子爲父後者，爲出母無服。與尊者
> 　　　　爲一體，不敢服其私親也。」《經》爲繼父服者，亦父後
> 　　　　者也。

> 吳商答：爲繼父服者，爲其父沒年幼，隨母再適，己無大功之親，
> 　　　　與繼父同財共居，爲築宮廟，四時祭祀其先，此恩由繼父，
> 　　　　所以爲服耳。

> 成洽難：爲父後服繼父服，則自服其母可知也。出母之與嫁母俱絕
> 　　　　族，今爲嫁母服，不爲出母服，其不然乎！經證若斯其謬
> 　　　　耳。

> 吳商答：出母無服，此由尊父之命。嫁母，父不命出，何得同出母
> 　　　　乎？且妾之無子，妾子之無母，父命爲母子，則生事之如

〔註59〕見賈公彥〈疏〉，在《儀禮注疏》卷三一〈喪服〉，頁10b。
〔註60〕《禮記正義》卷三二〈喪服小記第十五〉，頁267a。
〔註61〕吳商入晉爲國子博士，著有《禮難》十二卷，《雜議》十二卷，《禮議雜記故
　　　　事》十三卷，《喪雜事》二十卷，《雜禮義》十一卷，《集》五卷。（據《全上
　　　　古三代秦漢三國六朝文》，頁1712。）又《通典》戴諡「喪遇閏議」曰：「尋
　　　　博士所上祥事，是專用吳商議也。」（《通典》卷一〇〇〈禮典六十〉「喪遇閏
　　　　月議」條，頁2653。）
〔註62〕據《通典》卷九四〈禮典五十四〉「爲父後出母更還依己爲服議」條，頁2547。

> 母，喪則服之三年，貴父命也。而今欲以出母同於嫁母，
> 違廢父命，豈人子所行，又引繼父云經謬也？又出母之黨
> 無服，嫁母之黨自應服之，豈可復同乎？

成洽指出，於禮，爲父後者爲出母無服；但是經傳中有爲繼父服之文，而服喪者的身分亦是爲父後。吳商解釋何以爲繼父服喪，大抵依據《儀禮·喪服》之文，設置特定的條件：第一、己無大功之親，繼父亦無大功之親。第二、與繼父同居共財。第三、繼父出其貲財爲繼子築宮室，使繼子四時祭祀其祖先。具備這三個條件，繼子方爲繼父服喪。〔註 63〕其制服的精神是出於繼父對於繼子維繫家族承續有恩，合於父系家族利益的考量。成洽由爲父後爲繼父服而推衍爲嫁母有服；再以嫁母、出母身分俱爲絕族，推衍爲父後者不應爲嫁母有服而爲出母無服，直接抨擊《儀禮·喪服》經傳荒謬不合理。吳商反駁成洽，認爲出母不能視同如嫁母，因爲出母，由「父命」而出，嫁母則父不命出，「父命」不同則二母的身分就不能等同並比；又舉「慈母如母」爲例，〔註 64〕證明「父命」對於母和子有絕對的權威。出母無服是子尊「父命」，人子不能違廢「父命」。

武申以「無主後者」爲制服依據，其對喪服的詮釋，有利於見出之婦女。成洽的主張大膽的質疑《儀禮·喪服》經傳的合理性，嫁母有服，出母亦當有服，提出另一種爲父後爲出母服的詮釋。吳商針對成洽的立論反駁，以「父命」不同，殊分嫁母、出母，其立論突顯了「父命」的尊貴。眾說紛云，然而鍾毓終究是以爲父後的身分，爲出母服重，未見時人有嚴厲的譴責，且在當時獲得某些意見的支持。

大約與成洽、吳商同時代之袁準討論爲父後爲出母無服的規範，認爲：

> 爲父後者，爲出母無服，喪者不祭故也。其以出，不得不降。安有
> 母子至親而無服乎？釋服而祭可也。〔註65〕

袁準說明禮制規範爲父後者爲出母無服的理由，其態度是雖能理解卻並不同意，直言母子關係之至親，豈能無服！認爲可制以權變的方法，孝子服喪期間遇有祭祀則釋服祭之，兩不妨害；絲毫不以爲所謂的「家族公義」可壓抑母子至親之情。袁準與成洽的態度相似，對於禮制中違反人情的規範，主張

〔註 63〕見《儀禮注疏》卷三一〈喪服〉，頁 10a。
〔註 64〕見《儀禮注疏》卷三〇〈喪服〉，頁 6b。
〔註 65〕《通典》卷八九〈禮典四十九〉「齊衰杖周」條，頁 2452。

修正，毫不遲疑。

　　由上述魏晉時人個別意見的討論，並未足以證成魏晉時代為父後為出母服喪，已經突破禮制規範，獲得普遍肯定。但至少顯示，禮經中為父後為出母無服的規範，在實踐中引起相當的疑義，如何理解禮經的內容，及以此應用於服喪，時人各有見解，產生許多紛歧的詮釋與制服主張，並沒有達成一致的共識。劉宋庾蔚之在近兩百年後評論這兩件個案：

　　（矯公智父）臨亡使子迎母，自是申子之私情耳。此母自處不失禮，

　　而子不用出母之服，非也。公曜不服，當矣。〔註66〕

　　為父後不服出母，為廢祭也。母嫁而迎還，是子之私情。至於嫡子，

　　不可廢祭。鍾毓率情而制服，非禮意也。〔註67〕

庾蔚之強調矯公智為父後，不應為出母服，公曜不服合於禮。評議此事的角度與晉初不盡相同。以「不可廢祭」詮釋為父後不服出母的理由，與晉初袁準的說法雖一致，但認為母子之情是私情，私情不可奪公義，故仍以鍾毓制服為違禮。庾蔚之清楚的指出為父後欲為出母服喪，是人子「私情」與「家族公義」的衝突，肯定禮制以維護「家族公義」為原則，循私的行為悖反了禮意。與魏晉時的議論相比，似乎對於貫穿喪服禮的父系家族精神有較為確實的掌握。晉初到劉宋之間，對為父後為出母服喪似乎有著不同的見解，試觀其變，也許可從中釐清禮學家對禮制觀念的掌握之演變發展。

　　觀矯公智與鍾毓之例，出母的處境，出母與子之間的往來互動，對於出母與子的關係有極大影響。禮制依據「父命」及「尊祖敬宗」的精神，規範為父後者為出母無服，而人子面對實存的關係情境，實有難以遵行之處。矯公智與鍾毓二人為出母制服，並未直接主張母子之情為服喪的理由，而是藉口尊父命，或是對《儀禮‧喪服》經傳進行推衍與再詮釋，仍然從禮制來尋求服喪行為的支持，反映魏晉時期，已普遍要求服喪須依循禮制而行，顯示魏晉時人以禮制規範人倫關係的強烈企圖。時代風氣強調依禮而行，然而對於禮的詮釋卻未有共識，更有依現實批評禮意，企圖修正禮制的情形，顯示魏晉時期處於一個禮制仍在變動發展的狀態，人倫秩序仍有重新調整定位的空間。

〔註66〕　《通典》卷九四〈禮典五十四〉「出母父遺命令還繼母子服議」條，頁2552。
〔註67〕　《通典》卷九四〈禮典五十四〉「為父後出母更還依己為服議」條，頁2547。

（三）爲出繼母服議

前文的討論已指出，孝子如何爲出母服喪，在魏晉時期仍有爭論；而爭論的焦點在於孝子違反禮制的規範，爲出母服重喪。據《儀禮·喪服》的規範，爲出母服，僅行於「出妻之子」，只有親生母子之間，才有出母之服。但魏晉時期爲出母服的討論，實不只有針對親生母親，爲出繼母不應有服，仍屢屢透過禮學家一再重申。《通典》「爲出繼母不服議」，輯錄了東漢鄭玄、魏王肅、季祖鍾，晉范宣、史麛遺的議禮。〔註68〕漢魏禮學家，皆僅簡單申明繼子爲出繼母「無服」；〔註69〕晉朝的禮學家則加入人情恩義的考量。范宣認爲出繼母「恩不生己，義距於父，非恩非義，何以得服。」〔註70〕史麛遺則指出：「夫禮緣人情而爲制，雖以義督親，然實以恩斷。按繼母如母，謂其在父之室，事之猶母，見育猶子，故同之所生。……及其出也，既不終養育之恩，又棄爲母之名，若不從而見育，則不服亦其宜矣。」〔註71〕

在討論繼子應否爲出繼母服的問題上，循著禮經的脈絡，以父親與繼母的關係立言，是禮學家一致的口徑；而晉代更進一步加上母子關係的考量，繼母沒有生育之恩，既出則未全終養育之道，如此再次確定繼子爲出繼母無服。晉代的禮學家加入人情的思考是一個值得留意的現象。總而言之，出繼母因失配父之義，加上無生、養之恩，繼子爲出繼母無服，似乎沒有爭議。但是東晉卻發生一件爲出繼母服喪的特殊案例。

東晉元帝大興三年（320），淮南小中正王式，爲繼母制服出母之服喪，在朝廷引起討論。王式的繼母未嫁式父之前，先嫁，亦有繼子，前夫亡後才再嫁王式的父親。王式的父親先去世，繼母爲式父服喪三年，服喪畢，便還前夫家，受前夫家的繼子奉養。後來，王式的繼母卒於前夫家，並與前夫合葬。〔註72〕王式以「父臨終，母求去，父許諾。」〔註73〕故爲繼母制出母齊衰期之服，結果招來正反兩極的評價，更牽連王式的長官，差點釀成政治風

〔註68〕　見《通典》卷九四〈禮典五十四〉「爲出繼母不服議」條，頁 2549～2550。
〔註69〕　見東漢鄭玄、魏王肅、季祖鍾之議禮。在《通典》卷九四〈禮典五十四〉「爲出繼母不服議」條，頁 2549。
〔註70〕　見《通典》卷九四〈禮典五十四〉「爲出繼母不服議」條，頁 2550。
〔註71〕　見《通典》卷九四〈禮典五十四〉「爲出繼母不服議」條，頁 2550。
〔註72〕　見《通典》卷九四〈禮典五十四〉「父卒繼母還前繼子家後繼子爲服議」條，頁 2553～2555。
〔註73〕　見《晉書》卷七〇〈卞壺傳〉，頁 1868。

暴。事件最後，朝廷下詔將王式交付「鄉邑清議，廢棄終身。」〔註74〕王式
爲繼母制以出母之服，爲何會造成如此嚴重的後果？朝臣對王式的行爲如何
評價？關鍵在於王式的繼母到底是不是「出母」，若是，則王式依禮不應制服；
若不是出母，則王式不應爲繼母只服齊衰期的喪服。以下試分析時人對此事
的看法，以及其中蘊含的禮法人倫觀念。

《通典》中記載了國子祭酒杜夷，博士江泉，太常卿荀崧，丞、騎都尉
蕭輪，以及御史中丞卞壺的評議，其中卞壺之議論另見於《晉書‧卞壺傳》，
文字與《通典》略有出入，一併參酌討論。以下分析朝臣的看法。

> 國子祭酒杜夷議以爲：「宰我欲減三年之喪，孔子謂之不仁。今王式
> 不忍哀愴之情，率意違禮，服已絕之服，可謂觀過知仁。伯魚、子路
> 親聖人之門，子路有當除不除之過，伯魚有既除猶哭之失。以式比之，
> 亦無所愧。勵薄之義，矯枉過正，苟在於厚，恕之可也。」〔註75〕

杜夷認同王式將繼母視爲出母。繼母既出，於禮，王式應該不爲出繼母服喪，
因此杜夷批評王式「率意違禮，服已絕之服」。但杜夷認爲王式的行爲雖然違
禮，卻是出於「哀愴之情」，「觀過知仁」，將王式之作爲比附於孔門之伯魚、
子路，杜夷對王式的作爲實褒揚大於貶斥！伯魚、子路之事見於《禮記‧檀
弓》：

> 子路有姊之喪，可以除之矣，而弗除也。孔子曰：「何弗除也？」子
> 路曰：「吾寡兄弟而弗忍也。」孔子曰：「先王制禮，行道之人皆弗
> 忍也！」子路聞之，遂除之。〔註76〕

> 伯魚之母死，期而猶哭。夫子聞之，曰：「誰與哭者？」門人曰：「鯉
> 也。」夫子曰：「嘻，其甚也！」伯魚聞之，遂除之。〔註77〕

子路以缺少兄弟爲由，不忍爲姊除服；伯魚爲出母服喪，過了一年還思念哭
泣。子路、伯魚的行爲皆是不忍骨肉親情，禮不勝情，故自變禮以伸情，而
失於服喪過厚，雖然他們受到孔子的批評，但他們的行爲卻成爲厚於骨肉的
代表。〔註78〕杜夷以爲王式的作爲有砥礪澆薄之風的作用，雖有矯枉過正之

〔註74〕 見《晉書》卷七○〈卞壺傳〉，頁 1869～1870。
〔註75〕 《通典》卷九四〈禮典五十四〉「父卒繼母還前繼子家後繼子爲服議」條，頁
　　　　2553。
〔註76〕 《禮記正義》卷六〈檀弓上第三〉，頁 51a。
〔註77〕 《禮記正義》卷七〈檀弓上第三〉，頁 53a-b。
〔註78〕 西漢昭帝時，燕王爲蓋葦長公主的情人丁外人求封侯，即引子路爲姊服喪之

失，但「苟在於厚，恕之可也。」在人情的考量下，認爲違禮順情，是可以
原諒的。

博士江泉，同樣主張寬恕王式違禮的作法。江泉議曰：

> 繼父嘗同居而後別者，繼子猶制齊縗三月。按王式母之事式父，存
> 則崇敬，妻道無愆；歿則制服，畢葬乃歸。伉儷之義，大較爲舉，
> 但不能遂居哀次，以此爲失。方之繼父，恩義爲崇。式爲人子，慎
> 終志篤，豈忍以母節小闕而不行服哉！是以俯仰，寧從其重，今報
> 以周，推心乃安。觀過知仁，式近有也。昔季路服姊周而不除，仲
> 尼抑而不貶，將君子以情恕物，謂式之所行，免於戾矣。〔註79〕

江泉之議從爲繼父別居服喪起論，以此比擬王式繼母出居他門的情況。然而
繼父、繼母雖同爲繼假，但細究喪服條文，二者與繼子的關係以及制服原因
皆大不相同。繼母配父，故對於繼子有如母之尊，繼子爲繼母服喪，是依據
繼母與父親的關係，禮制中未嘗討論繼母別居的問題。繼子爲繼父服喪，則
無關於再嫁之母，繼父始終是他族之人，一家僅有一父，這是父系家族制度
嚴守的原則；依據父系繼嗣制度，嫁母與子分屬不同的家族，母從再嫁之夫，
奉他門之粢盛，子從生父，奉父祖之香火。子以不能自立而寄育他門，繼父
嘗同居，助繼子祭祀，對繼子之「家族公義」有所恩惠，故繼子分居自立後
猶爲繼父制服。

江泉將繼母與繼父並比，也從恩義的角度討論王式爲繼母服喪。江泉並
未明確定位王式的繼母出居他門後的身分，而是根據繼母過去在王式家的作
爲來考量制服。江泉認爲王式繼母事式父「存則崇敬，妻道無愆；歿則制服，
畢葬乃歸。」恩義更深於有功於繼子之家族的繼父。因此王式繼母雖然母節
有虧，王式爲人子，基於過去的恩情，服之方能心安。江泉同樣從人情的角
度，稱讚王式的行爲是「觀過知仁」，君子「以情恕物」，認爲王式所行具有
教化風俗的作用。

兩位禮官皆稱美王式所行「觀過知仁」，然而，御史中丞卞壼認爲王式的

> 故事，「子路喪姊，期而不除，孔子非之。子路曰：『由不幸寡兄弟，不忍除
> 之。』故曰：『觀過知仁』。今臣與陛下獨有長公主爲姊，陛下幸使丁外人侍
> 之，外人宜蒙爵號。」見《漢書》（北京：中華書局，1992）卷九七上〈外戚
> 傳・孝昭上官皇后〉，頁 3959。

〔註79〕《通典》卷九四〈禮典五十四〉「父卒繼母還前繼子家後繼子爲服議」條，頁
2553～2554。

案子可能另有隱情，提出完全不同的解讀和評價。卞壼從頭分析事情可能發生的情境，對王式的作爲，有另一種解讀，節錄如下：

> 就如（王）式父臨終許諾，必也正名，依禮爲無所據。……（王）
> 式宜正之以禮。〔註80〕

卞壼認爲，王式的繼母若受王式父命而出，按出妻的禮制，式父應在生前即告宗廟而棄之，沒有已絕之妻還留在夫家，爲前夫制服的道理。若王式的父親在疾篤昏亂之際，許繼妻去留自由，王式應「正之以禮」。〔註81〕換言之，卞壼認爲王式的繼母，於禮，並不是出母；王式面對父母可能違禮的作爲，應該依禮勸正，而不是順其所爲。

> 禮，婦人三從。式母於夫，事生奉終，居喪以禮，非爲既絕之妻；
> 及亡制服，不爲無義之婦。不絕之驗，彰於制服；自去守節，非爲
> 更嫁。考行無絕於夫，離絕繼在夫沒之後。夫既沒，是其從子之日，
> 而式以爲出母，此即何異子出其母！〔註82〕

卞壼認爲禮制規定婦人「三從」之道：從父、從夫、從子。王式的繼母對式父「事生奉終」，符合「從夫」的表現；爲王式之父服喪三年，即爲「不絕」的最好證明。夫沒從子，王式卻視繼母爲出母，是王式以子的身分而將繼母遣出。

卞壼還提出兩個假設的情況，分析王式作爲失當。第一，若王式父親亡後，繼母也尋沒於王式家，王式必定不會將繼母視爲出母；所以王式是根據同居、出居，來認定繼母與己的關係，顯示所謂「離絕」出自王式自己意斷。第二，假使二門之子皆是此母所生，母戀前子而求去，是非禮於後家；去而後返，又非禮於前門，「去不可去，還不可還，則爲無寄之人也。」王式必定會盡力匡諫、防嫌，而不會自絕其生母。卞壼預設了親生母子與繼假母子相待之道必然不同，但不許繼子有自己的感情認同；認爲王式對繼母情禮有虧，批評王式未遵「繼母如母」之教，對繼母缺乏孝敬之道，「生事不以禮，死葬不以禮。」〔註83〕何況王式繼母再嫁，前後二子皆是繼子，繼母「何慈於彼，不慈於此？受之者應有過禮之貶，出之者宜受莫大之責。」〔註84〕顯然認爲

〔註80〕《晉書》卷七○〈卞壼傳〉，頁1868～1869。
〔註81〕見《晉書》卷七○〈卞壼傳〉，頁1868～1869。
〔註82〕《通典》卷九四〈禮典五十四〉「父卒繼母還前繼子家後繼子爲服議」條，頁2554～2555。
〔註83〕《晉書》卷七○〈卞壼傳〉，頁1869。
〔註84〕《通典》卷九四〈禮典五十四〉「父卒繼母還前繼子家後繼子爲服議」條，頁

王式子道有虧，繼母才會出居前夫繼子之門。

　　依卞壼的條析和解釋，王式可能與繼母不睦，故繼母不與王式同居，求去，依前夫繼子；王式沒有盡到人子孝親、匡諫、防嫌的責任，託詞亡父許繼母去，而制出母之服。卞壼認爲王式爲繼母制出母之服，正爲掩飾其不孝之罪行。卞壼云：「禮，長子不爲出母服，出繼母又不應服。（王）式長子也，又母非所生，不應服坦然，而式乃制服，明前絕無徵，違禮莫據，內愧於心，欲以詐眩視聽，託過厚以制飾非。」〔註85〕卞壼認爲王式身爲國士，「閨門之內犯禮違義，開闢未有」，「虧損世教，不可以居人倫詮正之任」，並一併奏免司徒未能「實在任人」，揚州大中正和淮南大中正，不能明察鄉論、「崇孝敬之教，並爲不勝其任」。〔註86〕

　　卞壼自己也有繼母。《晉書》載卞壼「遭繼母憂，既葬，起復職，累辭不就。」上表自陳：「（年）十二，蒙亡母張所見覆育。壼以陋賤，不能榮親，家產屢空，養道多闕，存無歡娛，終不備禮，拊心永恨，五內抽割。」「元帝以其辭苦，不奪其志。」〔註87〕卞壼與繼母共同生活的經驗和感情，或許是他嚴厲譴責王式未善事繼母的原因之一。

　　杜夷和江泉的長官，太常荀崧，和丞、騎都尉蕭輪聯名上奏，認爲王式的案子應回到事件的調查，先確定其屬於服喪違禮的問題，或是家庭不和的問題：

> 禮，繼母嫁，從爲之服，報。其犯出者無服。按式母之求去，式父之遣，並無名例。若以父母之過，非式所得言，及式奉親盡禮，而母自求去者，過在母矣。式之追服，可謂過厚。若乃六親有違，去就非禮，宜訪之中正、宗老，非禮官所得逆裁。〔註88〕

荀崧和蕭輪，分論二種可能的情況：一是如王式所言，「父臨終，母求去，父許諾」。如此，是父母所行不正。王式盡心侍奉繼母，繼母自求去，錯在繼母。這種情況下，王式爲繼母服出母的喪服，於禮過厚。二是，如卞壼所奏，王

　　　　2555。
〔註85〕《通典》卷九四〈禮典五十四〉「父卒繼母還前繼子家後繼子爲服議」條，頁
　　　　2555。
〔註86〕《晉書》卷七○〈卞壼傳〉，頁1869。
〔註87〕《晉書》卷七○〈卞壼傳〉，頁1867～1868。
〔註88〕《通典》卷九四〈禮典五十四〉「父卒繼母還前繼子家後繼子爲服議」條，頁
　　　　2554。

－65－

式「六親有違」侍奉繼母不孝，有失倫常之道，故造成王式的繼母非禮求去。如果是這種情況，已超出禮官所能裁正的範疇，應詢訪地方中正及宗老，調查王式平日與繼母的關係，再做定奪。

最後，朝廷依卞壺所奏，下詔將王式交付「鄉邑清議，廢棄終身」，而司徒及揚州大中正、淮南大中正諸人，特予寬恕。〔註89〕

王式爲繼母服出母之喪，引起如此兩極的解讀和評價，並使得王式被朝廷廢棄論罪。到底王式是「不忍哀愴之情」而制服，還是「內愧於心，欲以詐眩視聽，託過厚以制飾非」？恐怕不能以結果做爲定論。王式繼母前後兩嫁皆有繼子，但未知繼母在前夫家幾年、前繼子當時幾歲、是否受繼母撫育之恩特深？繼母再嫁式父，王式幾歲、和繼母相處了幾年？王式與繼母是否真的感情不睦，或僅是不如繼母與前繼子恩情之深？於禮，要求婦人夫死從子，但繼母以如母之尊，繼子是否有力量「匡正」繼母的作爲？換言之，王式繼母爲母的經驗和情感，可能影響其去留的意願，王式與繼母的母子關係也可能影響王式處理繼母求去的態度。王式與繼母的互動，脫離禮制的規範脈絡，卞壺從「父系制度」的規範立論，處處以禮制來匡準人倫，而不允許其他經驗、情感的存在。到底是王式對繼母不孝，而使繼母存無所居，沒無所託；還是王式尊重繼母的選擇，卻使自己成爲制度的犧牲者？答案啊答案，在茫茫的風裏。

第三節　漢晉間與嫁母服相關的禮議

在討論爲父後爲出母服喪時，魏晉時人時常援引子爲嫁母服來推衍出母服。事實上，《儀禮·喪服》中並沒有子爲嫁母服的規定，子爲嫁母服，是漢晉之間才發展出來的規範。下文將討論子爲嫁母服的成立，以及相關的同母異父兄弟服，進一步探究魏晉時期現實人倫對禮制的發展影響。

（一）漢晉間爲嫁母服的成立

上一節討論成洽與吳商的難答，二人曾論及子爲嫁母服以推衍子爲父後爲出母制服，二者對出母、嫁母能否並比等同有不同的看法，但皆無疑於子爲嫁母有服。實則《儀禮·喪服》經傳並沒有清楚說明嫁母之服。然而現實人倫卻有父卒母嫁的情況存在，子爲嫁母如何制服，是經過禮學家的解釋討

〔註89〕見《晉書》卷七〇〈卞壺傳〉，頁 1869～1870。

論，才逐漸取得共識、成爲規範。《通典》中記載了一條石渠禮議爲嫁母服的
討論：

> 問：「父卒母嫁，爲之何服？」蕭太傅云：「當服周。爲父後則不服。」
> 韋玄成以爲：「父歿則母無出義，王者不爲無義制服。若服周，則是
> 子貶母也，故不制服也。」宣帝詔曰：「婦人不養舅姑，不奉祭祀，
> 下不慈子，是自絕也，故聖人不爲制服，明子無出母之義，玄成議
> 是也。」〔註90〕

石渠爲閣名，是西漢宮廷藏書之處。〔註91〕漢宣帝甘露三年（前51），集群儒
於石渠閣，講論評議五經同異，〔註92〕參與討論的博士、儒生於《漢書》中
可查的就有14人，〔註93〕可說樹立了由朝廷主持，大規模討論、整理經典的
先例。〔註94〕子爲嫁母如何制服，是禮議討論的議題之一。在禮經無文的情
況下，應否有服，依據什麼原則制服，都是爭議的問題。太傅蕭望之以爲「當
服周，爲父後則不服。」似乎類比於爲出母的服喪。可能由於出母、嫁母身
分俱爲絕族之人。韋玄成以爲「父歿則母無出義」。有兩種可能的涵義：一是
指出母以父命而出，無父命則不爲出；二是指父歿，母無再嫁之義。「王者不
爲無義制服」，也可以有兩種解釋，禮經不爲於禮不成立者或無義之行爲制
服。「若服周則是子貶母也，故不制服也」。服周，即是將嫁母類比於出母，
母尊於子，子不得自出其母，結論是子爲嫁母不制服。韋玄成以無父命、無
義、子不得出母的理由，反對將嫁母比於出母制服，其中雖有尊母的觀點，
卻未提出另一個服喪的主張，反而定以無服，削弱疏遠了母子關係。韋玄成
的子無出母之義，故不制服的主張，獲得西漢宣帝的贊同，詔書中更強調婦
人對父系家族的責任，婦人未盡婦職而自絕於夫家，「故聖人不爲制服」，似

〔註90〕《通典》卷八九〈禮典四十九〉「父卒爲嫁母服」條，頁2455。
〔註91〕見《漢書》卷三六〈楚元王傳〉，頁1929，註8引顏師古曰。
〔註92〕見《漢書》卷八〈宣帝紀〉，頁272。
〔註93〕這14人分別是劉向、薛廣德、韋玄成、蕭望之、施讎、梁丘賀、歐陽地餘、
　　　　林尊、周堪、張山拊、假倉、張長安、戴聖、聞人通漢。劉向，見《漢書》
　　　　卷三六〈楚元王傳〉，頁1929；薛廣德見卷七一〈薛廣德傳〉，頁3047；韋玄
　　　　成見卷七三〈韋賢傳〉，頁3113；蕭望之見卷七八〈蕭望之傳〉，頁3271；施
　　　　讎見卷八八〈儒林傳〉，頁3598；梁丘賀，頁3600；歐陽地餘，3603；林尊、
　　　　周堪，頁3604；張山拊、假倉，頁3605；張長安，頁3610；戴聖、聞人通漢，
　　　　頁3615。
〔註94〕東漢章帝時舉行的白虎奏議，即是模仿石渠之議。見（劉宋）范曄，《後漢書》
　　　　（北京：中華書局，1993）卷三〈章帝紀〉，頁138。

有責備再嫁的意味。

石渠禮議中還有一則與嫁母服相關的討論：

> 又問：「夫死，妻稚子幼，與之適人，子後何服？」韋玄成對「與出
> 妻子同服周」，或議以爲子無絕母，應三年。〔註95〕

宣帝下詔，贊同子不應爲嫁母制服。而禮議又別立特殊情況的嫁母爲題，另作討論，顯然以爲嫁母再嫁的條件是制服的重要依據。如果將子服嫁母的條件設定爲夫死、妻稚、子幼、母攜子再嫁，則韋玄成認爲應「與出妻同，服周」。隨條件的不同，韋玄成前後立論看似有所矛盾，但其背後的精神皆是站在父系家族的立場，爲其利益考量。另有議者以爲「子無絕母，應三年。」其制服的理由亦是母尊於子，子無出母之義。與韋玄成以相同理由而不爲制服相比較，不難發現對禮經進行詮釋有相當大的主觀性。孰是孰非的判斷並不容易，而能被普遍接納採行的，恐怕是最能於禮制及人情之間取得折衷者。三國時代的譙周以爲「據繼母嫁猶服周，以親母可知，故無經也。」〔註96〕認爲嫁母有服，其意本於「繼母如母」。〔註97〕依據《儀禮・喪服》：「繼母嫁，從爲之服，報。」〔註98〕推論親母嫁亦當至少服周。以上三論皆以若不攜子改嫁就無以自存的情形下，肯定爲嫁母有服，只是制服的理由以及制服輕重，看法相當分歧。

前引西漢討論爲嫁母如何制服，牽涉嫁母的定位，嫁母與父的關係，嫁母與子的關係。子的身分是否爲父後，未見其成爲議論焦點。《通典》中有魏晉時人針對爲父後爲嫁母服討論，顯示禮制的發展越來越細緻複雜：

> 譙周云：父卒母嫁，非父所絕，爲之服周可也。〔註99〕
>
> 劉智云：雖爲父後，猶爲嫁母齊練，訖葬卒哭乃除，踰月乃祭。
> 〔註100〕
>
> 袁準云：爲父後猶服嫁母，據外祖異族，猶廢祭行服，知父後應服
> 嫁母。〔註101〕

〔註95〕《通典》卷八九〈禮典四十九〉「父卒爲嫁母服」條，頁2455。
〔註96〕見《儀禮注疏》卷三〇〈喪服〉，頁6b
〔註97〕見《儀禮注疏》卷三〇〈喪服〉，頁6b。
〔註98〕見《儀禮注疏》卷三〇〈喪服〉，頁7b。
〔註99〕《通典》卷九四〈禮典五十四〉「爲父後爲嫁母及繼母嫁服議」條，頁2548。
〔註100〕《通典》卷九四〈禮典五十四〉「爲父後爲嫁母及繼母嫁服議」條，頁2548。
〔註101〕《通典》卷九四〈禮典五十四〉「爲父後爲嫁母及繼母嫁服議」條，頁2548。

三論說法不同，但皆認爲爲父後爲嫁母有服。前述魏晉時人關於爲父後爲出母服的討論，反須引用爲嫁母服來證成，可見子爲嫁母服在禮經無文的情形下，詮釋的空間反而更加寬廣。以袁準對禮經的推衍爲例，從爲父後爲外祖異族有服，而推衍爲嫁母必有服。事實上禮經亦未言母再嫁，子爲父後，可爲外祖有服。袁準可能是依據子爲親母之黨從服爲「屬從」，而申論母嫁、子猶爲外祖有服；再據此推論子爲嫁母必有服。吳商云：「出母之黨無服，嫁母之黨自應服之，豈可復同乎？」〔註102〕似乎魏晉時人肯定嫁母之黨應有服。總之禮學家推衍禮經進行詮釋，子爲嫁母有服在魏晉似已取得共識，且其相關服喪的規範比於出母也更爲寬鬆。

　　由漢到魏晉，爲嫁母服由禮經無文而逐漸獲得有服的共識，其制服的理由千變萬化，互相矛盾。嫁母的處境有比於出母、比於繼母嫁；有主張父不命出，應服，也有相同理由主張無服；有子無絕母，應服三年，也有以此不得制服者。勉強尋一規律，似與出母並比同制較爲常見。然而爲父後爲出母無服，以及不服出母之黨的規範，反而在嫁母服中得以解除，可見在沒有條文的限制下，禮學家有更大的空間解釋抽象的父系原則，即使理由互相歧異，但卻一致指向比較能與母子人情相吻合的制服，顯示在禮制出現空隙的情況下，「緣情制禮」的另一次成功。魏晉時期子爲嫁母服的成立，也可以幫助我們認清現實中，嫁母子與出母子的母子關係，絕不能僅從父系禮制的規範來理解。

（二）同母異父兄弟服的發展

　　東晉時期，人子爲庶生母服重喪漸成風氣，突破了禮法對庶生母的厭抑；我們也看到即使生母被父所出或再嫁，人子亦渴望爲母服喪，甚至不顧自己爲後傳重的身分；而繼母卻與繼子情感不睦，出居他門，被繼子視作出母。可見一般而論，人子對於生母的情感遠遠勝於其他的母子名分；母子至親，雖受到父系禮法的厭抑，爲人子者卻有自己的主張和作法。

　　父系禮制以父族親屬爲重，《儀禮・喪服》的規範中，爲母族親屬僅服緦麻，最重加服至小功，比於父族可謂輕矣。然而檢諸《通典》所集之禮議，卻見魏晉南朝有爲同母異父兄弟服喪的討論，且主張的服制更重於爲外祖父母服。同母異父兄弟與己有同母之親，但從父系制度來看則分屬異族，且並不是母黨之親屬，《儀禮・喪服》中並無制服。魏晉南朝之禮學家提出爲同母

〔註102〕《通典》卷九四〈禮典五十四〉「爲父後出母更還依己爲服議」條，頁2547。

異父兄弟服的討論，且有實例發生，其意義何在，值得探討。本節從孝子為嫁母服喪的討論向外延伸，分析魏晉南朝時人對於同母異父兄弟應如何服喪有何見解，以側見時人對同母而生的人倫關係抱持怎樣的心態。

同母異父兄弟之服，《儀禮・喪服》中並無所制，其典始出於《禮記・檀弓》：

> 公叔木有同母異父之昆弟死，問於子游。子游曰：「其大功乎。」狄儀有同母異父之昆弟死，問於子夏。子夏曰：「我未之前聞也。魯人則為之齊縗。」狄儀行齊縗，今之齊縗，狄儀之問也。〔註103〕

公叔木當是公叔朱，為春秋時人，〔註104〕儀狄則不詳何人。從《禮記》的記載觀之，為同母異父兄弟服喪至遲於春秋時代便已行之，此喪服可能是出於現實人倫的需要而發展出來；觀子游與子夏之答，各地可能依其習俗而行，並未統一，不但一般人對於如何制服有所疑問，連聖人孔子的弟子對於如何制服都沒有十分的把握。漢魏時期對於此段經文的解釋歧異頗大，六朝的禮學家持續對此問題的關心，這些禮議集中於《通典》之中，以下便詳細討論之，以明同母異父兄弟服在漢魏六朝的發展趨勢，及其所彰顯的人倫價值。

子游以為同母異父兄弟之服「其大功乎。」關於這段經文的解釋主要有鄭玄、王肅兩家注。鄭玄曰：「親者屬，大功是。」〔註105〕孔穎達正義曰：「鄭意以為同母兄弟，母之親屬，服大功是也。所以是者，以同父同母則服期。今但同母，而以母是我親生，其兄弟是親者血屬，故降一等而服大功。」〔註106〕鄭玄的解釋是彼與己有同母共胞之親，故為之服。孔穎達詮釋鄭注，以為同母異父兄弟降於同父同母兄弟服一等，故制以大功。

王肅則有另一種解釋：

> 母嫁則外祖父母無服，所謂絕族無施服也。唯母之身有服，所謂親者屬也。異父同母昆弟不應有服，此謂與繼父同居，為繼父周，故為其子大功也。禮無明文，是以子游疑而答也。〔註107〕

王肅的解釋明顯地非難鄭玄之說，以為絕族便無服，唯有生母猶因「親者屬」

〔註103〕（清）朱彬，《禮記訓纂》（北京：中華書局，1996）卷三〈檀弓上第三〉，頁109～110。

〔註104〕見鄭玄〈注〉，引自朱彬，《禮記訓纂》卷三〈檀弓上第三〉，頁109～110。

〔註105〕見鄭玄〈注〉，在《禮記正義》卷八〈檀弓上第三〉，頁62c。

〔註106〕在《禮記正義》卷八〈檀弓上第三〉，頁62c。

〔註107〕《通典》卷九一〈禮典五十一〉「大功成人九月」條，頁2494～2495。

制服。異父同母兄弟不應有服。但王肅並未認爲子游所制爲誤，而是提出另一個解釋，以爲子游制服之對象是針對與繼父同居者；子爲繼父同居者服周，所以爲此繼父之子制以大功。王肅在《聖證論》又引《孔子家語》曰：

> 邾人有同母異父之昆弟死，將爲之服，因顏亥而問禮於孔子。曰：「繼
> 父同居者，則異父昆弟從爲之服；不同居者，繼父且猶不服，況其
> 子乎！」〔註108〕

王肅將同母異父兄弟服與爲繼父服相連結，以爲服與不服，端視與繼父是否同居。我們曾提及《儀禮・喪服》對於何謂與繼父同居有特殊條件的限定；子爲繼父同居者服齊縗期，嘗同居而後異居者服齊縗三月，未嘗同居則不爲繼父服。〔註109〕繼父與己爲異族之人，爲繼父服喪的理由是回報繼父於延續己族有恩，而非以父道尊之；故王肅認爲同母異父兄弟從於繼父服喪，而非考慮同母的關係，可見也並非視其爲骨肉兄弟。

　　魏尚書郎武竺有同母異父昆弟之喪，以訪王肅。王肅認爲繼父同居服周，則子宜大功也。〔註110〕王肅身爲禮學名家，時人於禮制有疑處，訪而問之，依其學說而行應所在多有。魏明帝景初中（237～239），朝廷曾針對同母異父昆弟服討論，太常博士的回答是依據子游鄭注大功九月。〔註111〕於時王肅時年約四十左右，或許尚未爲《禮記》作注，又或許當時仍以鄭注爲流行。在這次禮議中，當朝名臣高堂隆則提出與鄭玄、王肅完全不同的看法：〔註112〕

> 聖人制禮，外親正服不過緦，殊異外內之明理也。外祖父母以尊加，
> 從母以名加，皆小功；舅緦服而已。外兄弟異族無屬，疏於外家遠
> 矣，故於禮序不得有服。若以同居從同爨服，無緣章云大功，乃重
> 於外祖父母，此實先賢之過也。〔註113〕

我們曾討論過子爲母族服喪遠輕於爲父族，禮制所安排的人倫關係明顯地以父系爲主軸，人子皆屬父族，與父族之親黨應更加親密。高堂隆即從爲母族、父族服喪輕重之別，來討論爲同母異父兄弟服。高堂隆指出爲外親正服僅於

〔註108〕《通典》卷九一〈禮典五十一〉「大功成人九月」條，頁2495。
〔註109〕見《儀禮注疏》卷三一〈喪服〉，頁10a。
〔註110〕見《通典》卷九一〈禮典五十一〉「大功成人九月」條，頁2496。
〔註111〕見《通典》卷九一〈禮典五十一〉「大功成人九月」條，頁2495。
〔註112〕魏明帝爲平原王時，高堂隆曾爲傅，於明帝朝多所獻替；見《三國志・魏書》卷二五〈高堂隆傳〉，頁708～718。
〔註113〕《通典》卷九一〈禮典五十一〉「大功成人九月」條，頁2495。

總麻，是聖人有意分別外親、內親之制，所以至親如外祖父母、從母也僅加服到小功，即使母舅亦僅總服而已。高氏認爲同母異父兄弟爲異族之人，更疏於外家，因此，於禮不得有服；但高氏另外提出「同居從同爨服」。所謂「同爨服」亦是出於《禮記・檀弓》，指從母之夫，與舅之妻，二人本不應有服，卻因同灶而食故互相以總麻服之。〔註114〕高氏主張同母異父兄弟不應有服，但若同居，則因共灶而食的情份服總麻；高氏並直言批評子游、子夏所制同母異父兄弟服，重於爲外祖父母服，是一項過失。

鄭玄解釋子游之制服，以同母之親爲制服依據，如此服喪對象便涵蓋所有同母異父兄弟。王肅認爲同母異父兄弟不應有服，子游之制服是針對父卒，母攜子再嫁，子與繼父同居者；主張從於繼父服，而非考量同母的關係。高堂隆則認爲子游、子夏的制服是錯誤的，同母異父兄弟爲異族之人，不應制服。若同居則以同爨之情服總麻，與同母無關，雖類似於王肅從於繼父之說，但更注意到父族、母族制服輕重的原則，掌握了喪服禮制以父系爲主軸的精神。三者的制服觀點不同，鄭氏之說至少在魏已被禮官引用，顯示有相當影響力；而與其針鋒相對的便是王肅之學。《通典》記載，晉、宋、齊之禮學家皆針對王肅「從於繼父服」加以反駁，而未見有回應高氏者，顯示王說在晉以下亦有相當影響力，而高說可能被時人所忽視。晉以下禮學家對王肅的批評採取什麼觀點，顯示出什麼制服精神？以下分別討論。

晉淳于睿以爲：

> 繼父無親，立廟祭祀，尚爲之周；以比夫共胞，豈有絕道，而欲絕
> 之，謂其無親。據繼父同居異居有輕重，同母昆弟蓋亦宜矣。異居
> 大功，同居有相長養之恩，服齊縗，似近人情矣。〔註115〕

淳于睿認爲繼父和繼子沒有血緣之親，助繼子立廟祭祀，繼子便爲服周；而同母異父兄弟有共胞之親，豈可以絕之。主張和繼父服一樣，以同居、異居，分定服喪輕重；異居者，服大功，同居有相長養之恩，服齊縗，如此方近人情。淳于睿制服的基礎是彼此有同母共胞之親，再加上恩情輕重之考慮，分別制大功與齊縗之服。繼父嘗同居而異居則服齊縗三月，未嘗同居則不服；同母異父兄弟則未有無服者。

宋庾蔚之謂：

〔註114〕《禮記正義》卷八〈檀弓上第三〉，頁 61a～61b。
〔註115〕《通典》卷九一〈禮典五十一〉「大功成人九月」條，頁 2495～2496。

自以同生成親，繼父同居，由有功而致服，二服之來，其禮乖殊。
以爲因繼父而有服者，失之遠矣。馬昭曰：「異父昆弟，恩繫於母，
不於繼父。繼父，絕族者也。母同生，故爲親者屬，雖不同居，猶
相爲服。王肅以爲從於繼父而服，又言同居，乃失之遠矣。」子游、
狄儀，或言齊縗，或言大功，趨於輕重，不疑於有無也。《家語》之
言，固所未信。子游古之習禮者也，從之不亦可乎。〔註116〕

庾蔚之認爲，繼子因繼父有功於父族而爲之服喪，同母異父兄弟則是與己同
母所生，二服之依據截然不同。又引馬昭之語，重申兄弟關係是繫母而生，
即使不同居也須互相服喪，批評王肅之說失禮意遠矣，質疑《家語》之言，
未足採信。庾蔚之以爲子游爲習禮之人，應從其所制爲允。

齊張融云：

與己同母，故服大功。而肅云從繼父而降，豈人情哉！〔註117〕

張融同樣認爲制服的理由是因爲二者同母，駁斥王肅從於繼父而降之說不合
乎人情！

這幾位六朝的禮學家皆認爲同母異父兄弟互相服喪是因爲彼此有共胞同
生之親，故不論是否同居，都無疑於有服，與鄭玄說法相似。六朝的禮學家
認爲，繼子爲繼父服是因爲繼父助繼子立廟祭祀，有功于繼子父族之香火延
續，與同母異父兄弟服，所據理由不同；批評王肅主張從于繼父同居而有服，
於禮不通且失於人情。顯示諸人所根據的「人情」，對同母異父兄弟相當重視。
諸人雖然於制服輕重尚有歧異，但至少皆有大功之服；而對於王肅主張的反
駁，以及同母異父兄弟應當制服的理由，看法如此一致，似可證東晉南朝認
爲同母異父兄弟有服，已凝聚共識；反映了時人對於一母所生，同胞之親的
人倫關係十分重視，無形中反而輕忽了禮制中的父系中心原則。

結　論

魏晉時人努力將喪服禮落實於生活實踐當中，卻發生許多人情與禮制難
以應合而違禮伸情的問題。孝子爲母親的服喪，有依禮應厭降而子不願厭降、
或依禮應服重，子卻沒有服重的情況，產生許多爭議；其中尤以子爲父後或
爲人後，爲庶生母服喪的爭議最多。喪服禮制中，孝子爲庶生母的服喪規範，

〔註116〕《通典》卷九一〈禮典五十一〉「大功成人九月」條，頁2496。
〔註117〕《通典》卷九一〈禮典五十一〉「大功成人九月」條，頁2496。

特別受身分尊卑的影響，庶生母子關係在父系禮制的限制下特別壓抑。東晉時期，子爲後、爲庶生母服，在朝廷引起多次論爭，主張應據禮制服輕者，執「尊祖敬宗」與「尊父」之父系價值；主張伸孝子之情服重者，則多依「母以子貴」爲說理。朝廷雖欲干涉孝子爲庶生母的服喪，但終究無法阻止服重的風氣，孝武帝時，限定子爲父後、爲庶生母制大功九月，成爲晉代成典，取代《儀禮・喪服》中庶子爲父後、爲所生母服緦麻三月的規範。孝子懷著對母親的感情，抗拒父系禮制對庶生母的壓抑，在時代風尚與孝子情感呼應的情況下，子爲庶生母服喪，在魏晉時期取得順應人情的重大發展。

子爲父後、爲出母服喪，是孝子爲母服喪另一個時常發生爭議的問題。於禮，子爲父後、不應爲出母服。禮制的規範，著眼於父母離絕，子必須從父、尊父，以及子繼承父親家統，必須維護「尊祖敬宗」的精神，要求子若爲父後，不可爲「得罪」於父親的出母服喪。若考慮現實情境可能發生的情況，母親被出的原因也許是家內妻妾鬥爭的結果，也許是夫妻感情問題，也許是夫家對母親過於嚴苛，其情境不是「七出」所能限制，也未必是兒子所能接受的；出母的處境，與出母和兒子之間的往來，亦超出父系禮制的考量範疇。父系禮制忽略兒子與出母的感情與互動，兒子成爲家長之後，有了自專的權力，因此「違禮」服喪的現象便可能不時發生。幾個魏晉時期的案例，以及禮學家的評議，皆顯示孝子爲出母服在魏晉有其他的意見主張。想要爲出母服喪的兒子，以及贊成孝子爲出母服的禮學家，藉由推衍禮制或闡釋「父命」來爲服喪證成；而反對孝子爲出母服的禮學家，更是緊抓「父命」來貶抑出母。魏晉時人並未取得孝子爲父後可爲出母服喪的共識，但無論如何，魏晉時期孝子爲出母服仍獲得相當的同情。

繼子爲繼母服喪卻出現另一種爭議：繼子應該據禮服重，卻自作主張服輕。東晉王式爲繼母服喪，是一個特殊情境的案例，王式繼母依前夫繼子而居，而被王式認定爲出母。朝臣的評議呈現兩極的反應。讚美王式者，承認王式繼母爲出母，認爲王式的服喪行爲過厚，但「觀過知仁」，其行可砥礪風俗。而痛責王式者，從父系禮制規範立論，認爲王式繼母出居不符合「七出」的程序，故並非出母；王式繼母「夫死從子」，王式未遵行「繼母如母」，以子出母，違禮犯教，罪不可赦；依各種父系禮制規範來檢視現實人倫關係，責備王式所行不合於制度。事件的發生或許是王式排擠繼母，以致繼母流離於前夫之門；或許是王式繼母眷戀前夫繼子，自絕而去。前者，王式有違人

子之情，後者，王式繼母不合爲母之道。無論誰是誰非，繼母已死，將繼母比於出母的王式，下場十分悽慘，凸顯了父系禮制控制母子關係的強大力量。

魏晉時人討論子爲父後、爲出母服，時常援引子爲嫁母服比附。《儀禮·喪服》中沒有子爲嫁母服的規範，它是漢晉間逐漸發展而成的新禮制。漢晉間禮學家對子爲嫁母服的討論，顯示現實人倫存在兒子與嫁母的往來，禮學家嘗試將其納入禮制規範。子爲嫁母服，是依據現實需要而產生，子爲父後爲嫁母服喪、子爲嫁母之黨服喪皆成爲子爲嫁母服的規範內容之一，和禮經規範的出母服相比較，更能反映現實母子人倫的實情，也因此，反而成爲主張爲出母服者時常援引的規範。

同時，同母異父兄弟服的發展也有相似的情況。同母異父兄弟雖然同母所生，但依據父系家族的原則，分屬爲兩個父系家族的成員，《儀禮·喪服》中並沒有制服。《禮記》中有孔門弟子相關的討論，但並未說明制服的理由。漢魏以來，禮學家的討論，或以爲同母所生故有服、或以爲與繼父同居，故爲其子服；現存史料所見，東晉南朝的禮學家皆駁斥從於繼父而服的說法，一致認爲同母異父兄弟的人倫關係來自於母親，「同胞共生」理應有服，且主張的服制至少皆大功以上，已劃入父系禮制中區分人倫親疏的界線，超過爲外祖父母的服喪。由此可見，在禮制規範未明的空間中，時人對於母親血緣的重視，再次逸出父系禮制的規範，反映現實人倫中的親生母子關係遠較禮制規範親密。

孝子觀點下的爲母服喪，對父系禮制形成了許多挑戰和修正。孝子欲伸情服重的對象，皆是自己的生母，而對繼母卻反而可能主動降服，顯示人子對母親的感情，無法如父系禮制規範的齊一。在父系禮制的控制下，各種母子關係、各種母子情感與經驗，必須被化約爲符合禮制的型態，否則往往遭受朝廷的干涉，嚴重者甚至入罪。然而父系禮制強大的控制力量，並不是沒有突破點，母子的情感恩義雖然屢屢被父系制度貶抑爲「私情」，但所謂「母子至親」、「母以子貴」，依然是魏晉時人所重視的「人情」。從情禮衝突到「緣情入禮」，親生母子情感的伸張，成爲魏晉時代禮制發展的特徵之一。

孝子爲母服喪的情形，顯示喪服禮制對母子關係的規範未能滿足人情，在現實生活中母與子的關係實態究竟如何？魏晉時期孝子爲母伸情何以能夠打動人心？筆者將利用第四章和第五章，討論母子關係禮不勝情的現實脈絡，以及禮法之外，塑造母子關係、影響母子互動的主要文化價值。

第四章　榮辱與共的母子關係

前　言

　　孝子觀點下的爲母服喪，與父系禮制規範不盡吻合。孝子爲原本應降服的庶生母伸情服重，成爲魏晉的風氣；孝子爲父後、爲出母服喪也獲得不少同情；孝子爲嫁母服更在禮制的空隙中順應人情發展成立。顯示喪服禮制嚴格的父系精神不能如實反應現實中的母子關係。父系家族的綿延不衰，需要母親生、養子嗣；母子關係在父系制度及家族結構影響下，在許多方面發展成爲父系家族的助力，同時無形中也可能加強了母子關係的親密和連結，與父系禮制一心凸顯父系，壓抑母子關係的企圖不能應合。

　　本章討論在家族結構的影響下，母與子尊卑相隨、榮辱與共的現象。家族禮法依「嫡庶之辨」安排妻妾與子女的尊卑次序，這樣安排的目的，是爲了維持家內的尊卑秩序，避免妻妾、子嗣之爭。母子地位相連，可能使親生母子關係更緊密，共同爲提升地位而努力；另一方面，「貴嫡」也可能分散庶生母子的情感，或轉移庶子對生母的認同。禮法原則在生活中的運作，又常常受到家父長好惡情感的介入，扭轉母子的貴賤處境，甚至改變原有的母子名分，對母子人倫有很大的影響。

　　本章分爲三節。第一節討論禮法制度所架構的妻妾子女尊卑次序，及調整此次序的原則，包括「嫡庶之辨」、「子以母貴」以及「母以子貴」。第二節加入考量家父長好惡的影響，討論文化生活中「子以母貴」、「母以子貴」豐富多元的面向，據此推論母子在家庭及社會上被視爲「一體」，而互相影響其

地位的升降，凸顯出一妻多妾的家庭，以生母爲凝聚核心形成各個「母子集團」，兄弟之間同母者相親，異母則互相排擠，形成家內以母親爲核心的情感認同以及「母子集團」之間的鬥爭。第三節則從反面的角度討論「父命」及「貴嫡」，凸顯父權對生身母子人倫的破壞性，以及嫡母對庶生母可能產生的排擠效應。

第一節　嫡庶之辨

在一妻多妾的婚姻體制中，爲了維持父系家族秩序的穩定，必須有一套安排妻妾身分次序的機制，也就是禮。禮法上，妻妾身分的區別從婚姻締結之始即已定立，不由個人主觀好惡隨意更改。《禮記‧內則》云：「聘則爲妻，奔則爲妾」。〔註1〕締結婚姻有一套隆重的儀節，只用於娶妻。鄭玄云：「妻之言齊也，以禮見問，則得與夫敵體。」〔註2〕認爲婚姻的儀節是妻得與夫敵體的關鍵。《禮記‧昏義》闡發婚姻儀節之義：

> 昏禮者，將合二姓之好，上以事宗廟，而下以繼後世也，故君子重之。是以昏禮，納采、問名、納吉、納徵、請期，……所以敬慎，重正昏禮也。……父親醮子而命之迎，男先於女也。……婦至，婿揖婦以入。共牢而食，合巹而酳，所以合體，同尊卑，以親之也。
>
> 〔註3〕

婚姻非僅個人的結合，更促成兩個異姓家族之友好。而妻於家庭中必須協助丈夫行宗廟祭祀的職責，以及負起誕育子嗣以傳宗接代的使命，所以娶妻對於父系家族是非常重要的一件事。納采、問名、納吉、納徵、請期、親迎，爲婚儀之「六禮」，以如此繁複的程序表示對於締結婚姻的恭敬慎重。婿將婦親迎到家之後，有兩人共進一頓飯的儀式，夫婦共牲而食，合用一瓠解成的兩瓠來飲酒，以表示夫婦結合爲一體，尊卑相隨，以及親愛之情。妻在家庭中須克盡奉粢盛、養舅姑、育子嗣的婦職，在夫家職責重大；其身分與夫有敵體相隨之義，故地位尊貴。

相對的，納妾的儀節於禮未明，「不以禮爲奔」。〔註4〕東晉王渾任徐州刺

〔註1〕　朱彬撰，《禮記訓纂》卷一二〈內則〉，頁441。
〔註2〕　朱彬撰，《禮記訓纂》卷一二〈內則〉，頁441。
〔註3〕　朱彬撰，《禮記訓纂》卷四四〈昏義〉，頁877～878。
〔註4〕　朱彬撰，《禮記訓纂》卷一二〈內則〉，頁441。

史時，娶琅邪顏氏爲後妻，婚禮儀式中應夫妻交拜，而觀禮者以爲王渾爲州將，新婦爲州民，王渾的身分無由答拜。王渾之子以父親不答拜，不成娶妻之禮，便把顏氏看作妾。〔註5〕「反映了魏晉以下家族禮法的嚴格，以及當時人妾不備禮的觀念。」〔註6〕妾的身分低賤，不得體君，稱「君」不稱「夫」。其在家內地位之低，觀《儀禮‧喪服》之中妾爲君（夫）服斬衰三年，爲「女君」（嫡妻）服齊衰期，而二者皆爲妾無服，〔註7〕以及庶子爲生母服喪受到許多身分條件限制，庶生母爲子服反而有重於子爲庶生母服者，即足以清楚明瞭。（見第二章第二節妾母子服喪的討論）

　　據學者的研究，自西漢中葉以來，隨著士族的發展，儒家禮法逐漸抬頭，嫡庶尊卑之辨漸被強調。東漢以來士族重視婚姻門第的匹敵，沿續至魏晉南北朝以世家大族爲中堅的社會，妻妾嫡庶之辨更爲嚴格。〔註8〕西晉武帝於泰始十年（274）下詔：

　　　　嫡庶之別，所以辨上下，明貴賤，而近世以來，多皆內寵，登后妃
　　　　之職，亂尊卑之序，自今以後，皆不得登用妾媵，以爲嫡正。〔註9〕

詔書中的「近世」是指漢末三國而言，當時帝王、權貴多有未遵禮制，嫡庶不分，而導致爭亂敗亡者，前輩學者已有詳論。〔註10〕事實上，妻妾不分，往往造成諸子嫡庶身分混亂，最易引起繼承問題、家族爭亂，故晉人深以爲鑒。陳壽在《三國志》中譏評吳主孫權，「嫡庶不分，閨庭錯亂，遺笑古今，殃流後嗣。」〔註11〕以爲孫權橫廢無罪之子是導致孫吳衰亡的原因，〔註12〕可見時人對於嫡庶不分的禍害特別警惕，相當強調「嫡庶之辨」的重要。

　　晉初議定新禮，以「禮無不答」爲由，欲改漢魏故事，更制夫人答妾拜之禮。〔註13〕在摯虞的主張下，繼續沿用夫人不答妾拜之故事。摯虞指出：

　　　　禮，妾事女君如婦之事姑，妾服女君期，女君不報，則敬與婦同而

〔註5〕　余嘉錫，《世說新語箋疏（修訂本）》（上海：上海古籍出版社，1993），下卷
　　　　下〈尤悔第三十三〉，頁896。
〔註6〕　參考劉增貴，〈魏晉南北朝時代的妾〉，頁11～12。
〔註7〕　見《儀禮注疏》卷二九〈喪服〉，頁4b；卷三一〈喪服〉，頁10b。
〔註8〕　見劉增貴，〈魏晉南北朝時代的妾〉，頁20～21。
〔註9〕　《晉書》卷三〈武帝紀〉，頁63。
〔註10〕劉增貴，〈魏晉南北朝時代的妾〉，頁21。
〔註11〕《三國志‧吳書》卷五○〈妃嬪傳〉，頁1203。
〔註12〕《三國志‧吳書》卷四七〈吳主傳〉，頁1149。
〔註13〕《晉書》卷二一〈禮志〉，頁661。

又加賤也。名位不同，本無酬答，……〔註14〕

摯虞引《儀禮・喪服》中妾為女君之服，指出妻妾地位的懸殊比姑媳尊卑差距更大；雖「禮無不答」，但妾地位之卑賤使其成為例外。然而晉武帝的詔書透露了漢末以降，統治階層多有嫡庶不分的現象，摯虞的上奏亦顯示議定新禮的過程中，「嫡庶之辨」曾有鬆動。事實上，在禮法的規範中，「嫡庶之辨」一直是受到強調的原則，而從史傳中所見的情況卻沒有如此理想，姬妾以色事人，易於得寵，因寵而驕貴者所在多有。然而此類現象被記載的原因或是受到朝廷懲罰，或是導致家庭爭亂的結果，或是成為議禮的材料，從父系家族的立場觀之，留下的歷史教訓往往是再次重申「嫡庶之辨」的重要。但從妾的角度觀之，競寵爭愛、嫡庶不分，則是女人晉升地位的一個管道。

魏晉南北朝時期，高門顯貴擁有大量妓妾。在門第社會特重家族承續的風氣下，廣嗣繼祖固然為納妾的原因之一，而學者研究以為，史傳所載之多妾者，多以奢侈著稱，因此「上層階級生活奢靡，縱情享樂才是大量妾侍存在的主因。」〔註15〕而妾的來源或出罪犯、或由劫略、或因買賣，出身皆十分卑微，即使漢魏以降有以禮聘妾之俗，史傳中納妾以嫁娶稱者所在多有，但聘妾之禮仍不可僭擬於妻。妾的地位卑微，為社會所賤視，高門之女除非沒為罪虜，或戰亂流離，少有願嫁人為妾者。〔註16〕從許多方面來看，妾的地位有如家主的財產，贈送、嫁賣、殉葬、殺害等對妾的處置，皆顯示侍妾地位之低賤，缺乏保障。〔註17〕

從庶子為母黨服喪的變化，可見證貴嫡賤庶在魏晉時代的強化。《通典》「繼君母黨服議」載：

> 賀循問徐邈曰：「禮，嫡母為徒從，嫡母亡則不服其黨。今庶子既不自服所生外氏，亦以嫡黨為徒從乎？」答曰：「古者庶子自服所生之黨，故以嫡母黨為徒從，故嫡母亡則不服其黨。今庶子既不自服其外氏，而敘嫡母之親矣，謂宜以名而服，應推重也。古今不同，何可不因事求中。」〔註18〕

在討論上面引文之前，有幾點疑義必須先澄清。《通典》的體例，同一目次下

〔註14〕《晉書》卷二一〈禮志〉，頁661。
〔註15〕劉增貴，〈魏晉南北朝時代的妾〉，頁8～9。
〔註16〕劉增貴的文章有詳細討論，見氏著，〈魏晉南北朝時代的妾〉，頁11～16。
〔註17〕劉增貴之文有詳細舉例討論，見氏著，〈魏晉南北朝時代的妾〉，頁17～20。
〔註18〕《通典》卷九五〈禮典五十五〉「繼君母黨服議」條，頁2566。

之議禮皆按時間先後排序，本條定爲晉代之議禮，排在車胤與臧燾，臧燾與徐藻問答之後。疑點之一，車、徐二人皆爲孝武帝時期之禮官，〔註19〕而賀循卒於元帝太興二年（319），時年六十，〔註20〕推論其生年應是魏元帝景元元年（260），遠早於車胤等人，本條不應排序於其後。疑點之二，魏、晉史傳中名徐邈者甚眾，而精於禮學者惟有徐藻之子，亦活躍於孝武帝朝廷。徐邈約卒於隆安元年（397），年五十四，〔註21〕推其生年約在康帝咸康元年（342）。賀循與此徐邈並非同時期之人，二人不可能有此問答，《通典》所載顯然有誤。不過，《通典》本條之後，錄有宋庾蔚之的按語，亦重申「今人復（不）服所生之黨，則嫡母之黨非復徒從，嫡雖沒，猶宜服之。」〔註22〕庾蔚之爲劉宋著名之禮學家，《晉書‧禮志》、《宋書‧禮志》及《通典‧禮典》中皆記載許多庾氏針對魏晉禮議抒發己見之文，故推論《通典》所載賀循、徐邈問答之內容應當確爲晉代之現象，只是誤植其中議禮之人名。賀循爲東晉「儒宗」，「博覽群書，尤精禮傳。」〔註23〕故問者並非賀循的可能性較大，若然，則此條應爲東晉後期徐邈所答之議禮，合於《通典》本目次下之排序。

　　問者與徐邈的問答，顯示子爲母黨服喪的情形，至遲在晉代後期已有所變化。從喪服制度觀之，妾服君黨與嫡妻同，相反的，妾的親人不在五服之內，並非夫家正式的親屬，但庶子猶從生母而服，只在庶子爲父後的情況下，才不服庶生母之黨。〔註24〕子爲母黨服爲「屬從」，母歿，猶爲母黨服喪；子爲嫡母之黨服爲「徒從」，嫡母歿，則不服嫡母之黨（見第二章第一節）。問者與徐邈皆指稱當時的習俗是庶子不服庶生母之黨，而從服嫡母之黨。兩人都清楚禮制原來對子從服母黨的規範，但庶子未依禮制從服生母之黨，並未受到責難，反而認爲「古今不同」可「因事求中」，欲將「屬從」之服術移到嫡母之黨的服喪，改變制度規範以配合當時之習俗。筆者認爲庶子爲母黨服

〔註19〕　車胤在孝武帝太元中（376～396）官任國子博士（見《晉書》卷八三〈車胤傳〉，頁 2177）；徐藻在孝武帝寧康中（373～375）官任博士（見《晉書》卷二〇〈禮志〉，頁 624）。

〔註20〕　見《晉書》卷六八〈賀循傳〉，頁 1830。

〔註21〕　見《晉書》卷九一〈徐邈傳〉，頁 2358。

〔註22〕　《通典》所載疑有脫字，「今人復服所生之黨」應加一否定詞，如此言「嫡母之黨非復徒從，嫡雖沒，猶宜服之」方可解。《通典》卷九五〈禮典卷五十五〉「繼君母黨服議」條，頁 2566。

〔註23〕　見《晉書》卷六八〈賀循傳〉，頁 1830。

〔註24〕　見《儀禮注疏》卷三四〈喪服〉，頁 21a。

喪的變化，可能受到當時重視家族門第的風氣影響，試推論之。

魏晉以降藉婚宦來維持家族門第之興盛，聯姻相當重視門當戶對，與外家姻親往來友好亦為理所當然。從前文之討論已見妾的出身多半低賤，本家寒微，與其交接恐怕有辱門第。魏裴頠「所生微賤」，以「無舅氏」稱。〔註 25〕東晉周顗母李絡秀，本家富足而門戶低微。絡秀嫁周顗父為妾，謂周顗等曰：「我所以屈節為汝家作妾，門戶計耳！汝若不與吾家作親者，吾亦不惜餘年。」〔註 26〕絡秀之語反映時人賤視妾的觀念；以「不惜餘年」威脅其子與本家「作親」，可見東晉初年高門庶子不與庶生母之本家交接可能已成風氣。因此庶子不服庶生母之黨，只服嫡母之黨，可能亦是受到門第觀念的影響；以嫡母外家為舅氏，而不認生母外氏為親戚。這樣的轉變顯示，禮法中原已存在的「嫡庶之辨」，在時代風氣重視門第高低的推波助瀾下，表現更加深刻。

貴嫡賤庶是禮法上安排妻妾身分尊卑的主要原則，而母親的身分尊卑連帶影響所生子女的尊卑。《春秋‧公羊傳》曰：

> 隱（公）長又賢，何以不宜立？立嫡以長，不以賢；立子以貴，不以長。桓（公）何以貴？母貴也。母貴則子何以貴？子以母貴，母以子貴。〔註27〕

正妻之子為嫡子，嫡子中擇立年長者為嗣，而不立賢者；媵妾之子為庶子，在沒有嫡子的情況下，需擇立庶子為嗣，則以立貴為原則，避免因眾妾同時生子帶來繼承次序的爭端。何休注云：「禮，嫡夫人無子立右媵，右媵無子立左媵。」〔註 28〕在一妻多妾的婚姻制度下，妻在家內的地位尊於眾媵妾，有「女君」之稱，嫡子地位高於庶子，即是源於生身母親為嫡，地位尊貴。隱公與桓公同為惠公之子，但皆不是嫡妻所生，但是「桓母右媵」，〔註29〕為媵妾中地位最尊者，因此桓公貴於隱公。所謂「子以母貴」，正是指子依母親身分之尊卑排定繼承的次序。〔註 30〕因此隱公雖年長於桓公，又有賢能之名，

〔註25〕見《三國志‧魏書》卷二三〈裴潛傳〉，頁 673，裴松之注引《魏略》。

〔註26〕余嘉錫，《世說新語箋疏（修訂本）》下卷上〈賢媛第十九〉，頁 688。

〔註27〕《春秋公羊傳注疏》（《十三經注疏》阮元刻本，北京：中華書局，1996）卷一「隱公元年‧春王正月」條，頁 3bc。

〔註28〕在《春秋公羊傳注疏》卷一「隱公元年‧春王正月」條，頁 3b。

〔註29〕何休〈注〉，在《春秋公羊傳注疏》卷一「隱公元年‧春王正月」條，頁 3c。

〔註30〕見《春秋公羊傳注疏》卷一「隱公元年‧春王正月」條，頁 3c。

仍以母賤而不得立。所以嫡庶貴賤之辨涉及兩個層面，一是妻妾身分地位尊卑的劃分，二是子嗣宗法地位高低的區別，前者影響後者，而後者又與家族繼承問題密切相連，可見「嫡庶之辨」是一妻多妾家族禮法中相當重要的一環，母子的身分尊卑有密切的連繫。

　　除了「子以母貴」，《春秋・公羊傳》中亦提到「母以子貴」。何謂「母以子貴」？何休注云：「禮，妾子立，則母得爲夫人。夫人成風是也。」〔註31〕「夫人成風」是指《春秋經》載「文公四年冬十有一月壬寅，夫人風氏薨。」〔註32〕又「五年三月辛亥，葬我小君成風。」〔註33〕風氏爲僖公之母，莊公之妾，僖公得立，故尊爲夫人。《春秋・左氏傳》曰：「傳，五年春，王使榮叔來含，且賵，召昭公來會葬，禮也。」〔註34〕「含」是古代放在死者嘴裏的珠玉等物，〔註35〕「賵」則是贈給喪家用以送葬之物。〔註36〕杜預注曰：「成風，莊公之妾。天子以夫人禮賵之，明母以子貴，故曰禮。」〔註37〕然而《春秋・文公九年》經曰：「秦人來歸僖公、成風之襚。」《穀梁傳》云：「秦人弗夫人也，即外之弗夫人而見正焉。」〔註38〕以爲秦人不以成風爲夫人，以妾爲妻非禮故正之。

　　《春秋經》記載僖公妾母爲夫人，三傳對《春秋》記其事的詮釋互相矛盾。《公羊傳》未針對成風爲夫人特別解釋，但在〈隱公元年・春王正月〉提出「母以子貴」之說；《左氏傳》謂周天子以夫人之禮會葬成風合於禮，承認成風爲夫人合禮；《穀梁傳》則譏以成風爲夫人是以妾爲妻。春秋三傳對於以成風爲夫人是否合於禮見解不同，「母以子貴」在禮法上是否具有原則性的地位，一直是一個爭議不休的問題。事實上，「母以子貴」與「嫡庶之辨」，二者存有衝突，妻妾嫡庶之辨原本是由婚姻締結的儀式而來，嫡庶的身分是固

〔註31〕在《春秋公羊傳注疏》卷一「隱公元年・春王正月」條，頁3c。
〔註32〕在《春秋公羊傳注疏》卷一三「文公四年・冬十有一月壬寅」條，頁74a。
〔註33〕在《春秋公羊傳注疏》卷一三「文公五年・辛亥三月」條，頁74a。
〔註34〕在《春秋左傳正義》（《十三經注疏》阮元刻本，北京：中華書局，1996）卷一九上「文公五年」條，頁140c～141a。
〔註35〕參見王維堤、唐書文撰，《春秋公羊傳譯注》（上海：上海古籍出版社，1997）「文公五年」6.5.1注1，頁268。
〔註36〕見王維堤、唐書文撰，《春秋公羊傳譯注》「隱公元年」1.1.4注1，頁7。
〔註37〕在《春秋左傳正義》卷一九上「文公五年」條，頁141a。
〔註38〕在《春秋穀梁傳注疏》（《十三經注疏》阮元刻本，北京：中華書局，1996）卷一一「文公九年」條，頁44b。

定的，而「母以子貴」卻打破這項固定身分尊卑的原則，然而「子以母貴」加上「母以子貴」，卻使母子的命運結合更緊密。關於「母以子貴」對「嫡庶之辨」的衝擊，以及對母子關係的影響，將在下一節討論。

「嫡庶之辨」對母子關係的影響主要有二個相互矛盾的層面：其一是子隨母而貴賤，母子身分地位緊密相連，禍福與共，使其關係更爲親密。事實上，母子榮辱一體、禍福與共，在現實生活中發生的情形，必須考慮父親權力的介入，遠超越「嫡庶之辨」的禮法框架。嫡生母子與妾生母子各爲「一體」，競寵爭愛，加上在禮制中猶有爭議之「母以子貴」頗能符合現實人情，使得母子榮辱貴賤相連，成爲一個在多方面廣泛呈現的現象。因此本文討論「子以母貴」、「母以子貴」的現象，將不限於禮法限定的情況，只要母子的處境與地位受對方牽連影響，皆爲討論的範疇。其二是貴嫡的思想和相應家族禮法的存在，使庶子承奉嫡母或甚由嫡貴奪育庶賤之子，產生削弱庶子與生母關係的現象。貴嫡賤庶對生身母子關係的削弱，留待第三節分析父命與貴嫡對母子關係的影響再一併討論。

第二節　母子一體

「嫡庶之辨」的禮法觀念，由母親的身分來安排子女的身分，帶有將母子視爲一體的意義。然而現實中母子被視爲一體對待，互相影響其身分、地位、處境的情況，遠遠超出「嫡庶之辨」所限定的範疇。其中最明顯的便是家父長的愛惡施於妻妾子女身上，往往亦是母子一體，愛烏及屋，成爲影響家內人倫尊卑的另一重要因素。另外，「母以子貴」雖然在禮法上有所爭議，但自春秋以來已成爲行之久遠的歷史成典，爲人子者在創業立功之後，將榮耀與母親分享，符合人情的反應，亦合於孝道的觀念，母子榮辱與共成爲歷史中的突出現象。由此衍申，在一妻多妾的家庭中，妻妾之間往往時有爭端，嫡據名分，庶恃愛寵，嫡生母子與庶生母子各以母子關係結成「集團」，競爭地位與資源，成爲另類的「派系鬥爭」。

下文將分析母子關係中榮辱與共的面向，分別討論子以母貴，母以子貴的情形，本文爲了便於討論母子地位相連的實際情況，凡是母子的地位尊卑被相連對待，或互相影響在家內的處境者皆一併進行討論，而不限於禮法上「子以母貴」、「母以子貴」的特殊指涉。

（一）子隨母貴賤

　　狹義的「子以母貴」背後是「嫡庶之辨」的禮法原則。妻妾的地位以嫡庶定尊卑，妻爲嫡爲貴、妾爲庶爲卑，視其與夫君的婚姻關係而定立名分，一家之兄弟雖同父所生，亦隨母的身分而分嫡庶貴賤，因此以「嫡庶之辨」劃定的身分地位應該是固定而不受個人主觀左右。嫡庶的身分影響婚娶宦學，以及繼承的權力，母親的身分尊貴，等於替子女未來良好的社會地位奠定了基礎；反之若母親爲妾，地位卑賤，對於庶子的發展也會產生相當不利的影響。東漢末公孫瓚欲報袁紹殺弟之仇，出兵攻紹，表紹十項罪狀，其中一條即言：

> 春秋之義，子以母貴。紹母親爲婢使，紹實微賤，不可以爲人後，
> 以義不宜，乃據豐隆之重任，忝污王爵，損辱袁宗。〔註39〕

袁紹以婢賤之子而登高位，竟成爲攻伐的十大罪狀之一，與不忠不仁不義等罪並列，可見出身被時人重視的程度。事實上，公孫瓚的家世雖世爲二千石，但瓚年少時，因爲母親身分卑賤，而執賤役，其年少境遇亦是賤庶之子受人輕蔑的明證。〔註40〕前文提及之裴潛，因「所生微賤」，「爲父所不禮」，故「折節仕進」，仕魏多所更歷。〔註41〕可見母親身分卑賤，連帶使所生子在家內及社會上被人賤視，連自己的親生父親亦由此無骨肉之情。賤庶之子若想要出人頭地，往往必須自己加倍努力以求過人的表現，或者幸運遇到特殊的機緣。

　　西晉王浚爲晉朝功臣王沈的庶子，「母趙氏婦，良家女也，貧賤，出入沈家，遂生浚，沈初不齒之。」〔註42〕王浚的母親身分卑賤，連妾的名分都沒有，出入於王家與王沈私通生子，浚雖爲王沈的骨肉，但子因母賤而身分沈淪，王沈不齒認浚爲子，王浚在家內及社會的地位可謂卑賤至極。後來王沈無子而卒，王浚時已十五歲，被王家的親戚共立爲嗣，襲封父爵，從此宦途青雲，出將領軍稱雄一方，最後甚至欲僭號稱王。〔註43〕王浚由庶賤子被立爲父後，命運之別有如雲泥，正可見子隨母貴賤，嫡庶地位的不平等。蓋禮法的原則「立子以嫡不以長」，嫡子有當然的優先繼承權利，承繼父爵及財產，並且做爲家族的繼承人在社會上享有較高的地位，尤其身處身分地位

〔註39〕《三國志・魏書》卷八〈公孫瓚傳〉，頁243，裴松之注引《典略》。
〔註40〕見《後漢書》卷七三〈公孫瓚傳〉，頁2357。
〔註41〕《三國志・魏書》卷二三〈裴潛傳〉，頁673，裴松之注引《魏略》。
〔註42〕《晉書》卷三九〈王浚傳〉，頁1146。
〔註43〕《晉書》卷三九〈王浚傳〉，頁1146～1149。

權力源於家族門第的社會，嫡庶貴賤的不平等影響十分巨大，雖一父所生，卻可能貴賤貧富天差地別。庶子在家內地位既低，在社會上亦受人輕賤，若能被立爲嗣，則命運丕然改變。

然而現實多有因家父長的好惡而嫡庶不分的情況，以妾爲妻，或是立庶子爲嗣不立嫡子，嫡庶在家內的地位未如禮制理想的尊卑有別。妾庶如何能威脅嫡母子的地位而有僭嫡的機會，主要的因素即在於家主的愛寵。妾的禮法地位雖低，其在家內的處境卻因情況而異。大體上在幾種情形下，妾的實質地位較高：第一是愛寵，第二是母以子貴，第三是出身舊族。〔註 44〕妾出身舊族，而抬高身分的例子多見於北朝，學者已有討論，不再贅述。〔註 45〕不過畢竟舊族出身而爲人妾並不多見，妾的地位得以提升主要還是受到愛寵以及母以子貴。

從實際情況來看，姬妾以色事人，易於得寵，而寵妾之子亦在愛烏及屋之下，獲得父親更多的疼愛。東晉元帝鄭夫人有寵，二子爲帝所鍾愛，均先後受封爲諸王中地位最尊的琅邪王。（見第三章第一節）《世說新語》載，元帝因寵愛鄭夫人，欲改立鄭夫人所生司馬昱爲太子，後來受到王導的勸止而罷。〔註 46〕劉宋始興王濬爲宋文帝之子，「母潘淑妃有盛寵。時六宮無主，潘專總內政。濬人才既美，母又至愛，太祖甚留心。」〔註 47〕始平孝敬王子鸞爲宋孝武帝子，「母殷淑儀，寵傾後宮，子鸞愛冠諸子，凡爲上所盼遇者，莫不入子鸞之府、國。」及子鸞出任南徐州刺史，帝又割吳郡以屬之。〔註 48〕南齊「南康王子琳字雲璋，世祖第十九子也。母荀氏，盛寵。子琳鍾愛。」〔註 49〕前趙劉曜世子胤風骨俊茂，曜欲改立胤爲太子，終以太子熙爲羊氏所生，羊有寵，哀之不忍廢。〔註 50〕子以母有寵而貴，或受封大國、或加節領軍、或擴增屬地，正所謂「其母好者其子抱」。然而反面觀之，若愛弛失意，亦是往往母子俱黜，「其母惡者其子釋」。〔註 51〕魏明帝曹叡

〔註 44〕劉增貴，〈魏晉南北朝時代的妾〉，頁 16～17。

〔註 45〕見劉增貴，〈魏晉南北朝時代的妾〉，頁 16～17。。

〔註 46〕見余嘉錫，《世說新語箋疏（修訂本）》中卷上〈方正第五〉，頁 304。

〔註 47〕見《宋書》（北京：中華書局，1991）卷九九〈始興王傳〉，頁 2436。

〔註 48〕見《宋書》卷八〇〈孝武十四王傳〉，頁 2063。

〔註 49〕見《南齊書》卷四〇〈南康王傳〉，頁 714。

〔註 50〕見《晉書》卷一〇三〈劉曜傳〉，頁 2695～2697。

〔註 51〕見（清）王先慎撰，鍾哲點校，《韓非子集解》（北京：中華書局，1998）卷五〈備內〉，頁 115。

爲文帝嫡子，母親甄氏失意於文帝，被誅，明帝險不得被立爲嗣，直到文帝
病篤，而郭后又無子，才得以順利繼位。〔註52〕吳孫權子和，少以母王夫
人有寵見愛，赤烏五年（242）被立爲太子，後因母親受讒失寵，母憂死而
孫和太子之位亦被廢。〔註53〕東晉簡文帝爲會稽王時，元妃王氏生道生爲
世子，後母子並失帝意，俱被幽廢。〔註54〕可見家父長對妻妾的愛惡，往
往擴及子女，母寵子貴，母黜子廢，甚至超越禮法「嫡庶之辨」的限制。

　　禮法上的嫡庶地位十分不平等，而父寵夫愛卻又可能扭轉尊卑，於是妾
母庶子便不可能皆安於名分，推讓不爭。嫡據名分，庶恃愛寵，在地位、利
益的競爭下，母子同心同德爭取有利的處境，嫡庶之爭往往不斷重演；異母
兄弟情感不睦，往往被時人視爲「理所當然」。東晉祖逖，少孤，有兄弟六
人。史稱祖逖年少即輕財好俠，每輒稱兄意散穀帛以濟貧乏。〔註55〕祖納爲
逖之異母兄，史書稱納性至孝，少孤貧，常自炊爨以養母。〔註56〕似乎祖納
獨與母別居，兄弟之間貧富懸殊。祖逖與同母弟祖約偏相親愛，逖卒後，以
約代領其眾。〔註57〕祖納與祖約異母，二人不協。祖納曾密啓元帝，稱約懷
陵上之性，假其權勢，終將爲亂。時人認爲祖納與祖約異母，故祖納忌妒祖
約寵貴，因此便將祖納之上表拿給祖約，祖約憎納如仇，朝廷因此廢棄祖納。
〔註58〕納母與約母之嫡庶身分未詳，但由二者家庭貧富及在官場的發展觀
之，納雖爲兄，在家族中的地位卻似乎較低。兄弟之間，同母者偏相親愛，
異母者卻往往相互嫌憎，雖爲兄弟有如仇敵；而時人揣測祖納、祖約兩人因
異母故相陷害的想法，亦可見異母兄弟情感不睦在當時社會的普遍。由此觀
之，在一妻多妾的父系家族中，子嗣未必因同父而相親，往往以自己的母親
爲情感認同之凝聚核心，在家庭中形成不同的「母子集團」，而此「母子集
團」才是家庭情感認同及利益結合的單位。〔註59〕

〔註52〕見《三國志》卷三〈明帝紀〉，頁91。
〔註53〕見《三國志》卷五九〈孫和傳〉，頁1367～1369。
〔註54〕見《晉書》卷三二〈后妃傳下〉「簡文順王皇后傳」，頁980。
〔註55〕見《晉書》卷六二〈祖逖傳〉，頁1693。
〔註56〕見《晉書》卷六二〈祖納傳〉，頁1698。
〔註57〕見《晉書》卷一〇〇〈祖約傳〉，頁2625～2626。
〔註58〕見《晉書》卷六二〈祖納傳〉，頁1699。
〔註59〕在南北朝時期，北方因「鄙於庶出」且屢有「二嫡」並立的情形，此種「母
　　　　子集團」之間的爭鬥又比南方嚴重。北魏李洪之微賤時娶妻張氏，張氏助洪
　　　　之由貧至貴，生育子女幾十人，但洪之後娶劉氏，而疏薄張，爲兩宅別居，

　　爲了避免嫡庶之爭導致家族不幸，出現有不舉妾子的極端情況。史稱吳諸葛謹「德行尤純。妻死不改娶，有所愛妾，生子不舉，其篤慎皆如此。」〔註60〕妻死不改娶避免了繼嫡母子與前妻子的爭端，不舉妾子則避免嫡庶之爭，諸葛謹之舉被稱爲「篤慎」，竟有讚美之意，妾庶骨肉被人賤視的程度可見一般。北魏盧度世的例子更爲極端，盧玄有五子，只有盧度世爲嫡出。「崔浩事難，其庶兄弟常欲危害之，度世常深忿恨。及度世有子，每誡約令絕妾孽，不得使長，以防後患。」到了其子盧淵這一代，不養妾子已成家族傳統，婢賤生子，即使形貌相似也不舉接。〔註61〕家父長爲了預防賤庶僭嫡，甚至不惜殘害骨肉，由此可見家父長權威之高，妾庶在家內地位之卑下，以及嫡庶相害問題的嚴重性。

（二）母以子貴

　　母子地位相連的另一面是「母以子貴」。「子以母貴」和禮法觀念相應合，在經典中並沒有爭議，而「母以子貴」的事例在《春秋》三傳中褒貶不一，且可能破壞「嫡庶之辨」，因此是否合於禮，受到相當大的質疑。東漢許愼和鄭玄曾針對「母以子貴」是否合禮各抒己見，互相論難。許愼《五經異義》云：

> 士庶起爲人君，母亦不得稱夫人。父母者，子之天也，子不得爵命父母。至於妾子爲君爵其母者，以妾本接事尊者，有所因也。……謹按《尚書》，舜爲天子，瞽叟爲士，明起於匹庶者，子不得爵父母也。至於魯僖公本妾子，尊母成風爲小君，經無譏文，公羊、左氏義是也。〔註62〕

在人倫架構中，父母尊於子，卑者無由尊崇尊者，故子不得爵命父母。但許

偏厚劉氏。「由是二妻妒競，互相訟詛，兩宅母子，往來如讎」；見《魏書》（北京：中華書局，1995）卷八九〈李洪之傳〉，頁1919。陸定國娶河東柳氏，後又納范陽盧氏，二娶皆是舊族，故嫡庶不分。柳氏、盧氏皆有子，定國亡後，兩子爭襲父爵，後以盧氏之子襲爵並尚公主，職位顯赫，而柳氏子「沈廢貧賤，不免飢寒」；見《魏書》卷四〇〈陸定國傳〉，頁909。北魏崔祖龍與兄伯驎爲異母兄弟，父亡後，二人訟競嫡庶，甚至以刀劍自衛，宛如仇敵；見《魏書》卷二四〈崔玄伯傳〉，頁633～634。嫡庶之爭的結果，得立爲嗣者，地位顯赫，備享榮寵；不得立嗣者，沈淪於下，生活困頓。同父所生而命運乖違，其所爭者可謂重大。

〔註60〕見《三國志·吳書》卷五二〈諸葛謹傳〉，頁1235，裴松之注引《吳書》。
〔註61〕見《魏書》卷四七〈盧度世傳〉，頁1046。
〔註62〕《通典》卷七二〈禮典三十二〉「諸侯崇所生母議」條，頁1975。

慎分別士庶爲君與妾子爲君的情況，認爲前者子不得爵命父母，而後者之母爲妾，妾身分卑賤，必須接事尊者，因此妾母反而可受子之爵命。許慎的說法將「母以子貴」限定於妾母，雖合理化「母以子貴」，但也更凸顯出妾的卑賤地位。

鄭玄不同意「母以子貴」合於禮之說，以爲：

> 禮，喪服父爲長子三年，以將傳重故也；眾子則爲之周，明無二嫡也。女君卒，貴妾繼室，攝其事耳，不得復立夫人。魯僖公妾母爲夫人者，乃緣莊夫人哀姜有殺子般、閔公之罪，應貶故也。近漢呂后殺戚夫人及庶子趙王，不仁，廢不得配食，文帝更尊其母薄后，非其比耶？妾子立者得尊其母，禮未之有也。〔註63〕

鄭玄的論點包含二個禮法觀念：禮無二嫡和不以妾爲妻，這兩項禮法觀念與「嫡庶之辨」的原則息息相關，且有長遠的歷史淵源。春秋時代齊桓公會諸侯於葵丘，互相約束「毋雍泉、毋訖糴、毋易樹子、毋以妾爲妻。」〔註64〕《春秋‧左氏傳》曰：「並后匹嫡，亂之本也。」杜預注「並后」曰：「妾如后。」注「匹嫡」曰：「庶如嫡。」〔註65〕因此早在春秋之時，古人即認爲妻妾不分、嫡庶不辨將導致亂家亡國。鄭玄以「嫡庶之辨」的原則爲準，認爲「妾子立者得尊其母」，並不合於禮。鄭玄解釋成風得爲夫人不是由於庶子立爲君，而是因爲莊公之嫡夫人哀姜有殺子之罪，貶之不得爲嫡，因此僖公得尊己母爲夫人；西漢呂后有不仁之行，貶之不得配食高祖，而進文帝之母薄后配享，正可與僖公妾母爲夫人相比。觀鄭玄之言，嫡夫人有罪須貶，才會出現妾子尊其母之事，與庶子立爲君無關；認爲「妾者立者得尊其母，未之有也。」完全否定「母以子貴」在禮法上的正當性。

然而兩漢「母以子貴」的事例不時發生。西漢哀帝以外藩入繼，尊崇祖母傅氏爲恭皇太后、母丁氏爲恭皇后，即以「《春秋》母以子貴」爲由，〔註66〕東漢和帝追尊生母梁貴人爲恭懷皇后，亦是依據「母以子貴」，〔註67〕順帝追尊生母李氏爲恭愍皇后，〔註68〕桓帝尊崇生母匽氏爲孝崇皇后，〔註69〕

〔註63〕《通典》卷七二〈禮典三十二〉「諸侯崇所生母議」條，頁1975。
〔註64〕見《春秋穀梁傳注疏》卷八「僖公九年‧九月戊辰」條，頁32a。
〔註65〕見《春秋左傳正義》卷七「桓公十八年」條，頁57c。
〔註66〕見《漢書》卷一一〈哀帝紀〉，頁335。
〔註67〕見《後漢書》卷一○下〈皇后紀〉，頁417；卷三四〈梁統傳〉，頁1172。
〔註68〕見《後漢書》卷一○下〈皇后紀〉，頁438。

靈帝尊崇生母董氏爲孝仁皇后，〔註70〕獻帝追尊生母王氏爲靈懷皇后，〔註71〕皆是「母以子貴」的明證。《春秋》「母以子貴」之典故不斷在現實中被引用，雖有禮學家駁斥爲非禮，但在經典互相矛盾，禮學家意見不一的情形下，要統合出一個準則要求眾人遵行實爲困難。除了經典解釋的問題，「母以子貴」亦由於符合人情，而難以禁止。西晉袁準在所著《正論》中再次針對「母以子貴」提出批評：

> 時俗之論曰：庶子爲公，可以尊其母爲夫人，《春秋》之義，母以子貴。……夫身爲國君而母爲妾庶，子孫所不忍，臣下所不安，故私稱於國中，不加境外，此人子之情，國人之私，而亡於禮法之正也。假有庶子數人，並爲三公，欲各尊其母，將何以止之？非聖人者無法，此大亂之道也。〔註72〕

袁準謂「時俗之論」云云，可見魏晉時期「母以子貴」的說法依然甚爲普遍。袁準雖然認爲庶子爲公各尊其母爲大亂之道，但他從人情的角度道出子貴而母卑，子孫不忍，臣下不安，人情之常如此，故往往出現違禮尊崇的情形。袁準非難人子以私情而亡於禮，正足以說明「母以子貴」的現象不斷發生的原因。筆者在第三章討論了東晉時期庶子爲生母服重漸成風氣，時人贊成服重的主要理由便是「母以子貴」。

　　魏晉時期，時人仍時常引用《春秋》「母以子貴」，來證成妾母可以依恃貴子提升地位，尤其在上層階級、庶子爲父後的情況下特別常見。蜀後主劉禪，母甘氏爲先主劉備妾。後主即位，諸葛亮上言，依「《春秋》之義，母以子貴。」追諡爲昭烈皇后，與先主合葬。〔註73〕西晉懷帝，母王氏爲武帝才人，懷帝即位，追尊爲皇太后。〔註74〕東晉哀帝，母周氏爲成帝貴人。哀帝即位後，康獻褚太后臨朝稱制，而政權實操桓溫之手，哀帝不顧桓溫等群臣反對，尊崇生母周氏爲皇太妃。〔註75〕簡文帝之母爲元帝夫人，簡文帝在位短促，不及追尊生母，由其子孝武帝追尊祖母爲「簡文太后」；〔註76〕孝武帝

〔註69〕見《後漢書》卷一〇下〈皇后紀〉，頁441～442。
〔註70〕見《後漢書》卷一〇下〈皇后紀〉，頁446。
〔註71〕見《後漢書》卷一〇下〈皇后紀〉，頁452。
〔註72〕《通典》卷七二〈禮典三十二〉「諸侯崇所生母議」條，頁1975～1976。
〔註73〕見《三國志・蜀書》卷三四〈二主妃子傳〉，頁905～906。
〔註74〕《晉書》卷三一〈后妃傳上〉，頁968。
〔註75〕見《晉書》卷三二〈后妃傳下〉，頁974；卷一一〈禮志下〉，頁657～658。
〔註76〕見《晉書》卷三二〈后妃傳下〉，頁980。

亦尊崇生母李陵容爲皇太后。〔註77〕安帝母陳氏，以美色入宮爲孝武帝淑媛，太元十五年（390）卒，其時安帝被立爲皇太子。「有司參詳母以子貴，贈淑媛爲夫人，置家令典喪事。」〔註78〕安帝即位後，追崇爲皇太后。〔註79〕以上所見皆爲「母以子貴」之明例，其中，孝武帝生母李陵容的際遇，最能彰顯「母以子貴」的精義。

簡文帝即位前爲會稽王，有三子，皆夭。自世子廢黜，其後諸姬絕孕將近十年。李陵容出身微賤，外貌「形長而色黑」，在會稽王宮中執役當差，宮人皆以「崑崙」呼之。帝焦急於無子絕嗣，善相者以爲李氏當生貴子，帝爲繼嗣之計而召李氏侍寢，遂生孝武帝、會稽王司馬道子及鄱陽長公主。孝武帝即位後，尊李氏爲淑妃，其後陸續進爲貴人、夫人、皇太妃，儀服一同太后。太元十九年（394），帝同母弟會稽王司馬道子上表言「母以子貴」，帝遂尊李氏爲皇太后，母儀天下。孝武帝先太后薨，子安帝即位後，尊李氏爲太皇太后，爲皇室中輩份最高之人。李氏崩于隆安四年（400），群臣討論安帝如何制服，左僕射何澄等五位大臣議曰：

> 太皇太后名位允正，體同皇極，理制備盡，情禮兼中。《陽秋》之義，母以子貴，既稱夫人，禮服從正。故成風顯夫人之號，文公服三年之喪。子于父母之所生，體尊義重。且禮祖不厭孫，固宜追服無屈，而緣情立制。……謂應同於爲祖母後齊衰三年。〔註80〕

朝議以爲，從身分而言，「母以子貴」故稱夫人；從血緣關係而言，父之所生，體尊義重；從人倫輩份而言，祖不厭孫，追服無屈，主張「緣情立制」。安帝從之，爲李氏制服齊衰三年，是爲家內女性服喪最重之服制。李氏原本僅爲執役之宮女，地位十分卑賤，其見幸並非由於簡文帝中意愛寵，而是作爲廣嗣的工具，李氏以卑賤之女而暴貴，完全因於生育貴子；尤其當所生繼位爲帝後，更是母以子貴，得到古代女性所能享有的最高尊榮。

「母以子貴」，若從更廣義的角度來解釋，即兒子以其影響力改善母親的地位和處境，則可清楚發現，誕育子嗣對古代已婚婦女的人生影響甚鉅。從最基礎的層面觀之，「無子」被列爲出妻的條件之一，嫡妻即使未因此被遣，

〔註77〕見《晉書》卷三二〈后妃傳下〉，頁981～982。
〔註78〕見《晉書》卷二〇〈禮志中〉，頁624。
〔註79〕見《晉書》卷三二〈后妃傳下〉，頁983。
〔註80〕《晉書》卷三二〈后妃傳下〉，頁981～982。

在繼嗣的需求下亦往往以納妾救濟，緒論所引于氏的故事即爲明例。《禮記‧喪服小記》云：「士妾有子而爲之緦，無子則已。」〔註81〕亦可見庶妾是否爲家庭誕育子嗣，對於其在家內的地位有明顯影響。所以一般而言，「有子」對婦人在家中的地位就是一種保障。即使貴爲嫡妻，在一妻多妾的制度下，夫婦情義維持不易，兒子才是比較可靠的依靠。

魏司馬懿之妻張氏原受懿敬重，其後柏妾有寵，遂疏薄張。懿嘗疾，張氏往省病而被懿斥罵，張氏慚恚不食，將自殺，諸子爲母亦不食，懿只得向張氏致意撫慰。司馬懿私下語人曰：「老物不足惜，慮困我好兒耳！」〔註82〕可見夫妻之情無得久恃，即使嫡妻，亦需依賴子嗣的支持，方能穩固在家中的地位。

若所育爲孝子、賢子，則母親在家內、社會的地位亦得以獲得提升與尊重。西晉伏太妃生汝南王亮、琅邪王伷、清惠亭侯京、扶風王駿。〔註83〕「太妃嘗有小疾，被於洛水，亮兄弟三人（京早卒）侍從，並持節鼓吹，震耀洛濱。」恰巧武帝登臺看見這般尊榮的排場，不免嘆羨「伏妃可謂富貴矣。」〔註84〕裴秀少有令名，而生母是婢，身分微賤，嫡母待秀母不禮。嘗有客過訪秀，嫡母令秀母下食與眾賓，賓見，起而拜之，秀母答曰：「微賤如此，當應爲小兒故也。」於是嫡母不敢再役使秀母。〔註85〕

婦人有子也得以在遇災禍困疾的情況下有所援助依賴。魏郭淮之妻王氏，從坐兄罪當收押繫獄，郭淮之下屬請淮留妻，而淮不從。淮五子叩頭流血請淮，淮不忍視，乃追回妻子，書白司馬炎曰：「五子哀母，不惜其身；若無其母，是無五子；無五子，亦無淮也。」〔註86〕夫不留婦，而子不惜其身叩血留母，母若無子而遭此橫禍，其命運可想而知。

劉宋謝曈生母郭氏久嬰痼疾，曈恐僕役營疾懈倦，躬自執勞，嘗藥捧膳照顧其母未曾有闕。郭氏因病畏驚，輕微的腳步聲亦受驚嚇。謝家感於謝曈之至孝，一家尊卑，咸納履而行，屏氣而語，如此者十餘年。〔註87〕庶妾嬰疾十餘

〔註81〕在《禮記正義》卷三二〈喪服小記第十五〉，頁269a。
〔註82〕見《晉書》卷三二〈后妃傳下〉，頁948～949。
〔註83〕見《晉書》卷三師〈宣五王傳〉，頁1119。
〔註84〕見《晉書》卷五九〈汝南王亮傳〉，頁1591。
〔註85〕見《晉書》卷三五〈裴秀傳〉，頁1307～1308。
〔註86〕見《三國志‧魏書》卷二六〈郭淮傳〉，頁736，裴松之注引《世語》。
〔註87〕見《宋書》卷五六〈謝瞻傳〉，頁1558～1559。

年，若非有子悉心照料，其處境將何堪？何至於能讓一家尊卑在生活上配合病妾的需要。可見「有子」不僅是父系家族繼嗣的要求，對於在家內地位不穩定的婦人，得藉子嗣於患難、疾病時相扶救，亦是一個比較安穩的依靠。

從生命週期的歷程更進一步解釋母子地位、處境的關連，當母壯子幼之時，母或據嫡貴名分，或恃家主愛寵，提升自己在家內的地位，連帶使子以母貴；當子壯母衰時，兒子或繼承為家長，尊奉母親；或以其才能立功揚名，以本身的影響力提升母親在家內及社會的地位；或在生活中母子患難相救、疾病相顧，母親依靠兒子，母以子貴。子以母貴，母以子貴，母子的命運相互牽連影響，榮辱與共，使得一父所生之子，各以其母為情感認同的對象，形成家內數個「母子集團」，同母相親，異母相憎，有時不免發生互相爭鬥的家庭慘劇。

安排家內尊卑秩序的力量主要有兩種，一是禮法的「嫡庶之辨」，二是夫妻（妾）和父子之間的情感。「嫡庶之辨」雖是一項固定的禮法原則，但需要家父長遵守實行才有現實意義；而人之感情變化不定，卻是最能直接影響現實人際互動的因素，尤其家父長在家內又具有至高的權威。禮法的力量與家父長的好惡在現實中交疊作用，影響母與子在家內的地位與處境，母子命運相連，如同共乘一舟，在父親的情感之流中載浮載沈。直到兒子繼承為家父長，成為安排家內秩序的新權威，這一代母子爭取權力、地位的奮鬥才告一段落，而新一代的「母子集團」鬥爭可能又將上演。

「嫡庶之辨」、「母以子貴」以及家父長的好惡情感，可能促使母子命運連結更為緊密，但父命的權威也可能破壞母子關係，同時「貴嫡」觀念使嫡母享有優越的地位，亦可能削弱庶子對生母的認同。下一節將討論「父命」對解除、建立母子關係的作用，以及「貴嫡」觀念對庶生母可能發生的排擠效應。

第三節　父命與貴嫡對母子人倫的影響

從上節的討論，我們已看出家父長的愛惡，對於母子在家內的地位和處境有很大的影響，其根源來自父系家庭中，家父長對家內成員擁有至高的統轄權力。在只包括父母和子女兩個世代的家庭，父親為家長，在包括三個世代的家庭，則祖父為家長。只要家父長還健在，子孫即使成年也不能獲得自主權。〔註88〕本節以「父命」來指稱家父長對家內成員的權威。家父長有出

〔註88〕參考瞿同祖，《中國法律與中國社會》（台北：里仁書局，1984），頁7～8。

妻及命子出繼的權力，也可以命妾爲慈母，或命妻妾母養他子爲子，換言之，「父命」可以決定母子關係的存在或消除。對於母子關係的存廢具有根本影響。

我們已討論過，在禮法上，夫妻離絕的權力片面地掌握在男方家庭，女性一旦被出，離開前夫的家庭，並不能將兒子一起帶走，母子關係勢必受到影響。《汝南記》載：

> 華仲妻本是汝南鄧元義前妻也。元義父伯考爲尚書僕射，元義還鄉里，妻留事姑甚謹，姑憎之，幽閉空室，節其食飲，羸露日困，妻終無怨言。後伯考怪而問之。時義子朗年數歲，言母不病，但苦飢耳。伯考流涕曰：「何意親姑反爲此禍！」因遣歸家。更嫁爲華仲妻。仲爲將作大匠，妻乘朝車出，元義於路傍觀之，謂人曰：「此我故婦，非有它過，家夫人遇之實酷，本自相貴。」其子朗時爲郎，母與書皆不答，與衣裳輒燒之。母不以介意，意欲見之，乃至親家李氏堂上，令人以它詞請朗。朗至，見母，再拜涕泣，因起出。母追謂之曰：「我幾死，自爲汝家所棄，我何罪過，乃如此邪？」因此遂絕也。
> 〔註89〕

鄧元義之妻遭姑虐待，元義之父不忍而遣出，可見出妻之權是夫家家父長的權力，不限於丈夫本人，而出妻的情況也不限於犯「七出」才可行之。元義於路旁語人之言，似猶有留戀惋惜之情，然而，於禮，婦的重要職責在於奉養舅姑，如果舅姑憎惡媳婦，就算夫婦感情篤密也無法廝守終生。〔註90〕元義前妻雖再嫁，對其子鄧朗似乎仍懷有深厚的感情，寫信、送衣，仍欲維持母子的關係與情感，然而鄧朗對出母的態度卻是十分絕情冷淡。出母爲了見兒子一面，必須託他詞請之，似乎若鄧朗知道是母親邀約，便不會前來見面；而鄧朗一見其母，「再拜，涕泣」，馬上就離開，表現了絕決的態度。由鄧朗見母涕泣觀之，似乎並非沒有人子眷母之情，然而行事卻一再表現出不欲與出母牽連之意。母親追出謂朗之語，透露其無奈被出的心情，及面對兒子不相親近的傷心不滿。母親並非得罪被出，鄧朗當亦明白，或許因出母已再嫁爲他門之婦，或許朗父亦已

〔註89〕《後漢書》卷四八〈應奉傳〉，頁1607，注引《汝南記》。

〔註90〕《禮記‧內則》言：「子甚宜其妻，父母不說，出。子不宜其妻，父母曰『是善事我』，子行夫婦之禮焉，沒身不衰。」可見婦的職責以善事舅姑爲重，夫婦恩愛與否反倒其次。（見《禮記正義》卷二七〈內則第十二〉，頁235a。）

再娶，所以鄧朗待出母如外人，母子關係終究斷絕。

從鄧朗的例子可見父母婚姻關係的解除，不影響父子關係，但對於母子關係的影響十分巨大。雖說「母子至親無絕道」，出妻之子仍為出母服喪期年，但當母親離開了夫家，勢必不再與己子一起生活，可能連見面都十分不容易，可想見出母與子要維持親密的母子關係十分困難。鄧朗之母的例子，正可看出在父系社會中女性宛若浮萍，在父系家族之間或來歸或遣去，來歸時，是一個由外加入的陌生人，必須獲得夫家眾人的歡心，否則難以立足於家庭；一旦被遣去，意謂女性必須離開夫家，當初在夫家的努力付出彷彿化為泡沫，即便是自己親生、撫育之子，亦是屬於夫家之人，母子關係驟然中斷，轉眼已成路人。

夫妻離絕，大多是妻子離開丈夫的家庭，對母子關係的維繫十分不利，即使是統治階層的女性主動離絕，亦無法突破此父系制度架構。劉宋臨川長公主嫁王藻為妻，「公主性妒，而藻別愛左右人吳崇祖，前廢帝景和中，主讒之於廢帝，藻坐下獄死，主與王氏離婚。泰始初，以主適豫章太守庾沖遠，未及成禮而沖遠卒。」後來宋明帝繼位，特別打壓嫉妒之婦人，湖熟令袁慆妻以妒忌賜死；又令近臣虞通之撰《妒婦記》；江斅當尚公主，明帝使人為斅作表讓婚，譏刺宋世公主嚴妒，「有妨繁衍」。於是臨川長公主上表，自白曰：「妾遭逢奇薄，絕於王氏，……今孤疾煢然，情寄所鍾，唯在一子。……實願申其門釁，還為母子。……特乞還身王族，守養弱嗣。」明帝許之。〔註91〕

公主挾其身分尊貴，藉皇帝姪兒報復丈夫的不忠，然而一妻多妾的制度依舊穩穩存在，公主只是依恃其身分，多一些權力反擊丈夫移愛他人所帶來的痛苦，然而離絕了變心的丈夫，嫁給另一個男子，仍然可能面對丈夫另結新歡的威脅。臨川長公主與王氏離絕後，原本被安排再嫁，但婚禮未行，未婚夫便死，王室似乎未再另外安排婚嫁。明帝繼位後打壓妒婦的動作頻仍，臨川長公主或許在婚姻無著，且形勢對有妒名之婦人不利的情況下，只好將自己的餘生寄託在兒子身上，但在父系繼嗣的制度下，兒子為王家人，要「還為母子」，公主就必須「還身王族」。要不是公主依恃其特殊身分，運用政治力量介入，女性離絕後主動求還夫家是不可能的事情，因此多數被夫所出的婦女，既不可能帶走兒子，也沒有權力要求重回夫家，只能接受與子分離的

〔註91〕見《宋書》卷四一〈后妃傳〉，頁 1290～1292。

命運，可想見對母子關係可能帶來嚴重的破壞。臨川公主的例子凸顯了女性處於父系繼嗣的體系，即使權勢可以變通部份行事，也難以擺脫以父系家庭利益爲重的結構性限制。

家父長可以將母遣出，也可以命兒子出繼爲人後，同樣可能對母子關係產生破壞。子出爲人後必須受父命而出。晉羊祜無子卒，武帝令祜兄子暨爲祜嗣，「暨以父沒不得爲人後。帝又令暨弟伊爲祜後，又不奉詔。」〔註92〕父沒不得爲人後，即因無父命之故。〔註93〕可見人子不得自專個人的家族身分歸屬，而須依從父親的命令，父命出便出。我們討論喪服禮制時已提到爲人後者身爲所後家庭的繼承人，必須將齊斬重服皆移於所後之父母，親屬人倫關係也以所後家庭爲核心重新排定，因此一旦子出爲人後，在禮法上便成爲他門之子，原來的母子關係當然也會受到影響。第一章所引東晉于氏養二伯賀群之子爲子，陶氏爲賀群之妻，在丈夫的安排下，二子皆一出生即被送給于氏撫養。陶氏「時取孩抱」的舉動顯示出爲人母的不捨之情，但丈夫將兒子給予于氏撫養的決定，身爲生母的陶氏卻沒有反對的權力，母子關係被迫割斷，而于氏卻得以藉賀群之命，養率爲己子，可見父命對母子關係的影響。

父命子出爲人後，目的是延續同宗他門之香火，母與子只能被動受父命的安排，母親即使不願己子出後，也無力反對。父命破壞了生身母子關係，同時也建立了爲後者與所後母的母子關係，只是母子的情感，終究不是僅靠父命就能產生的。劉宋東平王子嗣，本爲孝武帝之子，母謝昭容。子嗣出生後即受孝武帝之命出繼東平沖王休倩爲後。休倩爲孝武帝之異母兄弟，薨時年方九歲，休倩母爲顏美人，撫育子嗣不慈。明帝泰始二年（466），子嗣所生母謝昭容上表言「妾顏訓養非恩，撫導乖理，情闕引進，義違負螟。……妾天屬冥至，感切實深，伏願乾握廣臨，曲垂照賜，復改命還依本屬，則妾母子雖隔之辰，猶生之年。」明帝許之。〔註94〕子嗣出生即奉父命出繼，母

〔註92〕見《晉書》卷三四〈羊祜傳〉，頁1024。

〔註93〕（隋）劉子翊上表引羊祜事爲例，引尚書彭權議：「子之出養，必由父命，無命而出，是爲叛子。」認爲羊暨以無父命故不出繼爲當。劉子翊表言武帝「下詔從之」；見《隋書》（北京：中華書局，1991）卷七一〈劉子翊傳〉，頁1652。《晉書》所載並無彭權之議，而言羊暨、羊伊不奉詔出繼，武帝怒，收免暨和伊，另以伊弟篤奉祜嗣，以政治力介入家族立後，與劉子翊所言不同。見《晉書》卷三四〈羊祜傳〉，頁102。

〔註94〕見《宋書》卷七二〈文九王〉，頁1881～1882；卷八〇〈孝武十四王〉，頁2069

子未嘗享有片刻天倫，而所後祖母又撫育不慈，所生母不忍小兒受虐，上表求子還本，表文中表達爲人母親見幼子受虐心中的傷痛，令人同情。明帝雖許子嗣還本，然而同年即賜死，死時年方四歲，謝昭容與子嗣母子終究未能享有母子天倫之情。〔註95〕

「慈母如母，貴父命也。」依禮，在妾子無母，妾無子的情況下，父命可另外安排妾母庶子締結母子關係，如此子事慈母終其身如親母。「晉崔諒父命妾祝撫養諒爲子，祝亡，鉅鹿公裴頠議，依禮服慈母如母。」〔註96〕然而史傳中因無母而遵父命爲母子的情況，實不止於妾子母亡的情形。晉譙王司馬恬妾生育二子而出嫁，恬命他妾爲母養之。〔註97〕妾賤，不得自專，有子而改嫁，應當亦是受家父長之命；子本有母，而父令出嫁，再命他妾母養之，似乎妾母庶子可任由父命排列組合成母子，罔顧母子的情感意願。吳主孫權袁夫人，「有節行而無子，權數以諸姬子與養之。」〔註98〕孫權夫人並立，有嫡庶不分之譏。袁夫人爲袁術之女，因家世與品德而受孫權敬重，地位尊榮，孫權以諸姬子令袁夫人母養，目的似乎是救濟袁夫人無子，而非因妾子無母。由此觀之，父親隨其好惡、以其權威改變母子關係，受寵者，得以此補救無子之憾，而子被奪育之母，儼然變成生育的工具亦無可奈何。

慈母只指稱妾，不指稱嫡母，但若嫡母無子，即使妾子的庶生母依然生活在同一家庭，嫡母亦可以養妾子來彌補，因爲嫡母原本就受禮法支持，在眾母中地位最尊貴，父命結合貴嫡，對於嫡母十分有利。東漢明帝馬后無子，賈貴人生章帝，而馬后母養之，明帝謂馬后曰：「人未必當自生子也，但患養之不勤，愛之不至耳。若能愛如己子，則孝敬亦如親生矣。」〔註99〕於是馬后待章帝過於所生，章帝感養育之恩亦回報如親子，史傳載「帝既爲太后所養，專以馬氏爲外家，故貴人不登極位，賈氏親族無受寵榮者。」〔註100〕章

～2070。
〔註95〕除劉子嗣外，孝武帝諸子中，子勛、子房、子頊、子仁、子眞、子元、子孟皆爲明帝所殺，明帝殘殺孝武諸子，是出於政治目的，子嗣之死與爲人後還本應無關聯。見《宋書》卷八〇〈孝武十四王〉，頁2059～2070。
〔註96〕見《通典》卷九四〈禮典五十四〉「大夫士爲慈母服議」條，頁2556。
〔註97〕見《通典》卷八一〈禮典四十一〉「諸王子所生母嫁爲慈母服議」條，頁2205。
〔註98〕見《三國志‧吳書》卷五〇〈妃嬪傳〉，頁1200，裴松之注引《吳錄》。
〔註99〕（晉）司馬彪著，《續漢書》卷一〈后妃傳〉（在（清）汪文臺輯錄，《新校本後漢書附補編十三種》，台北：鼎文書局，1977），頁314。
〔註100〕見《後漢書》卷一〇〈皇后紀〉，頁414。

帝生母賈貴人，爲馬皇后之外甥女，出身並不低微，誕育聖嗣，而不獲尊榮，只因馬后無子，以嫡尊身分撫養庶子爲己子，庶子對母親的認同，也因而轉移。東晉元帝嫡妃虞氏無子，宮人荀氏生明帝及琅邪孝王，荀氏身分微賤，帝命虞妃母養二子。〔註101〕荀氏因地位卑賤而被剝奪天倫，虞氏無子而以嫡妻之尊取代賤妾爲母。賤者何其可哀，貴者何其可幸。可見嫡母若積極扮演母親角色，對於庶生母的母親身分會造成相當嚴重的威脅。

在禮法的規範中，「其夫屬乎父道者，妻皆母道也」，〔註102〕因此庶子對嫡母也必須以母事之，而且比於庶生母更加尊重。所以妾不能單獨爲庶子之母，而必須與嫡母「分享」母親的身分，且在禮法上被壓抑在嫡母之下。因此，即使嫡母沒有主動奪育妾子，在貴嫡的觀念影響下，仍然可能分化庶子對母親的情感與效忠，削弱庶生母子關係。在第三章討論士庶子爲生母服，曾指出時人對於嫡母是否厭降庶生母之服有所疑問，可見「嫡庶之辨」相當受到重視。雖然禮學家以爲「婦人無專制之義」，認爲在喪服禮制上嫡母不厭降庶生母，但在現實生活中，貴嫡賤庶的確可能使得嫡母對生母造成「排擠效應」。

吳陳武有子脩與表，陳脩年長且爲嫡子，陳表爲庶子。陳脩爲繼承人，早亡，由陳表主持家政，陳表的生母不肯侍奉脩母，陳表謂母曰：

> 兄不幸早亡，表統家事，當奉嫡母。母若能爲表屈情，承順嫡母者，
> 是至願也；若母不能，直當出別居耳。〔註103〕

陳表之生母原有意依恃己子統家，而抬高自己在家內的地位，陳表卻堅守貴嫡賤庶的禮法，要求生母承順嫡母，否則不惜請母親出居別處。由此可見貴嫡賤庶的禮法觀念的確對家內人倫秩序的安排起著很大的作用，連庶子本人亦視爲理所當然。陳表的作法非但不是「不孝」，還受到史家讚揚。〔註104〕

庶子在家內及社會皆受到賤視，若受到嫡母的青睞，對於其地位的提升有相當的幫助，因此庶子承奉嫡母不僅由於禮法上的要求，也可能爲了身分地位的提升。南齊褚淵庶出有才，侍奉繼母吳郡公主孝謹，主愛之，捨己子而表淵爲嫡。〔註105〕根據《南史》的記載，褚淵被立爲父後可能是屈意承順

〔註101〕見《晉書》卷三二〈后妃傳〉，頁971～972；卷三四〈元四王〉，頁1725。
〔註102〕見《儀禮注疏》卷三二〈喪服〉，頁14a～14b。
〔註103〕《三國志‧吳書》卷五五〈陳武傳〉，頁1289。
〔註104〕史書稱：「（陳）表於大義公正如此。」見《三國志‧吳書》卷五五〈陳武傳〉，頁1289。
〔註105〕見《南齊書》卷二三〈褚淵傳〉，頁432。

嫡母的結果。褚淵在其父卒後，悉推財物予弟褚澄（繼嫡母之子）；另外嫡母吳郡公主曾向褚淵生母郭氏索求淵父遺下的寶物兩廚，郭氏起初欲不與，而褚淵勸母曰：「但令彥回（褚淵字）在，何患無物。」郭氏仍不許，褚淵流涕固請，郭氏不得已才答應。〔註106〕褚淵對生母所言，顯示在其心中仍與生母較為親密，但外在的行止，卻刻意順承嫡母。觀褚淵以及前述陳表之例，庶子或受到「嫡庶之辨」觀念的影響，或基於現實利益的考量，亦可能主動敬事嫡母，甚至在行為上尊奉過於所生。

　　總之嫡母在家內尊貴的地位，以及與眾子之間當然的母子名義，對妾為母的身分與權力具有相當的威脅，庶子依違於二母之間，對生母的尊敬與親愛也許不免有所分散與削弱。不過，嫡母奪育妾子，往往僅發生在嫡母無子的情況；而庶子即使刻意奉承嫡母，也不致於完全不事敬生母，如章帝不追尊生母，實為少見之例。雖然東漢以降崇尚門第的風氣，使「嫡庶之辨」更受重視，但對於母子而言，其尊卑榮辱往往是互相影響分享的，不過，嫡母對妾母的排擠威脅確實存在，對母子關係帶來的影響亦值得注意。

結　論

　　中國自秦漢以降，以父系姓氏摶聚社會中的基礎單位——家。為人子者一生歸屬於父系家族，認同於父系家族。然而在一家之內，諸子的身分地位並不一致。依禮，妻妾依「嫡庶之辨」的原則安排尊卑次序，而諸子則隨母親之尊卑定身分之貴賤，是謂禮法意義下之「子以母貴」。除了「子以母貴」，《春秋》亦有庶子為君，得尊其母為夫人之故事，《公羊傳》曰：「母以子貴」。「母以子貴」雖然在禮學上有所爭議，但因為符合人子情感的需求，故在現實中不時發生，成為後世時常引用的成典。

　　「子以母貴」、「母以子貴」，帶有將母親與兒子視為「一體」而對待的文化價值傾向。而史傳中所見，母子尊卑榮辱相連的情形，更遠遠超越禮制與典故的涵義。在「子以母貴」方面，通常出現於子幼母壯的時期。一家之內，父親的好惡對母子處境的影響，較禮法「嫡庶之辨」更有實質意義，而其發

〔註106〕見《南齊書》卷二三〈褚淵傳〉，頁432；《南史》（北京：中華書局，1992）卷二八〈褚彥回傳〉，頁 748～749；參考劉增貴，〈魏晉南北朝時代的妾〉，頁 23～24。

揮的情形，亦往往將母子視為一體對待，「其母好者，其子抱；其母惡者，其子釋。」甚至超越禮法「嫡庶之辨」的限制。因此，兒子在家內的情感認同，往往是以母親為核心建立，形成妻妾分立的母子集團，彼此爭奪家父長的愛寵與權力。「母以子貴」方面，以子壯母衰之時期最為凸顯。兒子或繼承為家長，得以尊奉其母；或以其才能立功揚名，連帶提升母親在家內及社會的地位；或在生活中以孝道事奉母親，患難相救、疾病相顧。因此女性若能生育子嗣，在家內才有比較穩固的依靠，對女性的人生影響重大。母子關係受母子榮辱與共的現象影響，顯現無比親密的一面。

然而家父長的權威及「嫡庶之辨」，對母子關係並非只有加強的影響。在「父命」方面，家父長有出妻及命子出為人後的權力，對母子關係造成極大的破壞。出母雖然與己子關係不絕，但出母離開前夫家庭，在空間上自然與兒子產生隔絕，而若前夫再娶或出母再嫁，更不易維持出母與子之間的情感與認同。父命子出繼為人後，兒子便成為他家之繼承人，應以所後母為母，建立新的母子關係，生母即使不願意己子出繼，亦沒有權力反對。可見「父命」的權威，從某個面向來說，對母親維持母子關係有相當大的威脅。

禮法上，家內眾子不論嫡庶，皆需尊奉嫡母，因此庶母必須與嫡母「分享」母親的身分，如果嫡母無子，可能出現嫡母奪育妾子的情形，嚴重威脅妾母為母的身分。另外，禮法上賦予嫡母的權力，及尊奉嫡母的要求，也可能使庶子依違於二母之間，削弱庶子對生母的敬順與情感。不過，從中古時期史傳的例子來看，庶子親近嫡母過於庶生母的情況十分少見，通常的情況是即使庶子敬順嫡母，內心情感依然是和生母較為親密。

綜上所論，在一妻多妾的家族結構中，同父所生、一姓之子，命運與處境隨親生母親貴賤而變遷，母親亦以子嗣為人生之依靠，眾母與諸子各自以所生結為「母子集團」；此以親生母親為核心的團體，才是一妻多妾的家庭中，情感認同與利益集合的基礎單位。「子以母貴」、「母以子貴」出於經典之言，而映證於家庭生活實態的豐富呈現，更見親生母子關係的密切。除了家庭結構因素造成親生母子關係緊密，社會文化對母子關係的期待，及母子在生活中的互動實態，亦培養建立各種豐富多變、和禮制規範不盡然吻合的母子情感經驗，筆者將在第五章進一步討論。

第五章 儒家文化下的母恩子孝

前 言

在孝子為母服重的主張中，為庶生母服重多依據「母以子貴」為理由，而為出母、嫁母服則以「母子至親」為訴求。親生母子在家庭結構的影響下，命運榮辱與共的一面已在第四章討論。本章以母子之間的互動為主題，探究母子共同生活的經驗。所謂「母子至親」如何映證於生活實態，不同的母子名分是否在母子互動經驗上有明顯的差別？

本章運用正史、傳記及筆記小說等資料，討論魏晉文化所偏重的母子互動面向，除了呈現母子人倫的凸出特質，也試圖比較不同的母子關係在生活互動、及文化期望中的差異。必須說明的是，史傳記載大部份雖以紀實的形式出現，然而往往寓有教化用意以及倫理價值觀點，因此閱讀這些記載，可說是透過文化的眼鏡來觀看母子人倫實態；史傳記錄除了反映一定程度的事實，也滲透揉雜了與母子人倫相關的文化價值。

本章分為四節，第一節討論生育文化中的母子互動。生育一事，只與親生母子相關。生育文化中對孕婦身體變化和胎兒成長發育的認識，反映了文化對親生母子人倫的基本看法，以及相關的人倫期許；「母子至親」在父系禮制中或許受到壓抑，在文化價值上卻有被強調的傾向。第二節以母親教子為主題。大量的史事歌頌教子有方的母親，顯示賢母是文化期許的理想母親形象，而這樣的文化價值，理想上可以在各種母子人倫中複製，對於母親的評價與母子互動產生重要影響。母教的內容包括那些項目？不同的母子人倫在

教育的互動中是否有所差別？重視母教的文化價值對母子關係產生什麼影響？都是值得注意的問題。第三節從孝道及母權的角度看母子互動中的權力關係。母權的行使如何使母親突破性別權力的限制，伸張其意志與欲望？不同的母子人倫對母權行使有何影響？母親可對兒子施展權力，對於女性在家內的地位與處境影響的程度與方式又是如何？第四節討論母子之間的情感。情感做為人際互動的產物，是許多行為的動機與動力。人子在孝道的要求下，對於母親皆應孝順，但情感的流露卻是禮法無法完全掌控的。親生母子與非親生母子的情感是否有所差異？母子之情又如何影響母子人倫的互動？值得探究。

第一節　生我劬勞

　　從社會角度來看生育現象，生子廣嗣是家族維持永續不絕的重要手段。男女結合方能誕育子嗣，然而文化觀念將生育的責任片面加重在婦人身上，史傳所載不孕求子者多為女性；醫書中對於不孕，多針對女體下藥治療；在家族禮法或婚姻制度上對不孕的救濟，也是針對婦人而設計。婦人無子，丈夫或去妻更娶，或納妾廣接，都形成對婦人不孕無男的指責與壓力。就婦女本身而言，生育是生命中的大事，成則證明自己的生育能力，是一個正常沒有問題的女人，同時確立自己在夫家的地位；敗則可能飽受指責，或失愛被出或忍受丈夫納妾，若於分娩時失敗，甚至有性命的危險。婦人求子不僅止於順利懷孕，更冀望一舉得男，而且是得好男，畢竟男子才有可能成為父系家族的繼承人，對於母親在家中的地位影響鉅大。〔註1〕

　　在傳統生育文化的觀念中，母子的互動關係被認為從母親受孕懷胎那一刻便開始建立。懷胎期間，母親的子宮便是胎兒的宇宙，母親以自己的血肉供給胎兒成長的養分，母子身體相連可說是客觀的生理現象，但古人更進一步認為母子物感相通，而引申出關於轉胎、養胎以及胎教的看法，具有相當豐富的社會文化意義。懷孕期滿，胎兒當自母體分娩而出，此時母子的互動有如敵體，卻又性命相繫，稍一不慎便有死亡的危險，母子性命相連，密切萬分。

　　古人相信在懷孕初期可藉由人力影響胎兒的性別，稱為轉胎，有效期限

〔註1〕　參考李貞德，〈漢唐之間求子醫方試探——兼論婦科濫觴與性別論述〉，頁284～316。

在懷孕三個月之前。轉胎以轉女爲男爲主，這與孕婦及家人期望能一舉得男的心態密切相關。方術轉胎相信孕婦的言行若與特定性別相關，胎兒便能轉化，而且不論天生雄性的生物，或社會上代表男性的用品，都有轉女爲男之效。例如令孕婦「操弓矢、射雄雉、乘牡馬、觀虎豹」可生男，又漢魏六朝時期，令孕婦佩帶或服食宜男花以求男，也在民間流行。服藥轉胎主要也是以孕婦服用象徵男性的物件來影響轉女爲男。〔註2〕轉女爲男的強烈需求，顯示社會文化對性別的偏好取向；而母親經由物感相通的原理，在轉胎的機制中扮演最主要的關係人，經由母親在懷孕早期的言行活動，影響胎兒性別。因此在轉胎觀念的影響下，不能生男，果然其咎在母。

　　爲了誕育健康的嬰兒，孕婦自初孕至分娩皆需注意養胎。史傳記載一則華陀醫治小兒的故事，華陀以爲小兒之病來自其母懷孕之時「陽氣內養，乳中虛冷，兒得母寒，故令不時愈。」〔註3〕可見母親在懷孕之時的身體狀態，對於新生兒的健康有很深遠的影響，故養胎的方法著重於孕婦的健康照顧而以飲食調理爲主。積極養護方面，根據對胎兒成長的認識，逐月給予孕婦適當的飲食及滋補之物。消極迴避方面，往往不脫外象內感的觀念，例如食驢騾令難產（個性），食兔令缺唇（形狀），食豆醬令面黑（顏色）。〔註4〕總之懷孕期間孕婦與胎兒一體相連，欲求一身體強健形貌美好之子，必須從照顧孕婦做起，所謂一人吃兩人補，孕婦不是單獨的個人，攝食或禁口，皆須以胎兒的成長需求爲主。

　　求好男之法，除了以養胎修好形貌，行胎教以培育胎兒性情更是母親的重責大任。胎教的觀念歷史悠久，漢代士人便主張古代聖王即有胎教之法。戴德《大戴禮記》載青史氏曰：「古者胎教，王后腹之七月，而就宴室。……比及三月者，王后所求聲音非禮樂，則太師蘊瑟而稱不習；所求滋味者非正味，則太宰倚斗而言曰：『不敢以待王太子』。」〔註5〕劉向更引文王之母大任爲例，說明孕婦應目不視惡色，耳不聽淫聲，口不出惡言，寢不側，坐不偏，立不跛，割不正不食，席不正不坐。如此則生子形容端正，才德過人。〔註6〕

〔註2〕　參考李貞德，〈漢唐之間求子醫方試探——兼論婦科濫觴與性別論述〉，頁309
　　　　～310。
〔註3〕　見《三國志・魏書》卷二九〈華陀傳〉，頁800。
〔註4〕　參考李貞德，〈漢唐之間求子醫方試探——兼論婦科濫觴與性別論述〉，頁
　　　　311。
〔註5〕　在王聘珍撰，《大戴禮記解詁》卷三〈保傅篇〉，頁59～60。
〔註6〕　劉向《列女傳》卷一「周室三母」（在周光培編，《漢魏筆記小說》，石家莊：
　　　　河北教育出版社，1994），頁24b～25a。

「古代貴族要求孕婦舉措適當，顯然將教化新生兒的過程提早由母腹中開始。兩漢之時，封建貴族的禮法觀念向民間社會延伸，對子嗣性格的期望，主要以傳統君子教育爲模範。」〔註7〕魏晉南北朝爲門第社會，尤重家族傳承，養育具有孝悌仁愛等倫理道德性格的賢子良孫，對於門第的維繫十分重要，對於胎教的重視自是不在話下。北齊顏之推承襲漢人胎教之說，但以爲懷孕三月即由母親實施胎教，較之七月之說時間又更加提早。〔註8〕在生育文化的影響下，孕婦在懷孕期間，前三個月要努力轉胎爲男，接下來的七個月則要端身正心，動靜合禮，實是辛苦萬分。

「在妊娠的十個月中，胎兒受母體的照顧而成形發育，二者有如一體。日滿月足，分娩時至，則二者必須分開。頓時，母子有如敵體，甚至胞衣此一與母子命脈相繫的產餘之物，都可能威脅產婦平安。」〔註9〕據學者研究，漢魏六朝婦女的婚年大多集中於十四歲到十八歲之間，而婦女壽年的統計，顯示二十歲到三十歲是婦女的死亡高峰之一，懷疑因產疾而亡，可能是當時婦女的重要死因之一。〔註10〕史書中不乏因產而卒的記載。西漢「長陵女子以乳死，見神於先後宛若。」〔註11〕晉代劉寔之妻盧氏，生子躋而卒。〔註12〕諸顯姨嫁米元宗爲妻，產亡於家。〔註13〕劉宋孝穆趙皇后生劉裕時，以產疾殂于丹徒官舍，時年二十一。〔註14〕陳後主之長子吳興王胤，母孫姬因產卒，沈皇后哀而養之。〔註15〕漢代名臣霍光的夫人曾表示「婦人娩乳大故，十死一生。」〔註16〕南朝醫家陳延之則形容婦女分娩時「下地坐草，法如就死也。」〔註17〕可見生產對婦女的生命安全往往帶來巨大威脅。史傳中有因分娩過程

〔註7〕 李貞德，〈漢唐之間求子醫方試探──兼論婦科濫觴與性別論述〉，頁312。

〔註8〕 見王利器，《顏氏家訓集解（增補本）》（北京：中華書局，1993）卷二〈教子〉，頁8。

〔註9〕 李貞德，〈漢唐之間醫書中的生產之道〉，頁566～567。

〔註10〕 Jender Lee, "The Life of Women in the Six Dynasties", Journal of Women and Gender Studies 4（1993）: 47～80, Table I, Table V.

〔註11〕 孟康曰：「產乳而死也。兄弟妻相謂先後。」見《漢書》卷二五〈郊祀志〉，頁1216。

〔註12〕 見《晉書》卷四一〈劉寔傳〉，頁1196。

〔註13〕 （宋）李昉等編，《太平廣記》（北京：中華書局，1995）卷二七六，頁2186，引干寶《搜神記》。

〔註14〕 見《宋書》卷四一〈后妃傳〉，頁1280。

〔註15〕 見《陳書》卷二八〈後主諸子傳〉，頁376。

〔註16〕 見《漢書》卷九七〈外戚傳〉，頁3966。

〔註17〕 （日）丹波康賴（912～995），《醫心方》（台北：新文豐出版公司，1982）卷

不順而影響母子感情者，《左傳》隱公元年「莊公寤生，驚姜氏，故名寤生，遂惡之。」〔註18〕「寤生」一說為「牾生」，指足先頭出，亦即逆產。〔註19〕在漢代對於「牾生」更是厭惡，成為民間「生子不舉」的原因之一。〔註20〕

　　總論其上，傳統生育文化認為不論是子嗣的性別、健康、賢不肖，皆與母親習習相關，其關鍵就在懷孕期間孕婦與胎兒的互動，母之所言所行，所見所感皆與胎兒感通，而造成深遠的影響，尤其胎教之說將子嗣賢劣的責任全加諸於母親身上，更增添婦女生育的辛苦與壓力。劉向主張「人生而肖父母者，皆其母感於物。」〔註21〕王充進一步指出「受氣時，母不謹慎，心妄慮邪，則子長大，狂悖不善，形體醜惡。」〔註22〕隋代《產經》更明言：「諸生子有癡疵醜惡者，其名皆在母。」〔註23〕「言下之意，生子的面貌、健康和性情良窳，都由懷孕的婦女所左右；同時，也可以用來檢驗婦女從受孕到分娩的品行。」〔註24〕而既認為孕婦與胎兒性命相繫，感物相通，母子關係從母親懷孕開始即親密異常，再沒有第二種人倫關係能如此親近。而自古娩乳大故，有如就死，婦女為生育子嗣甚至付出生命代價。《詩經》曰：「哀哀父母，生我劬勞。」〔註25〕雖以父母並舉而言，實際上母親在生育上的勞瘁，才真正是「欲報之德，昊天罔極。」〔註26〕文化觀念對孕婦責以生好男的責任，一方面可能增添女性生育的辛苦與壓力，另一方面也更拉近親生母子的關係，母子感通的故事就是最好的證明。

　　史傳中呈現的母子關係，有些僅見於親生母子的互動，感通就是一個明顯的項目，被視為親生母子特殊的互動能力。但相對於懷胎期間母親對兒子具有普遍的感通力量，長成之子與母親的感通，只在孝子故事中不斷複製。母子感通故事早在《呂氏春秋》已見傳述，〔註27〕但最著名且影響後世更深

　　　　二三，頁 25a 引《小品方》。
〔註18〕楊伯峻，《春秋左傳注》，頁 10。
〔註19〕楊伯峻，《春秋左傳注》，頁 10 本條討論。
〔註20〕李貞德，〈漢隋之間的「生子不舉」問題〉，頁 752。
〔註21〕劉向，《列女傳》卷一「周室三母」，頁 25a。
〔註22〕黃暉，《論衡校釋（附劉盼遂集解）》（北京：中華書局，1995）卷二〈命義篇〉，頁 55。
〔註23〕丹波康賴，《醫心方》卷二二，頁 12b，引《產經》。
〔註24〕李貞德，〈漢唐之間求子醫方試探〉，頁 312～313。
〔註25〕程俊英、蔣見元，《詩經注析》（北京：中華書局，1996）「蓼莪」，頁 626。
〔註26〕程俊英、蔣見元，《詩經注析》「蓼莪」，頁 627。
〔註27〕《呂氏春秋》記載，周代申喜失其母，聞乞人歌於門下而悲之，動於顏色，

的當屬曾參與其母。孔子弟子曾參是有名的孝子，《史記·仲尼弟子列傳》載：「孔子以（曾參）爲能通孝道，故授之業。作《孝經》。」〔註28〕司馬遷認爲這部專門闡釋儒家孝道和孝治觀的經典爲曾參所作。關於《孝經》的作者及成書年代，歷代學者聚訟不已，看法頗多，〔註29〕《史記》之曾參說爲其中之一，不論是否屬實，曾參作爲歷代孝子的模範是一個不爭的事實。《論衡·感虛篇》載：

> 傳書言：「曾子之孝，與母同氣。曾子出薪於野，有客至而欲去。曾母曰：『願留，參方到。』即以右手搤其左臂。曾子左臂立痛，即馳至，問母曰：『臂何故痛？』母曰：『今者客來欲去，吾搤臂以呼汝耳。』蓋以至孝與父母同氣，體有疾病，精神輒感。」〔註30〕

傳書未詳是何書，但王充在《論衡·感虛篇》中引曾參母子的感通故事，可見此故事至少在王充之前已經流傳。現存史料所見，早期出現的感通故事皆發生於母子之間，且被詮釋爲人子的孝行。《孝經》中亦有孝道感應的觀念，「孝悌之至，通于神明，光于四海，無所不通。」〔註31〕但感應的對象是天地萬物及百姓，並不是指父母子女之間能夠互相感應。王充對曾參故事提出懷疑，認爲「世人頌成，聞曾子之孝，天下少雙，則爲空生母搤臂之說也。」〔註32〕王充的質疑更將感通故事的意義凸顯出來，與其論爭是否真有其事，不如檢視它所代表的文化意涵：人們認爲至孝之子便能夠與父母感通，它代表的是孝道的極致展現。雖然傳書的解釋是父母並舉，但父子感通的故事顯然比較後期才出現。〔註33〕

訪之，果其母也。見呂不韋著，陳奇猷校注，《呂氏春秋新校釋》（上海：上海古籍出版社，2002）卷九〈季秋紀·精通〉，頁508。此條史料得閻鴻中教授提供，特此申謝。

〔註28〕《史記》卷六七〈仲尼弟子傳〉，頁2205。

〔註29〕關於《孝經》作者爲誰的各種說法，可參考汪受寬撰，《孝經譯注》（上海：上海古籍出版社，1998），頁6～12。

〔註30〕黃暉，《論衡校釋》卷五〈感虛篇〉，頁256。

〔註31〕（宋）邢昺，《孝經注疏》（《十三經注疏》阮元刻本，北京：中華書局，1996）卷八〈感應章第十六〉頁21b（總頁2559）。

〔註32〕見黃暉，《論衡校釋》卷五〈感虛篇〉，頁257。

〔註33〕親子感應多以曾子故事爲原型，在母子關係間複製。父子之間的感應，史傳中首見之例出現在《梁書·孝行·庾黔婁》（北京：中華書局，1992）：「庾黔婁字子貞，新野人也。父易……易在家遘疾，黔婁忽然心驚，舉身流汗，即日棄官歸家，家人悉驚其忽至。」（《梁書》卷四七〈孝行傳〉，頁650～651。）

曾參母子感通的故事，到了晉代有了新的發展，干寶《搜神記》載：

> 曾子從仲尼在楚而心動，辭歸問母。母曰：「思爾齧指。」孔子曰：
> 「曾參之孝，精感萬里。」〔註34〕

母親因心中思念兒子，而自齧其指，遠在萬里的兒子卻能心生感應而歸鄉，孔子稱讚以為是至孝而相感。這則故事雖然亦是以曾參母子相感為主軸，但內容和王充所引有二點不同，其一感通的空間距離更遠，其二感應從四肢的疼痛轉為內在心神的感應。然而曾子至孝能與其母感應的故事，不斷流傳複製，將感通作為表現孝道的方式之一是不變的觀點。同樣在干寶《搜神記》中另有一則相似的故事：

> 周暢，性仁慈，少至孝，獨與母居，每出入，母欲呼之，常自齧其
> 手，暢即覺手痛而至。〔註35〕

周暢母子的故事，簡直是曾參母子的翻版，可見這類故事做為孝子事母的表現有其典範意義。周暢母子的感應故事可謂結合了《論衡》，及《搜神記》兩種曾參母子感通的模式，融合齧指和有意識的運用感應，做為母親特殊的喚子方式。俗語說「打在兒身痛在娘心」，比喻母親對孩子的愛護與不捨之情；觀孝子故事，兒子對於母親眷慕之至情，也能以母子身心相感的方式呈現。

　　《搜神記》是晉人干寶所輯纂，《晉書》本傳言其自身曾見證神異之事，遂撰集古今神祇靈異人物變化，名為《搜神記》。〔註36〕其所記之事或承襲前人之記載，或采訪近世之事蹟，博採異同，虛實相混；其記錄旨在明神道之不誣，供讀者游心寓目，而並不標榜實事實錄。〔註37〕這兩則故事以今日的眼光看來，自然懷疑其真實性，然而值得注意的是，孝子事母的表現，不論是甘旨奉養、護疾請禱、聽命無違，居喪骨立等等孝行，基本上對象並沒有生母、非生母的差別；而母子之間的感應，卻只有親生母子才會發生。母子精氣感應的故事不僅在魏晉志怪小說中複製流傳，正史列傳亦有數例可查。《梁書》載：

　　　　《元史‧孝友‧杜佑傳》（北京：中華書局，1992）也有一則直如翻版的記載。
　　　　（《元史》卷一九七〈孝友傳〉，頁 4459。）可見此類故事的傳述有其演進過
　　　　程，首見於親生母子，後擴及於父子，且內容重複性甚高。
〔註34〕 （晉）干寶撰，《搜神記》（汪紹楹校注，台北：里仁書局，1999）卷一一，
　　　　頁 133。
〔註35〕 （晉）干寶撰，《搜神記》卷一一，頁 134。
〔註36〕 見《晉書》卷八二〈干寶傳〉，頁 2150。
〔註37〕 見《晉書》卷八二〈干寶傳〉，頁 2150～2151。

> （臧）盾有孝性，隨父宿直於廷尉，母劉氏在宅，夜暴亡，左手中
> 指忽痛，不得寢，及曉，宅信果報凶問，其感通如此。〔註38〕

> （阮孝緒）於鍾山聽講，母王氏忽有疾，兄弟欲召之。母曰：「孝緒
> 至性冥通，必當自到。」果心驚而返，鄰里嗟異之。〔註39〕

這些記載中能與母親感應的兒子清一色皆是孝子。母親忽然暴亡，與臧盾手指
莫明疼痛的感應，可以見到曾子故事的痕跡，而情境則從母親有意識的思念呼
喚，轉變成對母親疾病、死亡的感應。阮孝緒的母親生病卻阻止召回孝緒，理
由是相信孝緒必當自到，似乎認為孝子必能感應母親。而孝緒果然心驚而返，
鄰里為之嗟異，感通在社會評價中已成為孝道的極至展現之一。〔註40〕

史傳中也有母親感應兒子的例子。《宋書》載：

> （朱）脩之戍滑臺，為虜所圍，數月糧盡，將士熏鼠食之，遂陷於
> 虜。初，脩之母聞其被圍既久，常憂之，忽一旦乳汁驚出，母號泣
> 告家人曰：「吾今已老，忽復有乳汁，斯不祥矣。兒其不利乎。」後
> 問至，脩之果以此日陷沒。〔註41〕

脩之的母親於家鄉懸念兒子的安危，一日身體忽然出現異狀，枯竭的乳房湧
出乳汁，母親立刻聯想到是兒子安危生變而號泣不已，可見母親憂念之深。
母親的乳汁哺育幼兒成長，具有母愛、母性的象徵，以此表現母子感應，更
豐富了母子相連的身體意象。脩之侍奉母親是否孝順，不得而知，然史傳記
載脩之「性儉剋少恩情，姊在鄉里，飢寒不立，脩之未嘗供贍。」〔註42〕似
乎於骨肉親情未見眷顧。相對於只有孝子才能感應母親，母親感應兒子的能
力，似乎除了親生並不需有附帶的條件，背後預設了母親必然關愛親生子嗣
的倫理價值。

感通故事從母嚙指──子指痛，到母疾病──子心驚，可見出流傳演變

〔註38〕《梁書》卷四二〈臧盾傳〉，頁 600。
〔註39〕《梁書》卷五一〈阮孝緒傳〉，頁 740。
〔註40〕類似阮孝緒母疾心驚的故事，北朝也有事類：《周書‧齊煬王憲傳》（北京：
　　　　中華書局，1992）載：「憲有至性，事母以孝聞。太妃舊患風熱，屢經發動，
　　　　憲衣不解帶，扶侍左右。憲或東西從役，每心驚，其母必有疾，乃馳使參問，
　　　　果如所慮。」宇文憲與母親的故事，說明孝子與母親的感通故事不限於南朝，
　　　　此外也反映出這類故事的流傳相當普遍。（《周書》卷一二〈齊煬王憲傳〉，頁
　　　　196）。
〔註41〕《宋書》卷七六〈朱脩之傳〉，頁 1969。
〔註42〕見《宋書》卷七六〈朱脩之傳〉，頁 1970。

的過程，這類故事的複製可見時人對於母子精氣相感的事蹟有一定程度的信服和推崇。這種僅限於親生母子的相互感應，似乎源自於懷孕期間母子一體相連，進一步將感通自懷胎時期延續到兒子成年；當母子各自爲獨立個體仍舊能夠互相感應，成爲母子親密關係的極致展現，顯示文化觀念認爲親生母子之間有一種特別的、親密的神秘連繫。同時兒子對母親的感通被賦予了孝道的意義，社會給予能和母親相感通的兒子高度的肯定與讚美。

　　文化價值預設母親必然關愛親生子嗣，然而史傳所見，最常被歌頌的母愛並非母親的撫愛照護而是嚴母教子。上文曾提及古人對胎教的重視，其內容彰顯出對於母親角色的期望強調的是端正有禮，動靜有則，以此培育出具有儒家理想德性之賢子。學者從劉向《列女傳》來討論中國式的理想母愛，指出「母愛的表現主要不在對子女的撫愛或衣食呵護，而在如何將忠孝仁義的道德灌輸在子女的身上。所謂『善於教化，成其令名』，似乎才是母愛最成功的表現，……。」〔註 43〕可見母教一直是母職的重要內容之一，尤其被士人所強調，所謂「慈母多敗子，嚴家無格虜。」〔註 44〕下一節我們就從母親教子來討論母子間的互動。

第二節　賢母之教

　　重視家族子弟的教育，是魏晉南北朝上層家族特別突出的現象。《世說新語‧言語》載謝安問諸子姪：「『子弟亦何預人事，而正欲使其佳？』諸人莫有言者，車騎（謝玄）答曰：『辟如芝蘭玉樹，欲使其生於階庭耳。』」〔註 45〕謝安之問提出了一個事實——士族門閥皆希望能教養出優秀子弟；而謝玄的回答則點出了門第之值得受人推崇重視，正是因門第內有一流人物，恢宏家族，振興門庭，若無賢良後代如何傳承永昌？故門第與佳子弟正是兩相襯益，更增光彩。錢穆曾指出魏晉南北朝時人重視教子，就現存此時代人教誨子弟子姪之篇章，論其數量之多，殆已超前絕後。〔註 46〕大量的家訓文學多爲父

〔註 43〕田夫（邢義田），〈從《列女傳》看中國式母愛的流露〉（《歷史月刊》4，1988），頁 108。

〔註 44〕閻纘上表引李斯語，見《晉書》卷四八〈閻纘傳〉，頁 1351。

〔註 45〕余嘉錫，《世說新語箋疏（修訂本）》上卷上〈言語第二〉，頁 145。

〔註 46〕錢穆，〈略論魏晉南北朝學術文化與當時門第之關係〉（《中國學術思想史論叢》（三），台北：東大圖書公司，1977），頁 161。

兄對子弟的訓勉教誨，見證了男性參與家庭教育的情況，而文字訓誨可說是男性獨有的教育方式，少見有女性主動留下訓子之文。然此時代之史傳，常見賢母教子的記載，或啓發童蒙，傳授家學，或發揮其政治智慧教子爲官之道，或於平時教子立身處世之則，危難時教子應變保身之法，在在可見母親對於子孫的教育涵蓋層面廣泛，影響十分深遠，透過教育賢子，對於門第的維持貢獻良多。

魏晉時期對於教子的重視連帶的更加看重母教母儀，婚姻雖重閥閱，亦有因此而破例者。晉王湛求偶於郝普之女，王、郝二氏，流品懸殊，難以匹偶，今所以聯姻，端在郝女容止端莊，舉止合於禮度。既婚，「果有令姿淑德，生東海，遂爲王氏母儀。」〔註47〕門第所重的家風、家學多有賴母教傳承培養，《世說新語・賢媛》載：「王司徒婦，鍾氏女，太傅曾孫，亦有俊才女德。鍾、郝爲娣姒，雅相親重。……東海家內，則郝夫人之法；京陵家內，範鍾夫人之禮。」〔註48〕二人皆爲才德兼備之女，於家內各行母教禮法，著稱於世，賢母對於家風的影響不言可喻。

賢母之教對於門第家風既如此重要，苟無女教何來賢母？故當時亦十分重視女教，且突破傳統將女教侷限於織紝紃組之事，於當時流行的文學、玄談亦有涉獵，婦女成爲家族文學德行教育的對象之一。西晉左芬善綴文，晉武帝愛其才而納爲貴嬪。其兄左思有女名惠芳、紈素，亦習文史，左思作《嬌女詩》云：「吾家有嬌女，皎皎頗白皙。……握筆利彤管，篆刻未期益。執書愛綈素，誦習矜所獲。」詩中形容女子受教的情況當是左家女教之實錄。〔註49〕又如東晉謝安雪天於家內集宴，與兒女講論文義，謝道蘊爲安兄之女亦在座，其文才敏捷冠於諸子弟，爲謝安所讚賞。〔註50〕可見士族女子參與家族教育的情形。

總之，魏晉人重視文學德行的家族教育，女性是其施教對象之一，史傳中不乏風姿可觀的才女。婦女投入家族教育，施行母教，對於門第的興盛與維持帶來正面的作用；在母子互動方面的影響則可能促使母親權威增強，以

〔註47〕見余嘉錫，《世說新語箋疏（修訂本）》下卷上〈賢媛第十九〉，頁685。

〔註48〕在余嘉錫，《世說新語箋疏（修訂本）》下卷上〈賢媛第十九〉，頁686。

〔註49〕左思、左芬於《晉書》皆有傳，見《晉書》卷31〈后妃傳・左貴嬪〉，頁957～962；卷九二〈文苑傳〉，頁2375～2377。〈左芬墓誌〉記惠芳、紈素爲兄女，可證〈嬌女詩〉即左思自寫愛女。墓誌釋文見趙超，《漢魏南北朝墓誌彙編》（天津：天津古籍出版社，1992），頁10～11。詩見逯欽立輯校，《先秦漢魏南北朝詩（上）》（北京：中華書局，1993）〈晉詩〉卷七，頁735。

〔註50〕見余嘉錫，《世說新語箋疏（修訂本）》上卷上〈言語第二〉，頁130～131。

及加強子嗣回報母恩的要求。以下將史傳中所見魏晉時期母教之大要加以整理討論，不論是童蒙啓發、立身之則、爲官之道、保身避難之法皆可見母教的影響。

魏晉時期上層家族子弟的詩書教育多有由母親啓蒙者。西晉夏侯湛作《昆弟誥》曰：「我母氏羊姬，宣慈愷悌，明粹篤誠，以撫訓群子。厥乃我齔齒，則受厥教于書學，不遑寧論。敦詩書禮樂，孳孳弗倦。」〔註51〕韋逞母宋氏，家世以儒學稱。幼喪母，其父躬自撫養，及長，授以家學《周官》音義。自逞年小，宋氏即教逞，逞遂學成名立。〔註52〕劉宋禮學家何承天，母徐氏，聰明博學，承天幼承訓義，儒史百家，莫不該覽。〔註53〕宗炳母師氏，聰辯有學義，教授諸子。〔註54〕魏晉時期賢母詩書之教不勝枚舉，其中最著明的例子便是曹魏的鍾會。史書載鍾會「弱冠與山陽王弼並知名」，〔註55〕「及壯，有才數技藝，而博學精練名理。」〔註56〕其學問成就與生母張氏的教育應有密切關連。鍾會爲其母作傳曰：

夫人性矜嚴，明于教訓，會雖童稚，勤見規誨。年四歲授《孝經》，七歲誦《論語》，八歲誦《詩》，十歲誦《尚書》，十一誦《易》，十二誦《春秋左氏傳》、《國語》，十三誦《周禮》、《禮記》，十四誦成侯《易記》，十五使入太學，問四方奇文異訓。謂會曰：「學猥則倦，倦則意怠；吾懼汝之意怠，故以漸訓汝，今可以獨學矣。」〔註57〕

觀鍾會母親張氏之教子，自四歲便勤加訓誨，先授《孝經》，由孝道開始陶冶品格、啓蒙知識，隨著年歲的成長，逐次授習儒家之經典，經典習畢授以會父鍾繇之《易記》，可謂家學傳授之實例。自四歲到十四歲，鍾會整個學識的基礎與人格的養成可說完全由母親奠基。張氏有意識地循序漸進的教導，培養鍾會的求學方法與興趣，十五歲方令其入太學，隨師友習藝，增廣見識。張氏的教育方法可謂善矣。除了教子讀書，張氏還時時訓以立身之道：

（張氏）雅好書籍，涉歷眾書，特好《易》、《老子》，每讀《易》孔

〔註51〕在《晉書》卷五五〈夏侯湛傳〉，頁1497。
〔註52〕見《晉書》卷九六〈列女傳〉，頁2521～2522。
〔註53〕見《宋書》卷六四〈何承天傳〉，頁1701。
〔註54〕見《宋書》卷九三〈隱逸傳〉，頁2278。
〔註55〕見《三國志・魏書》卷二八〈鍾會傳〉，頁795。
〔註56〕見《三國志・魏書》卷二八〈鍾會傳〉，頁784。
〔註57〕《三國志・魏書》卷二八〈鍾會傳〉，頁785，裴松之〈注〉引鍾會母傳。

子說鳴鶴在陰、勞謙君子、藉用白茅、不出戶庭之義，每使會反覆
讀之，曰：「《易》三百餘爻，仲尼特說此者，以謙恭愼密，樞機之
發，行己至要，榮身所由故也，順斯術以往，足爲君子矣。」正始
八年，會爲尚書郎，夫人執會手而誨之曰：「汝弱冠見敍，人情不能
不自足，則損在其中矣，勉思其戒！」〔註58〕

張氏個人喜覽群書，特好《易》、《老子》，正是彼時玄風盛行的影響。從《易》
中汲取人事方面的內容，摒棄漢代象數《易》學的神祕成份，已與魏晉玄學
的路數如出一轍。〔註59〕張氏授學雖以儒家典籍爲主，立身則沾染較多的玄
風思想，訓示鍾會以謙恭愼密，淡泊自守爲處世之則，戒盈滿，勉謙抑。

鍾會爲司馬文王所重，頗預政謀，張氏又諄諄誨曰：

昔范氏少子爲趙簡子設代邾之計，事從民悅，可謂功矣。然其母以
爲乘僞作詐，末業鄙事，必不能久。其識本深遠，非近人所言，吾
常樂其爲人。汝居心正，吾知免矣，但當修所志以輔益時化，不忝
先人耳。常言人誰能皆體自然，但力行不倦，抑亦其次。雖接鄙賤，
必以言信。取與之閒，分畫分明。〔註60〕

張氏以鍾會身居樞機，恐其行事不正，而教其爲官接物之道，勉以輔益時化，
不忝先人，與人交接誠信不欺，取與之間應公正分明。

觀鍾會爲母親所作之傳，母與子的互動不見撫愛慈育之描寫，通篇幾乎
全爲張氏教子的事蹟；不論是讀書、立身、爲官接物，母親皆能有所訓誨，
而這些在性別角色的劃分下，通常是社會期望男性能有優秀表現的項目，女
性不能藉由讀書、仕宦等活動功成名就，但她卻可以教導兒子應該怎麼做。
對於張氏的描寫，讓人看到其性格嚴明謙抑，恭儉知禮，對於時局的變遷亦
能清晰洞察，是一個聰明有識之婦人。鍾會留下了母親教子的保貴資料，其
所著重呈現的母親形象，似乎可見社會的價值認爲教子有方是母親的最大成
就，故爲人子者特別凸顯母親對己的教誨來宣揚母親的偉大；史傳也特別喜
愛歌頌賢母與母教。

賢母訓子讀書，不一定只有親授詩書的方式，也並不限制於親生母子。

〔註58〕 《三國志‧魏書》卷二八〈鍾會傳〉，頁785～786，裴松之〈注〉引鍾會母傳。
〔註59〕 參考李必友，〈魏晉南北朝家族教育的特點〉《安徽師範大學學報》（人社版）
27：2，1999），頁212。
〔註60〕 《三國志‧魏書》卷二八〈鍾會傳〉，頁786，裴松之〈注〉引鍾會母傳。

史載西漢翟方進，家世微賤，年十三喪父。於太守府為小吏，屢為掾史責辱，自傷不得志。後有相者言其有封侯骨，當以經術進，方進便辭其後母，欲往京師拜師求學。「母憐其幼，隨之長安，織屨以給方進讀，經博士受春秋。積十餘年，經學明習，徒眾日廣，諸儒稱之。以射策甲科為郎。二、三歲，舉明經，遷議郎。」後來方進位至丞相。〔註61〕翟方進的後母織屨以供給方進讀書，求學的過程長達十餘年，後母雖不是直接教導方進學問，然而方進得以成其學問，以經術拜官封相，後母實功不可沒。

吳孟仁字恭武，本名宗，因避孫皓字諱而易名。〔註62〕時有南陽李肅者，少以才聞，善議論，臧否得中，眾人皆服之。〔註63〕孟宗少時從李肅學，宗母以小兒無德致客，學者多貧，故為李師作厚褥大被，表達對學者禮遇敬重之意，期望小兒能與名師氣類相得，學習有成。〔註64〕宗母雖未親自教子讀書，然而對孟宗的教育顯然十分關心，延名師而教之，又設想周到，細心的打理老師的生活，以便能使師生關係融洽，愛子能獲名師傾囊相授。

晉皇甫謐出後叔父為子，「年二十，不好學，游蕩無度，或以為痴。嘗得瓜果，輒進所後叔母任氏。任氏曰：『《孝經》云："三牲之養，猶為不孝。" 汝今年餘二十，目不存教，心不入道，無以慰我。』因歎曰：『昔孟母三徙以成仁，曾父烹豕以存教，豈我居不卜鄰，教有所闕，何爾魯鈍之甚也！修身篤學，自汝得之，於我何有！』因對之流涕。謐乃感激，就鄉人席坦受書，勤力不怠。」〔註65〕任氏雖非皇甫謐之生母，但觀其言語，亦十分留心教子，諄諄之語，加上眼淚的攻勢，終於感動皇甫謐奮發向學。

感化向善，使兒子知孝悌，亦是母教發揮的力量：

> 漢中程文矩妻者，同郡李法之姊也，字穆姜。有二男，而前妻四子。文矩為安眾令，喪於官。四子以母非所生，憎毀日積，而穆姜慈愛溫仁，撫字益隆，衣食資供皆兼倍所生。或謂母曰：「四子不孝甚矣，何不別居以遠之？」對曰：「吾方以義相導，使其自遷善也。」及前妻長子興遇疾困篤，母惻隱自然，親調藥膳，恩情篤密。興疾久乃瘳，於是呼三弟謂曰：「繼母慈仁，出自天受。吾兄弟不識恩養，禽

〔註61〕 見《漢書》卷八四〈翟方進傳〉，頁3411～3416。
〔註62〕 見《三國志‧吳書》卷四八〈三嗣主傳〉，頁1169，裴松之〈注〉引《吳錄》。
〔註63〕 見《三國志‧吳書》卷五二〈步騭傳〉，頁1238，裴松之〈注〉引《吳書》。
〔註64〕 見《三國志‧吳書》卷四八〈三嗣主傳〉，頁1169，裴松之〈注〉引《吳錄》。
〔註65〕 見《晉書》卷五一〈皇甫謐傳〉，頁1409。

歆其心。雖母道益隆，我曹過惡亦已深矣！」遂將三弟詣南鄭獄，陳母之德，狀己之過，乞就刑辟。縣言之於郡，郡守表異其母，蠲除家徭。遣散四子，許以脩革，自後訓導愈明，並爲良士。〔註66〕

這段記載中的母子互動十分豐富。前妻四子因穆姜非其生母而憎毀之，可見禮云：「繼母如母」，以配父之義要求人子以子道事之，而事實上人子的情感認同似乎並非如此單純。穆姜爲了化解前妻之子對己的憎惡，在母職的扮演上分外辛苦，待前妻子不止視如己出，更撫育過於所生，試圖以慈愛感化其心，「以義相導，使其自遷善也」。在前妻長子疾困之時，扮演照顧者的角色，以母親的慈愛盡心照料，終於感動其心，四子自詣官府請罪；而官府特別「表異其母」，亦可見後母慈愛前妻子被視爲難能可貴。穆姜的努力撫育終於和睦全家，「訓子益明」，教導眾子並爲良士。成爲少見的後母教子之典範。後母繼子之間的衝突在史傳中是一個突出的現象，值得深入研究，下一節將詳細討論。

訓子忠義報國，是史傳所呈現母教的另一個重要內容。東晉名將虞潭，母孫氏，年少守寡，誓不改節，躬自養潭，劬勞備至。孫氏性聰敏，識鑒過人。自潭幼時即訓以忠義。永嘉末，潭爲南康太守，時杜弢作亂，潭率眾討之。孫氏勉潭以必死之義，傾其資產以餼戰士，潭遂克捷。及蘇峻之亂，潭又假節討峻。孫氏戒之曰：「吾聞忠臣出孝子之門，汝當捨身取義，勿以吾老爲累也。」盡發家僮，令隨潭助戰，變賣所服環珮以爲軍資。孫氏不但要求兒子捨身取義，對於孫子也不例外，謂潭曰：「王府君（王舒）遣兒征，汝何爲獨不？」於是潭也遣子出征。〔註67〕孫氏所施行的母教內容是以忠義爲優先，捨私情取大義，不僅在言語上訓勉督促，更在行動上積極支持。潭屢平叛亂，以軍功封侯受爵，〔註68〕可謂得之於母教矣。朝廷拜孫氏武昌侯太夫人，加金章紫綬。潭立養堂於家，王導以下皆就拜謁。〔註69〕孫氏可謂教子有成而榮顯之明例。

東晉另一個成就兒子揚名立業的賢母便是陶侃之母湛氏。陶家貧賤，湛氏爲侃父妾，每躬自紡績資給陶侃，使結交勝己。〔註70〕侃少爲縣吏，管理魚梁，〔註71〕曾將官府醃製的魚寄回來饋贈母親。湛氏將其退回，且回書責

〔註66〕《後漢書》卷八四〈列女傳〉，頁2793～2794。
〔註67〕見《晉書》卷九六〈列女傳〉，頁2513～2514。
〔註68〕見《晉書》卷七六〈虞潭傳〉，頁2012～2014。
〔註69〕見《晉書》卷九六〈列女傳〉，頁2514。
〔註70〕見《晉書》卷九六〈列女傳〉，頁2512。
〔註71〕魚梁是一種捕魚設置，以土石斷小流，留缺口，用竹笱承之，魚順水流入笱

侃曰：「汝爲吏，以官物見餉，非惟不益，乃增吾憂也。」〔註72〕訓示陶侃爲官應清廉自守，避免嫌疑。

同郡孝廉范逵素知名，一日忽然過訪侃家投宿，當時冰雪積日，侃家貧無物，而逵又馬僕眾多。湛氏令侃留客，自己想辦法安排款待。湛氏乃將自己委地之長髮截下，以此賣得數斛米，斫諸屋柱，割半當作柴薪，銼碎臥蓆作爲馬料。由此得以款待貴客，連隨從都招待無缺。〔註73〕范逵聽聞這些舒適的招待是這樣來的，歎息說：「非此母不生此子！」〔註74〕范逵既佩服陶侃的才華，又深感款待的厚意，到了洛陽向羊晫、顧榮等稱美陶侃，大獲美譽。〔註75〕後來羊晫爲十郡中正，舉侃爲鄱陽小中正，侃始得列爲上品。〔註76〕

以陶氏之貧賤，若無侃母湛氏平日辛勤努力資給，把握款待貴客的機會，幫助兒子結交貴友以推薦出仕，陶侃即使有才能也沒有機會發揮；陶侃的成功可說是得力於母親的教誨與自我犧牲。傳統中國社會期望女性在家內扮演的角色大抵如此，犧牲自己，成就男性，因爲男性才有光耀門楣的希望和機會。「非此母不生非子」一語，自西漢張湯之母得此譽後，便成爲讚嘆母親的俗語。〔註77〕一方面顯示了時人對親生母子關係緊密的看法，另一方面也看出母親的成就並非建立在個人表現，而是透過生育教養傑出的兒子，方能獲得肯定與尊敬。

魏晉時期政治情勢多變，母親的教誨進可藉以立身揚名，退則可保身避難。魏許允與夏侯玄、李豐等親善，在司馬氏與曹氏的奪權之爭中受到牽連，而被流徙卒於道上。〔註78〕許允的妻子阮氏與二子徙居墓所，司馬師派鍾會去察看許允的兒子，若才智德能和許允相當，便須加以收押。二子請教母親應當如何應對，母曰：「汝等雖佳，才具不多，率胸懷與語，便無所憂。不須極哀，會止

中，可進不可出。參考張萬起、劉尚慈，《世說新語譯注》（北京：中華書局，1998）〈賢媛第十九〉，頁677，注1。
〔註72〕見余嘉錫，《世說新語箋疏（修訂本）》下卷上〈賢媛第十九〉，頁691。
〔註73〕見余嘉錫，《世說新語箋疏（修訂本）》下卷上〈賢媛第十九〉，頁689。
〔註74〕見《晉書》卷九六〈列女傳〉，頁2512。《世說新語》本條無此語，劉孝標注引王隱《晉書》則作：「聞者歎曰：『非此母不生此子』」；見余嘉錫，《世說新語箋疏（修訂本）》下卷上〈賢媛第十九〉，頁689。
〔註75〕見余嘉錫，《世說新語箋疏（修訂本）》下卷上〈賢媛第十九〉，頁689。
〔註76〕見余嘉錫，《世說新語箋疏（修訂本）》下卷上〈賢媛第十九〉，頁689～690，劉孝標注引王隱《晉書》。
〔註77〕見《漢書》卷五九〈張湯傳〉，頁2646。
〔註78〕見《三國志‧魏書》卷九〈許允傳〉，頁303。

便止。又可少問朝事。」二子從母所教，於是免禍。〔註79〕《魏氏春秋》曰：「卒免其禍，皆母之教也。雖（鍾）會之識鑒，而輸賢婦之智也。」〔註80〕時人以為聽從母教是二子得以避禍的關鍵。後來許允二子皆仕晉，並有才幹令名。〔註81〕許家門戶之不敗，全得力於賢母之教，難怪時人對於母教要特別稱揚。

與許允同時，際遇相似的王經，則為史傳中不聽母訓而致禍之例。王經少貧苦，任江夏太守時，曾經未執行命令徑自棄官歸家。母知道實情後，以王經擅離職守，將經送付有司，杖五十。長官聞之，不復罪。〔註82〕後來王經仕至二千石，母勸王經曰：「汝本寒家子，仕至二千石，此可以止乎！」〔註83〕王經不聽。後來在司馬氏與曹氏之爭中，王經因助魏被收，經涕泣辭母曰：「不從母敕，以至今日！」〔註84〕王經之母嚴以教子，知經違法犯禁，主動送交懲處，毫不循私，反而使長官免除對王經的罪責。勸經止仕，未嘗不是見政局不安，慮子安危而勸止。王經將招禍致難歸因於「不從母敕」，可見對於沒有依從母親的教誨耿耿於心，悔恨莫及。經母雖受牽累，〔註85〕然未以致禍相責，笑而謂經曰：「人誰不死，往所以止汝者，恐不得其所也。以此并命，何恨之有？」〔註86〕可見經母仍是將國家公義置於個人私情之上，以為母子具死亦無憾，故得以名留史冊，成為千古歌頌之賢母。而王經悔「不從母敕」，也成為人子應謹記的教訓。〔註87〕

其他如晉羊琇受命為鍾會之參軍，聽從其母辛憲英之教，卒得全身而歸。〔註88〕杜有道妻嚴氏，少守寡，撫育一子一女，教以禮度，子遂顯名於時，女亦有淑德。〔註89〕南齊王融之母，臨川太守謝惠宣女，「惇敏婦人，教融書

〔註79〕見余嘉錫，《世說新語箋疏（修訂本）》下卷上〈賢媛第十九〉，頁674。
〔註80〕見《三國志·魏書》卷九〈許允傳〉，頁304，裴松之〈注〉引《魏氏春秋》。
〔註81〕見《三國志·魏書》卷九〈許允傳〉，頁304，裴松之〈注〉引《世說新語》、《晉諸公贊》。
〔註82〕見《三國志·魏書》卷九〈王經傳〉，頁304～305，裴松之〈注〉引《世說新語》。
〔註83〕見余嘉錫，《世說新語箋疏（修訂本）》下卷上〈賢媛第十九〉，頁677。
〔註84〕見余嘉錫，《世說新語箋疏（修訂本）》下卷上〈賢媛第十九〉，頁677。
〔註85〕見《三國志·魏書》卷九〈王經傳〉，頁305，裴松之〈注〉引《世說新語》。
〔註86〕見余嘉錫，《世說新語箋疏（修訂本）》下卷上〈賢媛第十九〉，頁677～678，劉孝標注引《漢晉春秋》。
〔註87〕西晉潘岳之例亦然。見《晉書》卷五五〈潘岳傳〉，頁1504～1507。
〔註88〕見《晉書》卷九六〈列女傳〉，頁2508～2509。
〔註89〕見《晉書》卷九六〈列女傳〉，頁2509。

學。融博學有文才，舉秀才」。〔註90〕例子不一而足。

　　母教的內容或識字啓蒙，或經典家學的傳授，或改過遷善，或訓以忠義，或立身處世，或仕宦之道，或待人接物，涵蓋的內容十分廣泛。母教進行的方式或親授詩書，或涕泣以訴，或慈愛感化，或耳提面命，或以身作則，多是以母子直接接觸互動的方式進行，透露出母子在生活中接觸頻繁；母教往往是一種機會教育，在生活中不時出現，對人子發揮莫大的影響力。相對於生育文化中的母子關係，母教的施行不必限於親生母子，而是所有母親皆可行之的母職，且能獲得社會文化高度肯定，但是漢魏六朝史傳所見之例仍以親生母親教子爲多，穆姜之例正是以其行爲之難得，而獲得褒揚與記載。顯示母子關係仍是以親生者較爲親近；而且史例中非親生的母親施行母教，由於缺乏緣於天生的恩情，似乎採取柔性感化的方式比較可行。

　　賢母之教全子保家，最爲士人所重，成爲記載女子事蹟的重要類別之一。子以母教而立功揚名，免難避禍之例，史不絕書。母親以教導者的形象受史書稱揚，具有期勉母親應作賢母的意義，但另一方面也反映了現實中母親的權威；同時，經由記載、傳誦，樹立起嚴母的形象，也使母權更爲伸張。《梁書》載王僧辯母魏夫人「性甚安和，善於綏接，家門內外，莫不懷之。」〔註91〕僧辯因罪下獄，魏夫人流涕徒行，自陳無訓，四處爲子求情。及僧辯獲免得出，母深相責勵，辭色俱嚴。〔註92〕顏氏家訓載：「王大司馬母魏夫人，性甚嚴正；王在湓城時，爲三千人將，年踰四十，少不如意，猶捶撻之，故能成其勳業。」〔註93〕魏夫人於人前和悅，教子則嚴屬甚至捶撻加之，被顏之推視爲教子的模範，可見時人深信嚴母出賢子。而觀僧辯與母之互動，年踰四十，猶受母親捶撻，母親對子嗣似乎有相當大的權威，這或許也和母教的提倡息息相關吧。我們在下一節將更深入的討論母親的權力。

第三節　母命難違

　　孝道的提倡是傳統中國文化的特色之一，人子侍奉父母若色養不逮，或違背父母的意志與好惡，往往便被冠上「不孝」之名。「不孝」在儒家的經典

〔註90〕見《南齊書》卷四七〈王融傳〉，頁817。
〔註91〕在《梁書》卷四五〈王僧辯傳〉，頁631。
〔註92〕見《梁書》卷四五〈王僧辯傳〉，頁631。
〔註93〕在王利器，《顏氏家訓集解（增補本）》卷一〈教子第二〉，頁13。

中是一項非常嚴重的罪名，《孝經》云：「子曰：『五刑之屬三千，而罪莫大于不孝。』」〔註94〕以不孝爲罪惡之極。西漢的律令即可見對於子孝的要求和不孝的懲罰。〔註95〕統治階層重視孝道，除了可能視其爲人性之基本，也有藉其教化天下以利統治的作用，〔註96〕孝順不僅作爲家庭倫理的要求，更被擴大爲國家治理的根本，個人所有品德的基礎，以及人生追求的終極意義。因此從個人身體髮膚的保養，到立身行道，揚名于後世，以榮顯父母，皆是孝道的實踐。〔註97〕父母與子女的倫理關係在孝道觀念的影響下，便產生上下的絕對權力關係，子女順從敬事父母，乃爲天經地義，理所當然的行爲，父母對於子女的權威是中國家庭極爲醒目的倫理現象。

魏晉時期政治上的傾軋鬥爭頻繁，欲攻擊對手必尋一合理的名目，「不孝」便是常見的理由，〔註98〕甚至廢立皇帝之大事，亦有以不孝爲名，〔註99〕可見「不孝」罪名之重。司馬氏篡魏後號稱以孝治天下，武帝於泰始四年（268）下詔：

> 郡國首相，三載一巡行屬縣，……士庶有好學篤道，孝弟忠信，清
> 白異行者，舉而進之；有不孝敬於父母，不長悌於族黨，悖禮棄常，
> 不率法令者，糾而罪之。〔註100〕

朝廷責成地方長官注意地方風教，士庶可以孝行舉進爲官，若不孝則須入罪。事實上漢代即有舉孝廉，晉武帝的詔令並非創新，只是一改曹魏人倫之澆薄，〔註101〕重申重視孝道。提倡孝道也合於門第的需要，魏晉南北朝爲了門第傳

〔註94〕在邢昺，《孝經注疏》卷六〈五刑章第十一〉頁18a（總頁2556）。

〔註95〕見李貞德，〈西漢律令中的家庭倫理觀〉（《中國歷史學會史學集刊》19，1987），頁14～21。

〔註96〕見邢昺，《孝經注疏》卷一〈開宗明義章第一〉，頁7b（總頁2545）。

〔註97〕見邢昺，《孝經注疏》卷一〈開宗明義章第一〉頁7bc（總頁2545）。

〔註98〕魏末毌丘儉、文欽討伐司馬懿，罪懿「爲臣不忠，爲子不孝」（《三國志・魏書》卷二八〈毌丘儉傳〉，頁763，裴〈注〉引毌兵儉、文欽上表）；西晉庾純與賈充、石苞等有隙，充以純父老不供養毀之（《晉書》卷五〇〈庾純傳〉，頁1397～1401）；東晉桓玄操控朝政，欲除會稽王司馬道子，玄奏：「道子酗縱不孝，當棄市。」（《晉書》卷六四〈簡文三子傳〉，頁1739～1740）

〔註99〕魏司馬昭誣高貴鄉公欲害郭太后，太后下詔以高貴鄉公不孝，不可爲人主而廢之（見《三國志・魏書》卷四〈三少帝紀〉，頁146～147）；東晉王敦挾持朝政，皇太子司馬紹爲朝野所欽信，王敦欲誣以不孝而廢焉（見《晉書》卷六〈明帝紀〉，頁159）。

〔註100〕《晉書》卷三〈武帝紀〉，頁57。

〔註101〕建安二十二年（217）曹操爲廣納人才，下求才令曰：「……負汙辱之名，見

續而重視教子，錢穆指出：「重教子則重孝道。……試問豈有子弟不孝不悌，而能門第鼎盛，福祿永昌之理？」〔註102〕前文所舉母教之例中，《孝經》似爲時人之啓蒙讀本，自幼年起即教以孝道，對於人一生的影響不容小覷。魏晉時期雖有禮教廢弛的現象，然而即使放誕如竹林七賢之流，亦有眞情孝子。史稱阮籍不拘禮教，而性至孝，居母喪猶飲酒食肉，然哀慟所至吐血數升，毀瘠骨立，殆致滅性。〔註103〕外顯的行爲雖不合於禮制規範孝子應有的表現，然而孝順之情於禮猶有過之。在政治提倡以及社會氣氛的作用下，正史體例自《晉書》始有〈孝友傳〉，實非偶然。

　　兒子在與父母的生活互動中實踐孝道，身體的奉養被認爲僅是最基本的孝；順從父母的意志，做到「無違」則是人子孝心的更高表現，所以極端而言，父母對於兒子握有絕對的權力。而父親的權力更高於母親，是家中的至尊，統轄所有家內成員，經濟權、法律權、宗教權都在父親手中。〔註104〕母親的權威主要施展於母子間的互動，擴及媳婦與孫輩以下。以下先討論魏晉時期母權在母子關係中的作用，再來比較禮法上父權與母權的權力次序。

　　前文討論魏晉時期之母教，可視爲母權的表現之一，然而母教所包含的事項雖十分廣泛，猶未足以概括母權；而且母教的施行有明顯的階級性，士人階層比較重視母教。相對的，推行孝道是政府施政的項目之一，社會期望爲人子者必須孝順，並不分那一階層，上至王侯，下至庶民，「不孝」都可能受到輿論或法律的制裁，因此母權不僅可能源於母子日常互動中養成母親的權威，在相當程度上是國家社會賦予母親的權力。東漢齊王晃及弟利侯剛坐事母不孝，「貶晃爵爲蕪湖侯，削剛戶三千。」〔註105〕陳寔爲太丘長，時有吏詐稱母病求假。事覺收之，陳寔以其「欺君不忠，病母不孝」下令處死。〔註106〕晉武陵莊王澹娶賈后內妹郭氏，郭氏恃勢，對澹母諸葛太妃無禮。值賈后被誅，齊王冏輔政，諸葛太妃表澹不孝，由是澹與妻子俱徙遼東。〔註

　　笑之行，或不仁不孝而有治國用兵之術：其各舉所知，勿有所遺。」（《三國志·魏志》卷一〈武帝紀〉，頁49〜50）

〔註102〕錢穆，〈略論魏晉南北朝學術文化與當時門第之關係〉，頁162。
〔註103〕見《晉書》卷四九〈阮籍傳〉，頁1361。
〔註104〕參考瞿同祖，《中國法律與中國社會》，頁7。
〔註105〕見《後漢書》卷一四〈宗室四王三侯〉，頁553〜554。
〔註106〕見余嘉錫，《世說新語箋疏（修訂本）》上卷下〈政事第三〉，頁163。
〔註107〕見《晉書》卷三八〈宣五王傳〉，頁1122。

107〕劉宋向植襲父爵，「多過失，不受母訓，奪爵。」〔註108〕王長坐罵母而奪爵。〔註109〕尹嘉家貧，母熊氏自賣其身，爲子償債，尹嘉坐不孝當死。〔註110〕坐貶、流徙、奪爵、甚至處死，國家對不孝子的懲罰十分嚴厲，但對於何種行爲是「不孝」及判罪輕重，似乎還是有階級的差別。士大夫階級的不孝認定較寬鬆，「無禮」、「不受母訓」皆被認爲不孝，且懲罰相當重；而庶民階層則可能要危害到母親的生命才以不孝治重罪，似乎還是認爲士大夫應更懂得孝道。總而言之，國家對不孝子的懲治，對母權的維護有相當積極的作用，因爲母親缺乏生產與分配家庭利益的經濟權及法律權，有了朝廷法律做爲後盾，母親對子嗣的權威才更爲確立。

衡諸史傳，母親對於子女的婚宦、行事、交游皆有相當大的指導命令權力。東晉王武子欲爲己妹擇婚，有兵家子出身寒微而有才，武子欲以妹妻之，徵詢其母鍾氏的意見，鍾氏觀其人有不壽之相，言「不可與婚」，武子便從而止之。〔註111〕周顗母李氏，名絡秀。李家富有而門第衰微。周浚遇雨過李家，見絡秀而愛之，求以爲妾，李氏父兄不許。絡秀以連姻貴族於家族有益，勸父許之，故爲周浚作妾，生顗、嵩、謨。待顗等長大，李氏謂子曰：「我所以屈節爲汝家作妾，門戶計耳！汝若不與吾家作親者，吾亦不惜餘年。」〔註112〕絡秀之言與其說是命令，更近似委屈請求，這可能與魏晉時期妾的社會地位低賤相關；從喪服制度觀之，妾的親人並非夫家正式的親屬，庶出者常以「無舅氏」稱，〔註113〕因此絡秀對子的要求可能與時代的風俗牴忤（相關討論見第四章第一節）。值得注意的是，絡秀欲提升本家門第的心願，寄望的對象不在夫而在於子；其實現的方式是等待子嗣長成得以主宰家事後，以母親的身分直接對子表達期望，「不惜餘年」一語更帶有悲怨的情感。周顗等或不敢違抗母命，或不忍令母親傷情，果然全都聽從母親的吩咐，視李家爲親戚，李氏遂得爲方雅之族。〔註114〕母親的身分尊卑可能會影響母權的展現方式，但依靠兒子實現心願仍然是母親較可能掌握的權力。

〔註108〕見《宋書》卷四五〈向靖傳〉，頁1374。
〔註109〕見《宋書》卷六三〈王華傳〉，頁1678。
〔註110〕見《宋書》卷六四〈何承天傳〉，頁1702～1703。
〔註111〕見余嘉錫，《世說新語箋疏（修訂本）》下卷上〈賢媛第十九〉，頁681～682。
〔註112〕見余嘉錫，《世說新語箋疏（修訂本）》下卷上〈賢媛第十九〉，頁688。
〔註113〕見劉增貴，〈魏晉南北朝時代的妾〉，頁20。
〔註114〕見《晉書》卷九六〈列女傳〉，頁2514。

　　母親的命令有時必須讓兒子出生入死，但似乎並不影響兒子遵從母命的原則。東漢末年有太史慈者，仕郡奏曹史。爲郡得罪州家而避往遼東。孔融聞其事而奇之，數遣人向太史慈之母問安，并饋贈所需。後孔融被黃巾賊所圍，太史慈從遼東還，母謂慈曰：「汝與孔北海（融）未嘗相見，至汝行後，贍恤殷勤，過於故舊，今爲賊所圍，汝宜赴之。」慈便受母命赴融之難。後融營無力退賊，反被賊圍堵更密，慈在融營，自願冒死突圍討救兵，終以其智勇解融之困。事畢，還啓其母，母曰：「我喜汝有以報孔北海也。」〔註115〕太史慈與與孔融非友非故，只因孔融禮敬其母，母便命子報恩，太史慈冒死赴難，皆由母命；母未疑於報恩，子未疑於母命，性命似乎皆置之度外，母有義、子有孝，二人遂得名留史冊。

　　東漢末年馬超攻冀，害涼州刺史韋康。楊阜爲韋康別駕，計爲報仇。楊阜過歷城拜候姜敘及其母，說冀中之難。姜敘母慨然命敘從阜之計，出兵攻馬超。後姜敘母亦遇難。曹操聞其事曰：「姜敘之母，勸敘早發，明智乃爾，雖楊敞之妻蓋不過此。賢哉，賢哉！良史記錄，必不墜於地矣。」〔註116〕出兵征戰何等大事，姜敘從母命而起兵，母於戰亂中被執遇害，然終以命子舉義而留名於史冊。吳呂蒙以甘寧背信，欲會兵攻寧。蒙母諫阻，以爲蒙若以私怒攻殺甘寧，是爲臣下而行非法，有負吳主孫權以骨肉相待之恩。呂蒙素至孝，聞母言即豁然釋意，罷干戈，與甘寧登船歡宴。〔註117〕東晉桓脩少爲桓玄所辱，脩常有圖玄之意。桓玄將篡位，脩欲趁玄在脩母處而襲殺之。脩母庾夫人不忍骨肉相圖，不許，脩只得打消此意。〔註118〕爭戰殺戮在傳統的性別角色分工中，屬於男性專屬的領域，女性的性別角色則是「正位於內」，〔註119〕以家庭爲主要的活動場域，在公領域缺乏獨立的身分及可參與的角色。然而作爲母親，卻能藉由母對子的權威，左右子在公領域的行事，母命難違，母子關係成爲突破公私領域的一道隱形橋梁，母親的權力在兒子身上作用，影響力便隨之擴散，延伸至家庭以外的各個領域。

〔註115〕見《三國志‧吳書》卷四九〈太史慈傳〉，頁1186～1188。
〔註116〕見《三國志‧魏書》卷二五〈楊阜傳〉，頁700～702。
〔註117〕見《三國志‧吳書》卷五五〈甘寧傳〉，頁1295。
〔註118〕見余嘉錫，《世說新語箋疏（修訂本）》下卷下〈仇隙第三十六〉，頁952本文及劉孝標〈注〉。
〔註119〕（魏）王弼、（晉）韓康伯注，（唐）孔穎達疏，《周易注疏》（《十三經注疏》阮元刻本，北京：中華書局，1996）卷四〈家人‧象辭〉，頁38。

　　史傳中所見母權的施展，在繼母與繼子身上份外觸目。繼母虐使繼子，往往發生在繼母自有生子的情況，《顏氏家訓》云：

> 凡庸之性，後夫多寵前夫之孤，後妻必虐前妻之子；非唯婦人懷嫉妒之情，丈夫有沈惑之僻，亦事勢使之然也。前夫之孤，不敢與我子爭家，提攜鞠養，積習生愛，故寵之；前妻之子，每居己生之上，宦學婚嫁，莫不為防焉，故虐之。異姓寵則父母被怨，繼親虐則兄弟為仇，家有此者，皆門戶之禍也。〔註120〕

顏之推從家庭結構、利益衝突的角度分析後母往往虐待前妻之子，因為前妻子為嫡子，又排行在己子之前，防礙了己子宦學婚娶的發展，故後母不得不視其為眼中釘。或打罵餓凍、或虐使其身、或讒毀於父、或誣其不孝，甚至欲置之死地。而在這種母子衝突中，繼子仍然必須事繼母如母，不得忤逆犯上，否則便會披上不孝之名而遭到時論貶議，得遂了後母的心願。因此這一類事蹟多記載於孝子故事，繼母非理使之，而繼子逆來順受，愈發恭謹，在鄉里獲致孝順的美譽而留名史冊。

　　魏晉時期，個人寄託於家族門第中，子弟藉由家族門第發展仕宦婚姻，追求政治社會地位；同時東漢以降士人的「令名」對於仕宦及社會地位皆有重大影響，孝順是做人的基本要求，普遍受到社會輿論的注意。在此結構性因素的影響下，繼母的苛虐也愈見慘烈，繼母欲使繼子有不孝之名，喪失社會地位；而繼子唯有孝順，才有希望順利繼承家門，在社會及士人集團立足。西晉王祥的故事就是一個典型：

> 祥性至孝。早喪親，繼母朱氏不慈，數譖之，由是失愛於父。每使掃除牛下，祥愈恭謹。父母有疾，衣不解帶，湯藥必親嘗。母常欲生魚，時天寒冰凍，祥解衣將剖冰求之，冰忽自解，雙鯉躍出，持之而歸。母又思黃雀炙，復有黃雀數十飛入其幙，復以供母。鄉里驚歎，以為孝感所致焉。有丹柰結實，母命守之，每風雨，祥輒抱樹而泣。其篤孝純至如此。〔註121〕

王祥喪母時不知幾歲？但似已明白懂事。後母朱氏能譖祥於父，使祥失父愛，可見父子關係不如夫妻親密。朱氏以嫡繼母之身分非理使祥，百般刁難，冬天冰凍欲食生魚，思黃雀炙，令守丹柰結實，王祥凡「母之所須，必自奔走，

〔註120〕王利器，《顏氏家訓集解（增補本）》卷一〈後娶第四〉，頁49～50。
〔註121〕《晉書》卷三三〈王祥傳〉，頁987。

無不得焉。」〔註122〕完成各項後母交待的不可能的任務，而成爲純孝感應的最好例證。寒冬爲繼母求生魚之事，在其後的孝子故事也曾出現；〔註123〕解衣剖冰，更逐漸演變爲解衣臥冰，孝行越來越難得。〔註124〕可見文化對孝順的評價本以「難能」爲可貴，而在繼母虐待繼子的情境下，不可思議的孝行逐一一出現。

　　然而繼母子的衝突並未因繼子恭謹孝順而化解。《世說新語》載：「祥嘗在別床眠，母自往闇斫之；值祥私起，空斫得被。」〔註125〕《東觀漢記》中亦有二則極爲類似的記載：「蔣翊，字元卿，後母憎之，伺翊寢，操斧斫之，值翊如廁。」〔註126〕「馮豹，字仲文，後母惡之，嘗因豹夜臥，引刀斫之，正值其起，中被獲免。」〔註127〕顯示後母繼子衝突的故事往往有高度的重複性，亦可見文化對繼母子關係的「刻板」認知。《晉書》載：「祥喪父之後，漸有時譽。朱深疾之，密使酖祥。」〔註128〕「時譽」在魏晉南北朝時期是相當受人重視的，鄉里社會對人物作出評價，對於當事人的政治、社會地位有深遠的影響。王祥在晉室得享高位，最重要的因素就是其大孝之名，〔註129〕這可說間接拜朱氏不慈之賜。

　　朱氏身爲母親行種種非理苛虐之事，卻未見責罰，即使欲謀害子命，子也沒有告官的舉動。事實上子若陷父母於罪，自秦以來即應受罰，漢律「凡『子告父母』爲『非公室告』，本不受理，如仍行告，告者反須受罰。」〔註130〕魏

〔註122〕見余嘉錫，《世說新語箋疏（修訂本）》上卷上〈德行第一〉，頁 15，劉孝標〈注〉引蕭廣濟《孝子傳》。

〔註123〕王延、楚僚事蹟，見干寶，《搜神記》卷一一，頁 134～135。

〔註124〕余嘉錫箋疏之語，見氏著，《世說新語箋疏（修訂本）》上卷上〈德行第一〉，頁 16。

〔註125〕見余嘉錫，《世說新語箋疏（修訂本）》上卷上〈德行第一〉，頁 15～16。

〔註126〕在《東觀漢記》卷一〇〈蔣翊傳〉，頁 378。

〔註127〕在《東觀漢記》卷一四〈馮豹傳〉，頁 544。

〔註128〕《晉書》卷三三〈王祥傳〉，頁 990。

〔註129〕余嘉錫〈箋疏〉引《通鑑》胡三省〈注〉云：「王祥所以可尚者，孝於後母，與不拜晉王耳」；余氏評論曰：「胡氏之論王祥是矣，若其以祥之不拜司馬昭爲可尚，則猶未免徇世俗之論而未察也。考其時祥與何曾、荀顗並爲三公，曾顗皆司馬氏之私黨，而祥特以虛名徇資格得之。祥若同拜，將徒爲昭所輕；長揖不屈，則汲黯所謂『大將軍有揖客，反不重耶』之意也。」認爲王祥之行只有事後母孝一項可取；見氏著，《世說新語箋疏（修訂本）》上卷上〈德行第一〉，頁 22，第 19 條箋疏。

〔註130〕見李貞德，〈西漢律令中的家庭倫理觀〉，頁 18。

時改訂刑法，「刪約舊科，傍採漢律，定爲魏法」，其中云「正殺繼母，與親母同，防繼假之隙也。」〔註131〕可見「繼假之隙」是明顯普遍的事實，法律中特別明訂相關的處罰，但規範限制的對象仍然是兒子，防止因繼母假子的嫌隙而發生弒親逆倫。而繼子面對繼母非理虐待，仍然不被允許控訴。

從繼母繼子的衝突中，我們可清楚的看見孝道對母權的維護作用，繼子若不能忍受繼母的虐待，可能只好出居別處，披上不孝的惡名，喪失嫡子的權利，從此沈淪於下；但從孝子故事則看到繼子成功的榜樣，孝順爲他贏得名聲及社會地位，最後並得以青史留名。

母權雖然尊貴，然而父系家庭中父權才是最高的權威。孝道的要求上，子對於父母皆須孝順，但家無二尊，喪服制度中服父喪重於母喪。漢律中父母皆可告子不孝而謁殺，然而子毆傷殺父母的處罰並不相等，傷父罪責重於傷母。〔註132〕此外決定子女的婚娶，若父母意見不同，往往是依從父親的決定，〔註133〕亦可見父權高於母權。不過母親與兒子在生活中的接觸互動可能比父親頻繁，因此母親的權力仍然在家庭中十分凸顯。母命得以自專，往往見於寡母孤子之例，如虞潭之母、太史慈之母。換言之，夫卒之後，雖說「夫死從子」，然而實情是母親的權威不再受父親壓抑；兒子雖繼承爲家主，卻須遵行孝道，不得忤逆犯上，否則還有國法伺候，母親的權力便在裏應外合的情況下達到頂峰。寡母在家中的權威，從皇室家庭中太后的例子即可得知。東晉有多位太后或因皇帝年幼，或因政局不穩而攝政，〔註134〕太后能否握有政治實權遂行統治是屬於政治範疇的問題，但以太后的名義廢立皇帝或操弄政治，其正當性可能即是來自母權。〔註135〕母權除了來自孝道的要求，及教

〔註131〕見《晉書》卷三〇〈刑法志〉，頁923～926。

〔註132〕見李貞德，〈西漢律令中的家庭倫常觀〉，頁18～19。

〔註133〕東漢末甘公欲以女妻陶謙，甘公夫人不許（見《三國志・魏書》卷八〈陶謙傳〉，頁248，裴〈注〉引《吳書》）；東晉劉殷有清望，同郡富豪張宣子欲以女妻之，其妻怒而不許；見《晉書》卷八八〈孝友傳〉，頁2288。

〔註134〕如成帝五歲即位，由明穆庾太后攝政，穆帝二歲即位，康獻褚太后攝政。哀帝、海西公時桓溫專權，仍以褚太后攝政，實則以太后名義行廢立之事；孝武帝即位時以幼沖，仍由褚太后攝政；見《晉書》卷三二〈后妃傳〉下，頁972～977。

〔註135〕楊聯陞研究中國的女主政治，指出女主政治的出現有某些特定條件，在中國實是常態且有制度可循，並點出母權與女主的關連，然並未進一步詳細析論。參考氏著，林維紅譯，〈中國歷史上的女主〉（收入鮑家麟編，《中國婦女史論集》，台北：稻鄉出版社，1992），頁63～78。

子的權威，母子之間共同生活的經驗和培養的情感亦是權力的重要來源。下一節將以母子情感爲主題進行探討。

第四節　母子情長

　　史傳經典強調母教，結合孝道衍申出母權，似乎母親的形象呈現的是嚴屬權威，爲母之道在於爲社會培育賢才。如此的強調公義，一方面透露出社會期望母愛的表現能超越私情，另一方面或許可視爲現實中母子之情綿長深遠的反證。〔註136〕然而考慮母子名分締結的基礎，則親生、繼假、養育所發生的情感是否有普遍性的差異？筆者不欲探討母子之情何以發生的條件，僅欲呈現史傳中母子情感的互動情形，畢竟情感是人際之間相處的主要產物以及行事的重要動機之一。明白母子之間情感的連繫，有助於更深入瞭解母子在家庭中的互動，以及母子權力關係中可能的情感基礎。以下分別討論親生母子和繼假母子的情感互動。

　　史傳中母子情長的具體表現，明顯以親生母子的例子較多。西漢王莽之妻因莽屢殺其子而涕泣失明。〔註137〕東漢呂母以縣長枉殺其子，散盡家財，聚眾攻縣衙，手殺縣長爲子報仇，以其首祭子墓。〔註138〕三國徐庶，母爲曹操所獲，庶本欲從劉備定王霸之業，無奈失老母而方寸亂，遂辭劉備詣曹操。〔註139〕西晉劉仲武先娶母丘氏，生子正舒、正則二人。母丘儉反敗，仲武出其妻，娶王氏，生陶，仲武爲母丘氏別舍而不告絕。及母丘氏卒，正舒求祔葬焉，而陶不許。正舒不釋服，訟于上下，泣血露骨，縗裳綴絡，數十年弗得從，以至死亡。〔註140〕梁沈崇傃母卒，以不及侍母疾，哀毀欲死。家貧，行乞三年，方得葬母。自以初行喪禮不備，葬後更治服三年。郡縣舉其至孝，朝廷擢補爲太子洗馬。崇傃奉詔釋服，而涕泣如居喪，固辭不受官，苦自陳讓，經年乃得爲永寧令。自以祿不及養，悵恨愈甚，哀思不自堪，至縣卒，

〔註136〕田夫（邢義田）言：「或許因爲中國人從不否認私情，甚至太重私情，《列女傳》的作者才有意強調公義。」見氏撰，〈從《列女傳》看中國式母愛的流露〉，頁113。

〔註137〕見《漢書》卷九九下〈王莽傳〉，頁4165。

〔註138〕見（晉）袁宏撰，《後漢紀》（周天游校注，天津：天津古籍出版社，1987）卷一〈光武帝紀〉，頁5～6。

〔註139〕見《三國志・蜀書》卷三五〈諸葛亮傳〉，頁914。

〔註140〕見《晉書》卷二〇〈禮志〉，頁639。

時年三十九。〔註141〕北齊釋眞玉生而無目，其母哀憐，教其彈琵琶，以爲窮乏之計。後眞玉欲學作法師，母親棄其家務，專攜眞玉赴講會聽講學習，風雨無阻，眞玉遂成爲名揚千里的法師。如釋眞玉之母「棄家務」，爲殘疾之子營營奔波的例子，在今日都還十分常見，母親在照顧子女上的角色扮演似乎變化不大。母親過世時眞玉捨法還家，哀毀過禮，盧墓三年，算是回報母親的深恩。〔註142〕

在第二節曾提及孟宗之母爲了兒子的教育替老師縫被。史傳中對於孟宗與其母的事蹟有相當多的描寫，我們可以從中得到一幅母子相依爲命的圖像：

> （孟宗）初爲驃騎將軍朱據軍吏，將母在營。既不得志，又夜雨屋漏，因起涕泣，以謝其母，母曰：「但當勉之，何足泣也？」據亦稍知之，除爲監池司馬。自能結網，手以捕魚，作鮓寄母，母因以還之，曰：「汝爲魚官，而以鮓寄我，非避嫌也。」遷吳令。時皆不得將家之官，每得時物，來以寄母，常不先食。〔註143〕

孟宗仕途不得志，母子於軍營中相依爲命，「屋漏偏逢連夜雨」，孟宗之涕泣謝母，除了不得志的傷感，當亦包含了未能有所成就以盡孝榮親之愧疚。母親的慰勉，帶來振作的勇氣，母子倆互相扶持共度人生的低潮。孟宗遷作監池司馬後，未避嫌疑，以鮓寄母，母親又曉以大義。任吳令，每獲當令時物，孟宗自己不先嘗，皆先寄給母親。

吳主嘉禾六年（237），朝廷以國家多事，要求官員秉持先公後私的精神，以義斷恩，議定長吏遭喪不得奔赴，否則處以死刑。然而孟宗在官聞母亡，依然犯禁委官奔喪，事後自拘於武昌聽候刑決。幸賴陸遜陳其素行，爲之求情，孫權特爲減死一等。〔註144〕孟宗後來復官，在孫皓朝更位至司空。〔註145〕陸遜所陳孟宗素行，當是指其平日對母親的孝行。《楚國先賢傳》載孟宗事母至孝：

> 宗母嗜筍，冬節將至。時筍尚未生，宗入竹林哀嘆，而筍爲之出，

〔註141〕見《梁書》卷四七〈孝行傳〉，頁648～649。
〔註142〕見（唐）釋道宣，《續高僧傳》（在《高僧傳合集》，上海：上海古籍出版社，1995），卷六〈義解篇二〉「齊鄴中天平寺釋眞玉傳二十」條，頁155a。
〔註143〕《三國志‧吳書》卷四八〈三嗣主傳〉，頁1169，裴松之〈注〉引《吳錄》。
〔註144〕見《三國志‧吳書》卷四七〈吳主傳〉，頁1141。
〔註145〕見《三國志‧吳書》卷四八〈三嗣主傳〉，頁1168。

得以供母，皆以爲至孝之所致感。〔註146〕

時人以爲孟宗事母至孝，萬物皆爲之所感，可見孟宗應是當時有名的孝子。故其委官奔母喪，雖犯死罪，猶能得到朝廷的諒解，給予特別寬待。顯示人子的滿腔孝心，若溢出了法制的規範，仍可以獲得社會相當的同情與寬諒。

我們從孟宗母子的故事看到母賢子孝的理想母子關係。母親撫子有慈有訓，對兒子日常照顧的細膩周到，兒子意志消沈時給予安慰鼓勵，發現兒子作爲不恰當便嚴加訓導。母子於低潮時相依爲命，從生活中的接觸互動，建立起相互關心扶助的深厚情感。而兒子亦時時不忘盡孝養之道，平時竭力回報母恩，聞知母喪即使冒著死罪也要奔赴。值得注意的是，捕魚寄母，受母訓誨一事，和本章第二節提到《世說新語》中陶侃母子的故事如出一徹。史傳中許多孝子賢母的事蹟常見有高度相似的例子，或許出於行爲的模仿，或許是故事傳抄而將各種情節吸納，或許是認爲具有典範的意義而不斷複製。總之與其視爲實然的現象，不如看作是社會期望的傳達——期望人子有孝養之情，而賢母能重大公之義。

文化期望母愛以維護公義的方式來表現，卻同時鼓勵人子對母親懷抱深厚的情感，而且允許其盡情的表達，即使因此與公義產生衝突，也往往以爲孝子之心其情可憫，而減輕處罰，不但默許其行爲，特別的恩赦也等於是一種榮耀和鼓勵。所以期望母愛以公義爲導向，或許是爲了平衡母子之間過份泛濫的「私情」；社會期望的理想情況便是人子皆能孝順母親，而母親都能把「私情」轉化爲「公義」，以母親的權力與母子的情感促使兒子爲國家社會服務。

親生母子恩厚情長，除了可能超越空間距離而發生感通（見本章第一節的討論），其深情纏綿亦能夠跨越生死界限，連繫不絕。這部份討論將從中古的志怪小說來進行分析。〔註147〕《錄異傳》載：〔註148〕

（晉）謝邈之爲吳興郡，帳下給使郤覽，乘樵船在部伍後。至平望亭，夜雨，前部伍頓住。覽露船無所庇宿，顧見塘下有人家燈火，

〔註146〕《三國志‧吳書》卷四八〈三嗣主傳〉，頁 1169，裴松之〈注〉引《楚國先賢傳》。

〔註147〕關於利用小說材料進行歷史研究的可行性，學者已有清楚的說明和精彩的示範；參考陳弱水，〈從〈唐晅〉看唐代士族生活與心態的幾個方面〉（《新史學》10：2，1999），頁 1～27。

〔註148〕據李劍國的研究，《錄異傳》「又作《錄異記》。史志無目，……其『張君林』條稱『隆安中』，當出晉末或南朝。」見氏著，《唐前志怪小說輯釋》（台北：文史哲出版社，1987），頁 645。

便往投之。至，有一茅屋，中有一男子，年可五十，夜織薄。別床
有小兒，年十歲。覽求寄宿，此人欣然相許。小兒啼泣歔欷，此人
喻止之，不住啼，遂至曉。覽問何意。曰：「是僕兒。其母當嫁，悲
戀故啼耳。」將曉，覽去，顧視不見向屋，唯有兩冢，艸芣湛深。
行逢一女子乘船，謂覽曰：「此中非人所行，君何故從中出？」覽具
以所見告之。女子曰：「此是我兒。實欲改適，故來辭墓。」因哽咽
至冢，號咷，不復嫁。〔註149〕

謝邈是東晉孝武帝時人，《晉書》有傳。〔註150〕邈在這則故事中是一個「見證
者」，由其巧遇經歷招出這段故事。故事中早夭的兒子，雖和母親已天人永隔，
然而母親在陽世欲再嫁，子仍悲戀難捨，啼哭不止。原已打算再嫁的母親，
得知亡兒的悲傷，亦對塚傷情號咷，遂不復嫁。試想夫兒皆亡，婦人於夫家
至親之人皆已化為黃土，這樣的情境應是婦人打算再嫁的主要理由之一。然
而母親卻因不忍亡兒悲戀之情，為陰間已死之子放棄人間幸福的追求；母子
之間悱惻的情感，深深牽繫分處陰陽兩界的母子，母子之情穿越死生的界限，
纏綿無絕期。故事雖就此打住，但婦人為子犧牲的代價可能是此後孤獨餘生
的晚景，付出實在鉅大；小說藉由母子情感的難捨來「牽制」婦女再嫁，作
者也許有提倡寡婦守節的用意吧。

《幽明錄》記載另一則亡母顯靈救子的故事：

晉世王彪之，年少未官，嘗獨坐齋中，前有竹；忽聞有歎聲，彪之
惕然，怪似其母，因往看之，見母衣服如昔。彪之跪拜歔欷，母曰：
「汝方有奇厄，自今已去，當日見一白狗；若能束行出千里，三年，
然後可得免災。」忽不復見。彪之悲悵達旦。既明，獨見一白狗，
恆隨行止；便經營行裝，將往會稽。及出千里外，所見便蕭然都盡。
過三年乃歸，齋中復聞前聲，往見母如先，謂曰：「能用吾言，故來
慶汝。汝自今已後，年踰八十，位班台司。」後皆如母言。〔註151〕

王彪之是東晉名臣。〔註152〕故事中彪之見亡母顯靈，跪拜歔欷，母靈消失不
復見，猶悲悵達旦，人子對於母親的懷念與思慕溢於言表。彪之的母親身已

〔註149〕 （撰人不詳）《錄異傳》（收在魯迅校錄，《古小說鉤沈》，濟南：齊魯書社，
1997），頁 256～257。

〔註150〕 《晉書》卷七九〈謝邈傳〉，頁 2089。

〔註151〕 （宋）劉義慶著，《幽明錄》（收入魯迅校錄，《古小說鉤沈》），頁 166。

〔註152〕 見《晉書》卷七六〈王彪之傳〉，頁 2006～2012。

亡而猶未卸除爲人母照顧子嗣之心願與責任，顯靈教子化災解厄；子後來遵從母教而解危，亡母復來相見慶賀，子危母憂，子安母喜，生時照顧，死猶護佑，母愛之深長跨越生死的分界。

《幽明錄》中還有另一個類似的故事：

> 晉左軍琅邪王凝之夫人謝氏，頓亡二男，痛惜過甚，銜淚六年。後忽見二兒俱還，並著械，慰其母曰：「可自□，兒並有罪謫，宜爲作福。」於是得止哀，而勤爲求請。〔註153〕

謝氏即謝道蘊。《晉書・列女傳》中的謝道蘊才情飄逸，風韻高邁，有林下風氣。孫恩之亂，夫與子皆爲賊所害，道蘊抽刃殺賊，膽氣甚壯。〔註154〕然而小說中之道蘊，不見才女的高朗風貌，以母親的身分出現，因痛惜兒亡而銜淚六年，其形象轉變爲痛失愛子而衰弱的慈母。故事中亡兒顯靈一是爲慰解母親思子之哀，二是在陰間受苦，請求母親爲其積福，道蘊的母愛於是又有施展的機會，生命似乎又有了目標，止住哀情，爲幫助亡兒脫離苦海而勤於求請作功德。

《幽明錄》這兩則故事，一則母亡，一則子亡，母子分處生死兩界，但母親不論身處陽世或陰間都捨不下母子之情，仍努力要保護照顧兒子。亡母運用陰魂預知之力，教子消災解厄；在人間的母親努力爲子積福求報以化解罪孽。故事雖然充滿虛假神怪，但故事主角所表現的行爲，可能反映出現實中母親對兒子的照顧和愛護；故事呈現母子之情，幽遠深長，纏綿難捨而且其情生死皆同，可視爲時人對親生母子情感的一種認識。

相對於史傳中親生母子纏綿俳惻的情感流露，繼假母子則往往衝突不斷。繼假之關係不若血親之自然締結，若要建立良好的母子關係，繼母之養繼子必然需撫育更勤；繼子之事繼母也必須孝養彌謹，難養難孝可說是繼母子關係的特色。第二節引東漢程文矩妻李穆姜感化繼子的故事，正可見繼子對後母常有的疏憎之情；第三節王祥的例子則見繼母對繼子的憎惡虐待。史傳中多數的相關事蹟似乎呈現繼母憎惡繼子，而繼子極力奉承繼母，或者繼母以非常的手段來表現對繼子的無私慈愛；繼母假子的互動，多有違於人性自然之舉措者，而少見如親生母子般平實的情感流露。以下試舉其例。

羊祜的母親是繼室，前妻育有二子，《晉書》〈羊祜傳〉載：

〔註153〕《幽明錄》，頁166。
〔註154〕見《晉書》卷九六〈列女傳〉，頁2516～2517。

祜前母，孔融女，生兄發，官至都督淮北護軍。初，發與祜同母兄承

俱得病，祜母度不能兩存，乃專心養發，故得濟，而承竟死。〔註155〕

二子俱病，照顧之勞皆由母爲之，無力兼顧又未有支援的情況下，一爲前妻子，一爲己懷胎十月所生，人情之常皆欲保其所親愛者。祜母選擇全活前妻之子，正是以非常手段得全後母繼子之義。類似這樣的行爲往往得到時論與史書的讚揚。《晉書》〈列女傳〉載：

鄭休妻石氏，不知何許人也。少有德操，年十餘歲，鄉邑稱之。既歸鄭氏，爲九族所重。休前妻女既幼，又休父布臨終，有庶子沈生，命棄之，石氏曰：「奈何使舅之胤不存乎！」遂養沈及前妻女。力不兼舉，九年之中，三不舉子。〔註156〕

石氏爲了養育夫前妻女及舅庶子，不惜犧牲自己的骨肉，九年之中，三不舉子。如此行事而被載於〈列女傳〉中，可見雖殘害自己的骨肉，史書猶肯定其爲義行。

若繼母假子彼此能以孝義相待，朝廷也會給予獎勵，《南史》載：

建康人張悌，家貧無以供養，以情告鄰富人。富人不與，不勝忿，遂結四人作劫，所得衣物，三劫持去，實無一錢入己。縣抵悌死罪。悌兄松訴稱：「與弟景是前母子，後母唯生悌，松長不能教誨，乞代悌死。」景又曰：「松是嫡長，後母唯生悌。若從法，母亦不全。」亦請代死。母又云：「悌應死，豈以弟罪枉及諸兄。悌亦引分，乞全兩兄供養。」縣以上讞，帝以爲孝義，特降死，後不得爲例。〔註157〕

後母之子犯罪，前妻之子爭相代死，而後母亦不循私，請官府治己子罪，結果皇帝以爲一門孝義，特別降免死罪。可見後母私己子是人情，慈愛繼子則被視爲「義行」，而非一般的母子情，可受到朝廷的褒揚。而羊祜母及鄭休妻之行事，不但不私己子，更有違母子自然之情。繼母爲繼子犧牲己子的性命，不但不受責，更被視爲難得之義行而受稱揚，正反映現實中繼母私其親子的普遍，以及繼母慈愛假子的少有。

《法苑珠林》記載一則繼母虐待假子至死的故事：

（宋）東海徐某甲，前妻許氏，生一男名鐵臼，而許亡，某甲改娶陳

〔註155〕《晉書》卷三四〈羊祜傳〉，頁1024。
〔註156〕《晉書》卷九六〈列女傳〉，頁2511～2512。
〔註157〕《南史》卷七四〈孝義下〉，頁1836。

氏，陳氏凶虐志滅鐵臼。陳氏產一男，生而祝之曰：「汝若不除鐵臼，非吾子也。」因名之曰鐵杵，欲以杵擣鐵臼也。於是捶打鐵臼，備諸苦毒，飢不給食，寒不加絮。某甲性闇弱，又多不在，後妻恣意行其暴酷，鐵臼竟以凍餓痛杖而死，時年十六。亡後旬餘，鬼忽還家，登陳床曰：「我鐵臼也。實無片罪橫見殘害，我母訴怨於天，得天曹符來取鐵杵，當令鐵杵疾病與我遭苦時同。將去自有期日，我今停此待之。」聲如生時，家人賓客不見其形皆聞其語。於是恒在屋樑上住。陳氏跪謝搏頰爲設祭奠。鬼云：「不須如此，餓我令死，豈是一餐所能對謝。」陳夜中竊語道之，鬼厲聲曰：「何敢道我！今當斷汝屋棟。」便聞鋸聲，屑亦隨落，拉然有響，如棟實崩。舉家走出，炳燭照之，亦無異。鬼又罵鐵杵曰：「汝既殺我，安坐宅上以爲快也，當燒汝屋，即見火然，煙焰大猛內外狼狽，俄爾自滅，茅茨儼然不見虧損。日日罵詈，時復歌云：「桃李華嚴，霜落奈何，桃李子嚴，霜早落已。」聲甚傷切，似是自悼不得成長也。于時鐵杵六歲，鬼至便病，體痛腹大，上氣妨食。鬼屢打之，處處青皯，月餘而死，鬼便寂然。〔註158〕

故事雖涉及鬼神報應難驗眞假之情節，但此類故事的出現可見一般人對繼母假子相視如仇的認知。後母生子志滅前妻之子，取名「鐵杵」以對付「鐵臼」，毫不隱藏其不慈之心。故事中父親經常離家在外，使得繼母有機會肆行暴虐，透露出父親的活動多在家戶之外，父與子在生活上的接觸實遠不及於母與子。故事又特別強調父親性格儒弱，與禮法中「父至尊」的形象相去甚遠，或許是爲父親的「失權」尋一解釋；又或許夫妻之情勝於父子之恩，因此父親對於後母虐待繼子視而不見。鐵臼死後化爲鬼魂前來報仇，全賴其亡母訴怨於天。親生母親告狀，而不是被虐待的兒子告狀，維持了子不告母的倫理價值；同時，對比於繼母的虐待，又見親生母親慈愛特深的表現。然而值得注意的是，鐵臼之死，實由繼母陳氏之虐待，然而報仇的對象卻指向鐵杵，鬼罵鐵杵：「汝既殺我，……」似乎將殺己之罪愆加諸在鐵杵身上，而鐵杵時方六歲，鐵臼亡時年已十六，所有虐待之行應是陳氏所爲。雖然奪愛子之命，也可視爲對後母的報復，〔註159〕但或許如此的故事安排也比較符合現實的倫

〔註158〕（唐）釋道世撰，《法苑珠林》（北京：中國書店，1991），卷七五〈十惡之三〉「邪婬部第六」，頁 19b（總頁 1079）。

〔註159〕古代社會的復仇，有時採取「以牙還牙」的方式，讓仇人感受和自己相同的

理秩序，母尊於子未可以母命相抵，而以其子代受天罰。

史傳記載繼母與繼子的互動，具體描寫的多是繼母虐待，或繼子不孝，其他則缺乏具體行跡的描述。〔註160〕繼子的孝行是否能代表兒子對母親情感的自然流露，實在非常可疑。理想的繼母子關係是以「母義子孝」為典範，現實中繼母假子的情感互動似乎距離理想十分遙遠。顏之推認為後母憎惡前妻之子，往往因為顧慮到己子的發展受到妨礙；從史傳所見的例子，亦能大致獲得這樣的結論。可見繼母在此家內是否有自己的親生子，是繼母子關係的一項重要變項。繼母若是無子，撫育前妻之子，未必不會視如己出；然而若繼母面對的是早已年長曉事的繼子，此子是否願意接受繼母之撫育慈愛，可能又是母子關係的另一變數。禮制規範中要求人子做到「繼母如母」，然而就現實中的母子情感而言，繼母假子的關係很難如親生母子一般自然親密。

結　論

本章以母子人倫互動為研究主軸，從史傳記載，我們觀察到母子人倫在生活中的關係實態，也發覺文化價值對母子人倫的認知與期望。歸納史傳所見，本章討論了生育文化對母子關係的認識、以及文化期望與生活實態中，母教、母權、母子之情對母子關係的影響。每個主題涵蓋的母子關係不太一致，生育文化只討論親生母子；而母教與母權則被視為所有母親皆可實施的權力；母子情感方面，不論是文化期許或生活實態，皆顯示親生母子的感情普遍深厚纏綿，而繼母子的情感實態似乎與文化期望落差極大，倫理價值期望繼母有不私己子之義、繼子則須貫徹孝道的要求，但史傳所見卻是衝突不斷。

懷胎是母子關係的起點。生育文化中轉胎、養胎、胎教的觀念，將胎兒的性別、形貌、性情、品德賢劣皆歸因於孕婦，一方面加重了母親生育的辛

痛苦和損失，仇人本身反而不受傷害。孟子曰：「殺人之父者人亦殺其父」（《孟子·盡心上》）即是這種復仇精神的展現。見瞿同祖，《中國法律與中國社會》，頁85～86。

〔註160〕史傳所見繼子敬事繼母的事蹟，若未伴隨繼母苛虐之事，則往往描述甚簡。例如《漢書·丙吉傳》載「太僕陳萬年事後母孝，悖厚備於行止。」（卷七四，頁3148。）《三國志·蜀書·楊洪傳》載楊洪「事繼母至孝。」（卷四一，頁1014。）《三國志·吳書·諸葛瑾傳》，裴松之〈注〉引《吳書》載諸葛瑾「事繼母恭謹，甚得人子之道。」（卷五二，頁1232）《晉書·王沈傳》載王沈「奉繼母寡嫂以孝義稱。」（卷三九，頁1143。）

苦與壓力，另一方面也強化了生母在生育文化中的地位，以及親生母子神秘的連繫。懷孕期間的母子相感進一步延伸至成人之子，成為親生母子間特有的孝道展現，獲得社會極高的評價，顯示親生母子關係被認為比其他的母子關係更為親密。

傳統中國文化所期許的理想母親，從胎教的觀念即可看出強烈的母教取向。賢母教子，最為士人所重，而魏晉時期的士族女子也積極的投入教育活動，影響家族門風。母教包含的內容十分廣泛，舉凡識字啓蒙，家學傳授，立身改過，為國盡忠，仕宦之道等，強調為家族、國家培養優秀人才。而進行的方式或親授詩書，或涕泣以訴，或慈愛感化，或耳提面命，或以身作則，多是以母子直接接觸互動的方式進行，相較於父親多由家訓來教導子孫，透露出母子在生活中直接接觸頻繁。教子不必限於親母，而是所有母親皆可行之的母職，而且教子有方可以獲得社會文化高度肯定，因此史傳中也不乏繼母、所後母教子的記載。但賢母教子的事例仍以親生母子之間為多；「非此母不生此子」的說法，也再次顯示文化對親生母子特殊的評價。

社會文化對母教的高度評價，使得母親的形象偏重於嚴明有威，教子成為母權的表現之一。孝道文化將人子孝順父母視為天經地義，從而加重了父母對子的權威。禮法上母親的權力雖不及父親，但由於母子生活接觸的頻繁，母權的施展對兒子的行事依然影響很大；若是寡母，解除了來自丈夫的壓制，母親的權力對兒子的影響顯然更是巨大。不論是兒子個人的婚宦選擇，甚至政治領域的鬥爭與軍事活動都可能受母親影響。雖然女性的性別角色在禮法上是「正位於內」，但母親的影響力卻透過兒子，由內伸展到外，跨越了性別權力的藩籬。人子實踐孝道的對象，以及禮法倫常賦予母親的權力，同樣不限於親生母親。母權的威嚴在繼母非理虐使前妻之子的故事中份外清晰。魏晉時期，人子在重視孝道與強調清議的社會風氣下，必須孝順的壓力特別沈重；繼母繼子的互動中，常見繼母慘酷的虐待和繼子全然的委屈順從，從一個扭曲的角度特別彰顯出母權。

母權的行使是各種不同身分的母親皆有的權力，然而母子之間的情感卻在不同母子關係之間呈現較大的差異。親生母子往往在日常互動中自然流露出母親的慈愛以及兒子的孝思，母子之情從生活的照顧與依賴中油然而生，顯得特別深厚。而社會亦從孝的角度給予表現摯愛母親的兒子極高的評價，甚至若因此犯罪也常常給予特別的恩赦，顯示文化價值對母子關係的期望，

亦有重情的一面。志怪小說中呈現的親生母子情感，更是超越生死陰陽的阻隔，似乎一旦曾經為母子，彼此的情感便永遠纏綿不盡了。

另一方面，後母繼子的情感在史傳及神異故事中往往呈現出十分惡劣的情況。後母非理虐使繼子，從一個扭曲的角度示範了母權的尊貴；而從情感的角度來看，清楚地凸顯了後母對繼子的憎惡被視為普遍情形。史傳中繼母善待繼子的事蹟，往往以非常的手段表現，刻意地不私己子，甚至犧牲己子，方能彰顯出繼母對繼子的情義。而繼子孝順繼母的記載亦多伴隨著繼母虐待繼子的事蹟，因此繼子對於繼母雖然以孝道事之，但究竟其中包含多少真實情感的因素，實在令人懷疑。對比史傳所見親生母子與繼假母子互動的特點，母子之情在不同母子關係中表現出的差異，似乎不是禮制規範所能限制的。

從文化期望及生活互動的各個面向討論母子人倫，親生母子的互動在其中顯得特別親密，鄭玄云「母子至親無絕道」，即是針對親生母子而言，從文化生活實態觀之，可印證此語除了指涉血緣關係，還有相當堅實的現實情境基礎。就母親而言，始於懷胎生產的辛苦，進而發生於生活中的照顧、教導之責，兒子的成就與母親的生命肯定息息相關；就兒子而言，從胎兒時期就可能受到母親莫大的影響，自小在母親的懷抱與訓誨中成長，同時加上社會對孝道的提倡，倫理價值鼓勵人子熱愛母親，對孝順的推崇允許兒子為母親犧牲公義。母子之間親密的互動經驗、綿長的母子情感，以及母權與孝道的交互作用，有助於鞏固母親在父系家族中的地位，進而突破父系禮法對女性的諸多壓抑，母子的親密關係成為女性在父系家族中獲得有利處境與地位的主要力量之一。

父系家族為了傳衍後代，賦予女性生育子嗣的重責大任，轉胎、胎教之說，加重了女性的生育壓力，卻也創造親生母子的神秘連繫，及對生恩的重視；儒教文化對母教的強烈肯定著眼於家族昌盛的目的，但也助長了母親權威的塑造；國家對孝道的提倡，對不孝的懲罰，維護了家族倫常秩序，更提供母親行使權力、命令兒子的制度性保證。除了國家法制的強迫，以及尊親敬長的倫理教化，母子之間的情感也是母權的基礎之一。性別分工將女性限制於家內，擔負照顧家內成員的責任，兒子對母親日常生活的依賴，母子共同生活所培養的情感，反而可能成為母親權力滋長的有利條件。母子互動的經驗及文化對母子人倫的期許，對父系家族既有鞏固、維護的功能，也造成衝突、挑戰的一面。母職經驗對父系制度的挑戰，筆者將再下一章綜合討論。

第六章　結論：爲母經驗挑戰父系制度

前　言

　　父系禮制配合父系家族結構，以父親爲主軸來安排家內人倫秩序。父尊母卑，人子爲母服喪處處受到「父至尊」及「尊祖敬宗」的壓抑；母子名分隨父親意志或成立、或解除，母子關係在父親的權力控制下，潛藏著被破壞的危機。

　　然而我們從第三章的討論，已發現孝子爲母服喪不願完全遵從禮制，禮制在落實過程中，遭遇到許多孝子爲母伸情的挑戰；第四章的討論，揭露了父系家族一妻多妾的結構下，親生母子榮辱與共，凝聚爲「母子集團」，共同爲地位的提升而奮鬥，和父系制度理想的人倫秩序有所矛盾；第五章則進一步探討母子之間的互動，顯示母子日常生活中的互動經驗，培養出的情感、權力關係，與禮制的規範有應合也有衝突，其中親生母子的感情普遍地特別親密，而繼母假子則多情感不睦，脫逸出父系制度對母子關係的規範，也呼應了魏晉時期孝子自作主張爲生母服重、爲繼母服輕的現象。

　　母職經驗形成的母子情感，在許多層面和父系制度規範的母子關係有所衝突，對父系制度造成挑戰。本章討論母子情感與父系制度的衝突，做爲本書的結論。第一節綜合前幾章的討論，探討母親在父系家族中如何藉由母子關係突破困境、挑戰父系制度；成功地鬆動了那些父系價值，又依然受限於那些父系制度。第二節重回第一章所引的于氏故事，探討于氏從自己的母職經驗出發，如何詮釋父系禮制，立論賀率爲己子。第三節討論魏晉時人對于

氏立論的回應，以此歸結父系制度如何掌控母職。

第一節　雙刃之劍——母職的力量

　　父系禮制對母子關係的界定，成為傳統中國母子人倫的基本框架。在家庭中，父尊於母，為家內的至尊；妻妾依「嫡庶之辨」的原則安排尊卑次序，嫡母尊於庶母；母尊於子，諸子隨母親之尊卑定身分貴賤，嫡子尊於庶子；但庶子為父後卻又尊於庶生母。父親有權力解除母子關係，也可以建立母子關係；「尊祖敬宗」、「貴嫡賤庶」的精神也對母子人倫產生重大影響，父系禮制的框架在許多方面限制了母子關係的可能性。在父系家族中，母子關係置於父親的權力之下，受父親好惡意志的支配，使得母子關係十分不穩定。然而由第三、四、五章的討論可以發現，母親正是家內成員中對父系體系最有貢獻、也最具威脅的女性，父系禮制刻意將母親的地位壓制，以父親的權威及所謂的「家族公義」來控制母子關係，以符合其理想的父系人倫秩序，然而母子生活互動的實態及文化價值對母子人倫的認知與期許，對於禮制有呼應也有破壞。父系制度的性別分工，將女性定位於家內庶務的操持及照顧家人的生活起居，母親與兒子在生活中接觸互動頻繁，母子的互動經驗往往超越了男尊女卑及男外女內的父系禮法限制。

　　傳統中國社會以父系姓氏摶聚社會中的基礎單位——家，母親生育的子嗣屬於父系家族的成員，為人子者一生歸屬於父系家族，認同於父系家族。因此父系制度下，婦人生育是為父系家族「廣繼嗣」，重視的是父系血緣的繁衍，而不是婦人個人的血脈延續。生育的目的是為了傳承父系家族，但生育的壓力往往全責於婦人，成為主要的婦職，「無子」為「七出」條目之一，因此對婦人而言，生育子嗣既是文化社會的壓力，亦是保障個人在家內地位的重要手段。

　　父系家族對生育子嗣的重視，發展出複雜的生育文化。轉胎、養胎、胎教的觀念，目的是為父系家族誕育健康賢德之子，但是生育文化既認定孕婦應承擔胎兒的性別、形貌、性情、品德賢劣，加重了母親生育的辛苦與壓力，卻在無形中也強化了母親在生育文化中的地位，以及時人對生育之恩的高度評價。

　　家族為了培育出優秀的子弟，以教子有方的賢母為理想母親，而且不論是親生母親或非親生母親皆可施展教子之能。史傳對於賢母讚譽有加，為了

門第的興盛，家族也希望子弟賢良，魏晉時期的士族女子積極的投入教育活動，影響家族門風甚鉅。母教包含的內容十分廣泛，舉凡識字啓蒙，家學傳授，立身改過，爲國盡忠，仕宦之道等，強調爲家族、國家培養優秀人才。而對母親而言，文化價值重視母教、在生活實態中施展母教，對母親的地位和權力有抬高的作用。

孝道是維持儒教家族倫常的重要價值，孝道文化將人子孝順父母視爲天經地義，從而加重了父母對子的權威。禮法上母親的權力雖不及父親，但由於母子生活接觸的頻繁，母權的施展對兒子的行事依然影響很大；對於改善母親在父系制度下的處境，亦是一項極大的助力。若是父親先卒，母親成爲寡母，解除了來自丈夫的壓制，母親的權力對兒子的影響更是巨大。不論是兒子個人的婚宦選擇，甚至政治領域的鬥爭與軍事活動都可能受母親意志影響。雖然女性的性別角色在禮法上是「正位於內」，但母親的影響力卻透過兒子，由內伸展到外，跨越了性別權力的藩籬。

生育、教子與孝道皆受到儒教文化的肯定，對於父系家族有正面的維護功能，但母職的承擔也提供了女性突破儒教制度的力量。女性在母職的扮演上，承受文化期望的壓力，同時也將自己的將來與子嗣連繫一起。在現實生活中，存在著親生母子榮辱與共的現象，家族、社會中「子以母貴」、「母以子貴」的情形經常發生，母子被視爲一體對待，可見現實中母子關係的密切。「母以子貴」雖與父系禮法牴觸，但符合人子情感的需求，而且與儒家文化對孝道、及生恩的高度評價相應，故在現實中不時發生，不論是庶子爲生母伸情服重、或以名爵尊崇生母，皆以「母以子貴」爲理由。在父系家族的外衣下，女性藉由母職創造出以自己爲核心的「母子集團」，人子的家族歸屬雖以父系爲準，但在一妻多妾的婚配結構下，「母子集團」，才是兒子情感認同的對象；母親藉由兒子提升地位、改善處境，形成對父系制度的挑戰。

在父系制度中，各種母子名分以父親爲中心締結，父親有權力改變母子名分，對母子關係深具威脅。但母子名分一旦成立後，母子關係奠基於生活互動的經驗和培養的情感，父系禮制無法全盤掌控。理論上，父系制度以父親爲家內至尊，母親爲兒子的私尊，以壓抑私尊來凸顯至尊。在父親主宰的時期，人子對母親的情感可能無法表現；但在父卒後，兒子繼承家統，也成爲家內至尊，子爲至尊與母爲子之私尊，二者存在禮法的矛盾。禮制的規範堅持父系至尊的原則，要求母親夫死從子，並以「家族公義」壓抑「母子私

情」，但「家族公義」是如此抽象，兒子對母親的戀眷依賴之情則深植於生活經驗中。母子經由生活互動所建立的情感，影響人子對母親的親愛敬順，加上孝道對母權的肯定，成爲母親命令兒子的緊箍咒；母子間的權力關係與情感經驗，成爲女性突破禮制壓抑的重要力量。

　　從文化期望及生活互動的各個面向討論母子人倫，可以發現女性藉由母職影響父系家族、也改變自己的命運。雖然母教、母權和養育是所有母親皆可施展或享有的，但父系制度下的各種母子關係，仍然以親生母子最爲親密，也因此母子關係對父系制度的衝擊往往來自親生母子。鄭玄云「母子至親」，從文化生活實態觀之，可印證此語除了指涉血緣關係，還有相當堅實的現實情境基礎。就母親而言，始於懷胎生產的辛苦，進而發生於生活中的照顧、教導之責，社會文化將兒子的成就與母親的生命肯定緊緊相連。就兒子而言，生育文化認爲人子在胎兒時期就受到母親莫大的影響，兒子自小在母親的懷抱與訓誨中成長，同時加上儒教社會對孝道的提倡，倫理價值鼓勵人子熱愛母親，無形中默許兒子爲母親犧牲公義。母子之間親密的互動經驗、綿長的母子情感，以及母權與孝道的交互作用，有助於鞏固母親在父系家族中的地位，進而突破父系禮法對女性的諸多壓抑；親生母子的親密關係成爲女性在父系家族中獲得有利處境與地位的主要力量之一。魏晉時期孝子觀點的爲母服喪，孝子的情感明顯偏厚於親生母親，不論是爲庶生母服重、或是爲出母、嫁母服喪，甚至同母異父兄弟也因同母所生而受時人看重。挾著魏晉文化對人情、孝道、及生恩的高度評價，親生母子的情感在一定程度上成功地突破父系禮制對母親的壓抑。

　　魏晉時期親生母子的情感，成功地突破父系禮制對母親的壓抑，但是突破仍有範圍侷限和條件限制。首先，父親是家內的至尊，父命對母子關係掌握極大的權威，以父命消解或建立新的母子關係，母子情感往往無力對抗。父親的好惡可能鬆動「嫡庶之辨」，提供「母子集團」爭取地位的空間，因此父命仍然經常是「母子集團」爭取的目標、而非反抗的對象；再者，父命可以建立或破壞母子關係，父命出妻或命子出繼，即使母子情感親密綿長也無力對抗。魏晉時期母子情感對父系制度的挑戰，是時代風氣和個人處境裏應外合的結果：孝子在繼承爲家主後，得以自由詮釋父命，懷抱對生母的情感爲母伸情；生恩亦受文化價值肯定，能夠獲得時人共鳴，配合緣情制禮的時代風氣，因此能夠以母子情感修正父系禮制，抬高了生母的地位、母子的情

感也獲得抒發。雖然母子之情在一定程度修正了父系禮制，但基本上並不危及父系制度的根本，父親的權威依然穩固，可說只是父系制度內的改革。

　　魏晉時期，母職經驗對父系制度的極端挑戰，並非沒有發生過。我們在第一章提到東晉于氏的故事，于氏身爲賀喬嫡妻卻未誕育子嗣，養育二伯之子賀率，二十餘年以至成人，但因丈夫賀喬有親生血胤得傳香火，于氏養育賀率，照父系繼嗣制度的邏輯，被視爲出繼賀喬爲後，賀喬有子則應歸還本生父母。于氏爲了捍衛與賀率的母子關係，在表文中提出「養爲己子」與「爲人後」應有分別，立六不解、十疑，辯證養育賀率爲己子，不是賀喬之後。于氏以母職經驗出發，全力著墨養恩之重，建構一個以養恩爲判準的母子關係，超越了父系制度的認識框架，留下少見的、女性自己主張母子人倫如何建立的史料，值得深入分析。

第二節　一個母親的觀點：養爲己子

　　東晉賀喬之妻于氏，上表朝廷，立六不解、十疑，論難時人對其養育賀率爲子的質疑。于氏以婦人之身而有此舉，實前無古人，亦可見其護衛母子關係之心切。于氏既要駁斥賀率應當還本之說，又需證成己與賀率的母子關係，其立論旁徵博引，包括經典、故事、俗諺皆引用比附。于氏對於禮經、故典的詮釋，以及養育可自然成子的說法，是否代表女性的特殊觀點？值得深入討論。由於于氏所立的十六條論證，各自獨立，次序並無明確的因果邏輯，而觀點多有重覆，爲了便於分析其議論主張，筆者將六不解、十疑之次序更動，將論點相近者放在一起，立一標題概括其見，以呈現于氏提出何種主張來突破父系制度的人倫締結方式，建構於己有利的母子名分基礎。

（一）兄弟之子猶己子 —— 賀率不是為人後

　　時人認爲賀率應歸還所生陶氏，並不是著眼於陶氏才是賀率的生母，而是以父系繼嗣制度的原則來考量，因此于氏與賀率的母子關係，主要受到父系繼嗣制度的破壞。依照父系制度的規範，子嗣歸屬於父系家族，從於父親來認定誰爲一家之子；父子關係的依據只有兩種，一是親生血緣、一是無子立後，後者可說是前者的替代方案。所以照繼嗣制度的邏輯，賀率的身分是出繼賀喬爲後，今賀喬有子，故賀率應還本。因此于氏的立論重點之一便是破除賀率是爲人後的說法，並進一步引用禮經與故事，強調「兄弟之子猶己

子」，試圖建立賀喬與賀率之間具有別於親生與爲人後的父子關係。

（1）夫禮所謂爲人後者，非養子之謂。而世之不深按禮文，恆令此
二事以相疑亂，處斷所以大謬也。凡言後者，非並時之稱，明
死乃至喪，生不先養。今乃以生爲人子，亂於死爲人後，此妄
一不解也。

（2）今談者以喬自有纂，不嫌率還本也。原此失禮爲後之意，《（喪
服）傳》曰：「爲人後者孰後？後大宗也。」今喬上非大宗，
率不爲父後，何係於有纂與無纂乎？此妄二不解也。

（3）夫以支子後大宗者，爲親屬既訖，無以序昭穆、列親疏，故係
之以宗，使百代不遷，故有立後之制。今以兄弟之子，而比之
族人之子後大宗，此妄三不解也。

（4）夫人道之親，父子、兄弟、夫婦皆一體也。其義，父子，首足
也；兄弟，四體也；夫妻，判合也。夫惟一體之親，故曰兄弟
之子猶己子，故以相字也。今更以一體之親，擬族人之疏；長
養之實，比出後之名：此妄二疑也。

（1）、（2）、（3）條試圖從禮制規範立後的資格與程序來反駁賀率的身分是爲
人後。于氏對立後制度的解釋是：大宗負有序昭穆、列親疏的職責，百代不
遷，不可斷絕，故大宗無子必須立後。立後的制度是選同宗族人支子過繼大
宗爲後；但此制行於宗子死喪期間，生不先養。于氏特別強調大宗才需要立
後，而且爲後不生養、生養非爲後，爲後與養子不同。據此，賀喬在家族中
並非大宗，沒有立後的資格；賀率出生，于氏即養育如己子，與立後制度的
程序不合。于氏辨明養育賀率非爲賀喬之後，如此賀率的去留與賀喬是否有
親生子嗣便沒有關聯。

于氏言大宗方須立後，爲後生不先養，是否合於禮經對立後制度的規範？
《儀禮·喪服》經傳論「爲人後」：

傳曰：何如而可爲之後？同宗則可爲之後。何如而可以爲人後？支
子可也。爲所後者之祖父母、妻、妻之父母、昆弟、昆弟之子若子。
〔註1〕

爲人後者孰後？後大宗也。曷爲後大宗？大宗者，尊之統也。禽獸

〔註1〕 《儀禮注疏》卷二九〈喪服〉，頁 4b。

知母而不知父，野人曰：「父母何算焉」。都邑之士則知尊禰矣，大夫及學士則知尊祖矣，諸侯及其大祖，天子及其始祖之所自出。尊者尊統上，卑者尊統下。大宗者，尊之統也，大宗也，收族者也，不可以絕，故族人以支子後大宗也。適子不得後大宗。〔註2〕

依《儀禮・喪服》經傳所記，人子離開本生父母、出繼爲人後之制，其本義基於一族之大宗肩負收族使命，不可以絕嗣，所以大宗無後必須立後；而同宗族人的支子具有出繼爲人後的資格。「支子」據唐賈公彥〈疏〉，是指「第二以下庶子也。不言庶子云支子者，若言庶子，妾子之稱，言謂妾子得後人，嫡妻第二已下子不得後人。是以變庶言支。」〔註3〕所以有資格出爲人後者，包括嫡妻所生第二以下嫡子及妾之子。基本上于氏對大宗才有立後資格的解釋合於禮經。

立後的程序是否生不先養，死而立後？經傳中對此並無討論，歷代事例則生養、死立兼有之（第三節將引例證討論）；經傳中亦沒有關於養子的規範，故缺乏經典對養子與立後的區別，由此正是于氏可藉題發揮之處，反駁養子即是爲後的說法，而另外建立養育可締結人倫關係的論證。于氏提出爲人後，生不先養，與所後者沒有養育之情；生時即養的稱作養子，恩情較爲人後更深厚。養爲己子之說經典無據，卻是于氏主張的重點之一，下文將再作詳細討論。

第（3）條除闡述大宗立後的精神，同時指出兄弟之子不可比於族人之子後大宗，其意可連結第（4）條一併觀之。于氏論父子、夫妻、兄弟有「一體之親」，典出《儀禮・喪服》傳，解釋世父母叔父母得受期服之由。〔註4〕父尊子卑，一體如首足；夫陽妻陰，一體如胖合；兄弟一父所出，一體如手足。世父、叔父與己父一體，故子爲世父、叔父服期；世父母、叔父母夫妻一體，故亦爲世母、叔母服期。〔註5〕《禮記・檀弓》曰：「兄弟之子猶己子。」解釋〈喪服〉中爲兄弟之子服期的理由。「猶子，謂與己子同也。兄弟一體，服其子同於己子。引而進之，所以篤親親之恩也。」〔註6〕尋于氏所論之出處，

〔註2〕　《儀禮注疏》卷三○〈喪服〉，頁 9a。
〔註3〕　在《儀禮注疏》卷二九〈喪服〉，頁 4b
〔註4〕　見《儀禮注疏》卷三○〈喪服〉，頁 8a。
〔註5〕　參考胡培翬案：見氏著，《儀禮正義》卷二二〈喪服二〉，頁 1410。
〔註6〕　（清）孫希旦，《禮記集解》（北京：中華書局，1995）卷八〈檀弓上第三之二〉，頁 213～214。

經典中的人倫規範的確以「親親」之義，拉近兄弟與兄弟之子的關係。故于氏引之以論證，族人支子可爲子，是大宗立後制度的產物，而賀率爲二伯之子，其夫賀喬本應視其猶如己子，無關於立後；于氏認爲兄弟之子爲子，與族人之子後大宗，二者之義根本不同。

然而〈喪服〉曰：「族人以支子後大宗」，理應包括兄弟的支子，兄弟之子和立後的制度在禮經中並沒有互相排擠的效應。于氏刻意將兄弟之子與族人之子殊分，以爲前者親如己子，繫於兄弟一體，而後者透過立後制度才產生親子人倫。其實就禮制而言，兄弟之子固然親於族人之子，然而二者在立後制度中地位是一樣的。同時，〈喪服〉雖云「一體之親」，其下又曰：「故昆弟之義無分，然而有分者，則辟子之私也。子不私其父，則不成爲子。」〔註7〕以爲子私其父本爲天理人情。故可知禮制主張世父、叔父與生父仍有親疏之別，則己子與兄弟之子亦應有別；禮言「兄弟之子猶己子」，本以解釋爲己子、兄弟之子制服相同的原因，而于氏顯然擴大解釋經典的涵義，將二者視做親疏等同。

除了援引禮經，于氏併引前代賢達諸葛亮之例，證明「兄弟之子猶己子」。

（5）諸葛亮無子，取兄瑾子喬爲子。喬本字仲愼，及亮有子瞻，以喬爲嫡，故改字伯松，不以有瞻而遣喬也。蓋以兄弟之子猶己子也。陳壽云：「喬卒之後，諸葛恪被誅，絕嗣，亮既自有後，遣喬子攀還嗣瑾祀。」明恪不絕嗣，則攀不得還。亮近代之純賢，瑾正達之士，其兄弟行事如此，必不陷子弟於不義，而犯非禮於百代。此妄四疑也。

于氏敘述諸葛亮以兄子諸葛喬爲嫡之事，陳壽《三國志・諸葛亮傳》亦記其本末，〔註8〕可知確有其事。諸葛亮後自有子瞻，但「不以有瞻而遣喬」，于氏釋作是因爲「兄弟之子猶己子」；並認爲諸葛亮與諸葛瑾皆爲近代之名士，其行事必不違禮，足爲式範。諸葛亮未遣喬還本，是否如于氏所解因「兄弟之子猶己子」，實無法證實，但顯然于氏有意以諸葛亮的行事印證：賀率爲賀喬兄弟之子，故可爲賀喬之子，不須還本。值得注意的是，諸葛亮養兄子喬爲嗣，後自生子，喬與率的處境的確十分相似。姑不論諸葛亮未遣喬還本的理由，但顯然諸葛亮作爲父親可以自專子嗣的去留，而于氏作爲母親卻無法

〔註7〕《儀禮注疏》卷三〇〈喪服〉，頁 8a。
〔註8〕《三國志・蜀書》卷三五〈諸葛亮傳〉，頁 931～932。

依己意留下賀率；筆者認爲關鍵之處即在父系制度下性別權力的差異，值得再尋相仿事例探求。（見第三節）

（二）養爲己子──養子與爲人後恩義不同

于氏除了從立後制度來論證賀率不是爲人後，又特別強調養育爲己子與出繼爲人後的殊分；于氏進一步欲以養育之恩來建立自己與賀率的母子關係。

> （6）凡爲後者，降其本親一等，以成人之性，奉父母之命，而出身於彼，豈不異嬰孩之質，受成長於人，不識所生，惟識所養者乎？鄙諺有之曰：「黃雞生卵，烏雞伏之，但知爲烏雞之子，不知爲黃雞之兒。」此言雖小，可以喻大。今以義合之後，比成育之子，此妄四不解也。

> （7）《（喪服）禮傳》曰：「爲人後者，爲所後（之）祖父母、妻、妻之父母、昆弟、昆弟之子，若子。」若子者，義比於子而恩非子也。故曰爲後者異於爲子也。今乃以爲後之公義，奪育養之至恩，此妄五不解也。

（6）、（7）從恩義的角度，論證義合之後與成育之子不可並比。于氏之論顯然是依前文所立「爲後生不先養」的立後程序而進一步推衍，區分爲人後是成人受父命而出，與自嬰幼即養育於他人，不識所生，惟識所養者，二者恩義不同。黃雞、烏雞之諺爲民間俗語，于氏以此比喻養育可取代生育做爲親子關係的締結依據，可見養育之恩也是時人重視的人情倫理。第（7）條出於《儀禮・喪服》經傳的規範，爲人後者，在所後家庭建立的人倫關係皆有如所後者之親子。于氏分殊恩義來解釋經文「若子」的涵意，認爲爲人後是基於家族公義而比於親子，但終究人倫恩情不同於人子。于氏所謂「恩非子也」觀前後文，應亦指爲後與爲子，養育之恩不同。所以于氏「爲後異於爲子」的立論，是從「生不先養」的立後制度衍生公義與養恩的差別；以此欲論證自己養率爲子至於成人，其恩與爲後公義不同，不可言賀率是爲人後而遣其還本，抹煞于氏的養育之恩。

除了從立後程序推衍養子與爲人後恩義不同，于氏又舉西漢董仲舒判獄之例，來證明養子不同於爲人後。

> （8）董仲舒命代純儒，漢朝每有疑議，未嘗不遣使者訪問，以片言而折中焉。時有疑獄曰：「甲無子，拾道旁棄兒乙養之以爲子。及乙長，有罪殺人，以狀語甲，甲藏匿乙。甲當何論？」仲舒

斷曰：「甲無子，振活養乙，雖非所生，誰與易之！《詩》云
『螟蛉有子，螺蠃負之。』《春秋》之義，『父爲子隱』，甲宜
匿乙。」詔不當坐。夫異姓不相後，禮之明禁，以仲舒之博學，
豈闇其義哉！蓋知有後者不鞠養，鞠養者非後，而世人不別，
此妄六疑也。

（9）又一事曰：甲有子乙以乞丙，乙後長大而丙所成育。甲因酒色
謂乙曰：「汝是吾子。」乙怒，杖甲二十。甲以乙本是其子，
不勝其忿，自告縣官。仲舒斷之曰：「甲生乙，不能長育以乞
丙，於義已絕矣！雖杖甲，不應坐。」夫拾兒路旁，斷以父子
之律，加杖所生，附於不坐之條，其爲予奪，不亦明乎！今說
者不達養子之義，唯亂稱爲人後，此妄七疑也。

董仲舒以經義斷獄著稱，「老病致仕，朝廷每有政議，數遣廷尉張湯親至陋
巷，問其得失。於是作《春秋決獄》二百三十二事，動以經對，言之詳矣。」
〔註9〕其書今已久佚。〔註10〕于氏二例未審出自何典？但觀其前後立論皆引
經據典，則此二例亦當有所本。于氏引仲舒言「螟蛉有子，螺蠃負之。」其
典出自《詩經·小宛》，傳曰：「螟蛉，桑蟲也；螺蠃，蒲盧也。」鄭玄箋云：
「蒲盧取桑蟲之子，負持而去，煦嫗養之以成其子。」〔註11〕後世多以「螺
蠃負子」比喻非己所生而養之爲子。仲舒二項判決，云「（甲）振活養乙，
雖非所生，誰與易之！」以養恩而制爲父子；「甲生乙，不能長育以乞丙，
於義已絕矣！」以生而不養即絕父子之恩。于氏引二例，辯論禮制明禁異姓
爲後，而仲舒爲漢代大儒，卻判異姓相養者爲父子，可證養子與爲後不同，
再次論證「爲後者不鞠養，鞠養者非後」。董仲舒判獄多依「原心定罪」，循
其意觀其情，不拘泥於禮法制度。其將異姓判爲父子，是只論彼此實際培養
的恩情，而忽略異姓可否爲後的問題；于氏論證仲舒之判既與禮制禁令並時
同存，可見養子不同於爲後。于氏分辨養爲己子與爲人後的差異，儼然創造
了新的親子關係；但她駁斥「世人不別（養子與爲後）」、「不達養子之義，
唯亂稱爲人後」，卻透露出時人將養子等同於爲人後的事實。

〔註9〕 《後漢書》卷四八〈應劭傳〉，頁 1612。
〔註10〕 見蕭公權，《中國政治思想史》（台北：聯經出版事業公司，1982），頁 295，
以及頁 305，註 102。
〔註11〕 （唐）孔穎達，《毛詩正義》（《十三經注疏》阮元刻本，北京：中華書局影印，
1996）〈小宛〉，頁 183c。

（10）《春秋傳》曰：「陳女戴嬀生桓公，莊姜以爲己子。」言爲己子，取而字之。《傳》又曰：「爲人後者爲之子」，往而承之也。取而字之者，母也；往而承之者，子也。在母，母之仁也，則螟蛉之育蜾蠃；在子，子之義也，則成人之後大宗也。苟能別以爲己子與爲後之子不同文也，則可與求禮情矣。以義相況，則宗猶父也，父猶母也。莊姜可得子戴嬀之子，繫之於夫也；兄弟之子可以爲子，繫之於祖也。名例如此，而論者弗尋，此妾五疑也。

于氏引莊姜以桓公爲子之例，此典出於《春秋・左傳・隱公三年》：「衛莊公娶于齊東宮得臣之妹，曰莊姜，美而無子，衛人所爲賦〈碩人〉也。又娶于陳，曰厲嬀，生孝伯，早死。其娣戴嬀，生桓公，莊姜以爲己子。」〔註12〕于氏的論述可以分爲兩個脈絡。其一從「《春秋》傳曰」到「則可與求禮情矣」。于氏強調養育是母親主動的作爲，「言爲己子，取而字之」，「在母，母之仁也，則螟蛉之育蜾蠃」，強調母親育兒以爲己子，與以繼嗣爲目的，往而承之的爲人後不同；在區辨的背後，隱然創造了母與子以養育產生的親子連繫，有別於父與子所強調的血源與繼嗣連結；欲突破著重父系繼嗣原則的親子關係論述。其二從「以義相況」以下，于氏又回到父系禮法中尋找論述支持。莊姜與戴嬀共一夫，故嫡母可養妾子爲己子；因爲同一祖父，故兄弟之子可以爲子。然而無論繫之於夫或繫之於祖，皆繫之於男性家長，母親無法以自己爲主體建立母子關係，于氏的結論依然受限於父系制度。值得注意的是，于氏與賀纂（賀喬妾張氏之子）的關係更貼近莊姜與桓公之例。于氏爲賀喬之嫡妻，喬妾張氏所生之子，在禮法上也是于氏之子，這是嫡妻不待爭取便擁有的當然權利。然而賀喬之子與兄弟之子二者，于氏一心認同爲己子的顯然是自己從小養育的賀纂，而非丈夫的親生血脈，因此于氏對於養育之功的再三強調，成爲另一個重要的論點。

（三）生與養其恩相半──生恩不可奪養功

除了究明賀纂並非爲人後，以及爲人後與養爲己子的區分，于氏與賀纂的母子關係必須有另外的成立基礎；同時于氏可能還受到賀纂的生母陶氏挾生恩要求賀纂歸本的威脅。因此于氏必須化解生與養在認定人倫關係中的緊

〔註12〕楊伯峻編著，《春秋左傳注》〈隱公三年〉，頁 30～31。

張，進一步立論養育可做爲親子人倫關係的依據，而且不受生恩侵奪。

（11）妾又聞父母之於子，生與養其恩相半，豈胞胎之氣重而長養之
功輕？孔子曰：「子生三年，然後免於父母之懷，故服三年。」
《詩》曰：「父兮生我，母兮鞠我，拊我畜我，長我育我，顧
我復我，出入腹我，欲報之德，昊天罔極。」凡此所嘆，皆養
功也。螟蛉之體，化於螺蠃；班氏之族，乳虎紀焉。由此觀之，
哺乳之義，參於造化也。今率雖受四體於陶氏，而成髮膚於妾
身，推燥居濕，分肌損氣，二十餘年，已至成人，豈言在名稱
之閒，而忘成育之功？此妾一疑也。

（12）爲人後者止服所後，而爲本父服周，一也；女子適人降所生，
二也；爲父後者爲出母無服，三也；諸侯之庶子，不得服其母，
四也；庶子爲王，不敢服其母，五也。凡此五者，非致人情，
《禮》稱以義斷恩，節文立焉。率情立行者，戎狄之道也，患
世人未能錯綜禮文，表裏仁義，亂於大倫，故漢哀以諸侯嗣天
子，各還尊其私親，以爲得周公嚴父之義，而不知其大悖國典。
夫未名之子，死而不哭；既名之後，哭而不服。三殤之差，及
至齊斬，所稟所受，其體一也，而長幼異制，等級若此。又今
世人生子，往往有殺而不舉者，君子不受不慈之責，有司不行
殺子之刑，六親不制五服之哀，賓客不修吊問之禮，豈不以其
蠢爾初載，未夷於人乎？生而殺之如此，生而棄之，受成長於
他人，則追名曰「本吾子也」，乃全責以父子之恩，自同長養
之功，此妾十疑也。

第（11）條于氏提出「生與養其恩相半」，不能重生恩而輕養功。于氏所引孔
子之言出於《論語・陽貨》，宰我以爲父母之喪，服三年過久，應止於一年。
孔子斥爲不仁，特釋三年之喪爲報父母三年懷抱之恩。〔註13〕詩則出於《詩
經・蓼莪》，刺幽王多役，民人勞苦，孝子不得終養。〔註14〕于氏引據經典，
偏取其中讚揚養育功勞之意。「螟蛉之體，化於螺蠃」，本於《詩經・小宛》，
前文已解釋其義。「班氏之族，乳虎紀焉」，其典出於《漢書・敘傳》，班固自

〔註13〕 程樹德，《論語集釋》（北京：中華書局，1990）卷三五〈陽貨下〉，頁 1231
～1240。
〔註14〕 《毛詩正義》〈蓼莪〉，頁 191c～192a。

敘其家世源流：

> 班氏之先，與楚同姓，令尹子文之後也。子文初生，棄於薈中，而虎
> 乳之。楚人謂乳「穀」，謂虎「於檡」，故名穀於檡，字子文。楚人謂
> 虎「班」，其子以爲號。秦之滅楚，遷晉、代之間，因氏焉。〔註15〕

照班固的說法，班氏是楚國令尹子文的後代。子文初生被棄養，賴母虎哺乳
而得活。楚人把虎叫做「班」，子文之子便以「班」爲號。後來秦國滅楚，子
文的後代遷往晉、代之間，就以「班」爲氏。螟蛉之子，受螺蠃養育便成螺
蠃之子；先人受虎乳養而得活，子孫便以「班」爲氏。于氏引此二例，以爲
養育之功與自然的創造化育可並比等同，養功比於生恩實不遑多讓。于氏以
此論證賀率雖爲陶氏所生，然而出生以來，受自己辛勤照顧撫育，「二十餘年，
以至成人」，豈可「言在名稱之間」，便忘二十餘年成育之功。「名稱之間」可
能指爲後、爲子之名；但觀本條脈絡，主要是以生恩對比養功，駁斥生育重
於養育的看法，故「名稱之間」或是指「生」與「養」。

第（12）條分別從子和父母的立場，證明生恩並非無限上綱。前半的論
證，于氏引〈喪服〉中，子降服本生父母的規範。于氏並不分辨禮經對制服
條件及理由的差別，而統稱子降服所生是以義斷恩；挪用禮經「家族公義」
的大旗，壓抑生恩。于氏認爲西漢哀帝以諸侯入繼，追尊所生爲皇，大悖國
典，欲證成生恩亦有因義而斷之時，子若率情而尊之，反而有悖人倫義理。

于氏後半部份的論證，則引〈喪服〉中父母爲子服喪的規範，證明父母
對於己生之子不一定重視。我們之前討論母爲子服喪的規範時，已見即使皆
爲所生，父母爲長子服亦重於爲眾子服喪。而對於早殤者，以其未成人而死，
〈喪服〉另有特別的規範：

> 年十九至十六，爲長殤大功九月。十五至十二，爲中殤。十一至八
> 歲，爲下殤。不滿八歲以下，皆爲無服之殤。無服之殤。無服之殤，
> 以日易月。以日易月之殤，殤而無服。故子生三月，則父名之，死
> 則哭之，未名則不哭也。〔註16〕

父母喪未成人之子，依其年齡長幼，而分別制以長、中、下，三種殤服；長
殤服大功九月，中殤服大功七月，小殤則爲小功五月。〔註17〕若子未滿八歲

〔註15〕《漢書》卷一〇〇〈敘傳〉，頁4197。
〔註16〕《儀禮注疏》卷三一〈喪服〉，頁13a。
〔註17〕長殤、中殤之服見《儀禮注疏》卷三一〈喪服〉，頁13b；下殤見卷三二，頁

而死，父母爲之無服，但尚有「哭之」之禮。鄭玄注曰：「以日易月，謂生一月者，哭之一日也。殤而無服者，哭之而已。」〔註18〕可知八歲以下之殤，父母視其所生月數，易之以日，哭之而已，不爲著服。然而若子生未滿三月，尚未命名，則連「哭之」之禮也沒有了。于氏以此論證，子於父母皆爲稟體所生，而父母爲子服喪，至重有斬齊之服，至輕連「哭之」都不必，「長幼異制，等級若此」，可見不因子爲親生，父母便皆親愛。于氏進一步指出現實中多有父母生子卻棄而不舉者，有司不以殺人之罪處之，親友也未服喪弔唁，之所以有這樣的現象「豈不以其蠢爾初載未夷於人乎」。于氏提出初生之子動而無知，未被等同爲「人」，所以其生命不受尊重，殺之而不罪，死而不服、不弔。初生之子既「未夷於人」而或殺或棄，則其成長爲「人」豈不由於養育之功，因此生恩並不重於養功，生恩不可侵奪養功。于氏的觀點貶抑生育的意義和重要性，不斷強調生恩不重於養功，不能以生恩爲名追奪他人養育之子；其論應是針對陶氏而發。賀輝、賀率的生母陶氏，在孩子幼小時「時取孩抱」，屢屢受到丈夫賀群的訶止，可隱見現實中，賀率的生母陶氏與長養賀率成人的于氏，二人爭率爲子的衝突。

　　于氏又引兩則養異姓爲子之史例故事，論證養功可取代生恩做爲親子人倫成立的依據。

（13）漢代秦嘉早亡，其妻徐淑乞子而養之。淑亡後，子還所生。朝廷通儒移其鄉邑，錄淑所養子，還繼秦氏之祀。異姓尚不爲嫌，況兄弟之子！此妄八疑也。

（14）吳朝周逸，博達古今。逸本左氏之子，爲周氏所養，周氏又自有子，時人不達者亦譏逸，逸敷陳古今，故卒不復本姓，識學者咸謂爲當矣。此妄九疑也。

漢代秦嘉、徐淑夫婦鶼鰈情深，然而秦嘉不幸早亡，徐淑兄弟欲安排其改嫁，淑修書與兄弟曰：「男弱未冠，女幼未笄，是以僶俛求生，將欲長育二子，上奉祖宗之嗣，下繼祖稱之禮，然後觀于黃泉，永無慚色。」誓不改嫁。〔註19〕徐淑所養二子爲異姓之人，只見於于氏表文；吳朝周逸之事亦無史傳可證。不過

　　16a。

〔註18〕《儀禮注疏》卷三一〈喪服〉，頁13a～13b鄭注。

〔註19〕見徐淑，〈與兄弟書〉，在《全上古三代秦漢三國六朝文》，頁991。嚴可均注：「『稱』當作『補』。」

放在于氏立論的脈絡，引徐淑、周逸之例，亦在強調養育可做爲親子人倫締結的基礎；異姓猶因養功而得奉祀載姓，何況賀率本爲兄弟之子，復受于氏養育成人之恩。值得注意的是，周逸不還本亦受時人所譏，可見異姓爲子不容於當世；逸爲子輩，卻自己「敷陳古今」不復本姓，或許其時家長皆已沒世，族中又無近親長輩，故得以自專去留。而賀率依違在生母與養母之間，如何界定自己的身分？恐怕十分爲難，在賀率的心中，究竟養功與生恩孰重？

（四）父命之尊、猶子之義、母抱之恩——賀率爲于氏之子

于氏既分辨賀率的身分不是爲人後，論證養育可成母子，生恩不可侵奪養功；然而于氏如何定位賀率在家族內的身分？賀喬、于氏與賀率又如何建立人倫關係？以下試作歸結。

（14）與爲人後者，自謂大宗無後，族人又既已選支子爲之嗣矣。今人之中，或復重爲之後，後人者不二之也，自非徇爵，即必貪財，其舉不主於仁義，故尤之也。非謂如率爲嫡長先定，庶少後生，而當以爲譏。此妄六不解也。

（15）夫子之於父母，其情一也；而有以父之尊，厭母之親；以父之故，斷母之恩；以父之命，替母之禮；其義安取？蓋取尊父命也。凡嫡庶不分，惟群所立，是君命制於臣也。慈母如母，生死勿怠，是父命之行於子也。妾之母率，尊命則由群之成言，本義則喬之猶子，計恩則妾之懷抱。三者若此，而今棄之，此妾三疑也。

第（15）條，于氏分別定位賀群與賀率、賀喬與賀率以及己（于氏）與賀率的關係，來解決賀率在家族中的身分問題。于氏引父系制度中「父至尊」的原則，強調父尊於母，觀下文脈絡，此應指賀群之命尊於陶氏；于氏認爲賀群命賀率爲己子，賀率應尊父命，斷生母陶氏之恩，此又可證陶氏爭取賀率還本之實。于氏引「慈母如母」，論證以父命結爲母子，人子必須遵奉，生事之如母，死喪之如母，比喻自己與賀率的關係。然而《儀禮·喪服》言「慈母如母」，是父命行於己妾與妾子，不可行於嫡子，何況于氏是兄弟之妻，非賀群之妾；于氏顯然只取慈養與父命之義，而不顧父系禮法的規範限制。禮法中，子遵父命爲子有兩種情況，一是受父命出爲人後，行於同宗兩家之間；二是父命妾及妾子爲母子，行於一家之內。于氏的立論所欲反駁的正是出繼爲人後的認定，所欲論證的是以養育建立母子關係。于氏將禮經對父命的尊

崇及慈母之義，移花接木，變成賀率受父命以于氏爲母，受于氏養育之恩，二人以此成爲母子。

綜而論之，于氏認爲賀群既是賀率的生父，賀率須遵從父命，賀群命賀率以于氏爲母，則賀率應生死皆奉于氏如母。對賀喬而言，賀群、賀喬兄弟一體，兄弟之子猶己子，故賀喬與賀率猶如父子。對于氏而言，養育賀率爲己子，名義是使于氏存身於賀家，實恩則是推燥居溼、長養賀率二十餘年，母道備矣。總而言之，賀率尊父親賀群之命爲于氏之子；賀喬以兄弟之子猶己子而相字賀率；于氏對賀率有裸抱提攜，長養之母恩，因此于氏與賀率可爲母子。賀率既爲于氏之子，身分便是嫡子；第（14）條于氏的六不解言，「率爲嫡長先定，（纂）庶少後生」，于氏以己爲嫡妻的身分，來界定賀率在賀喬家的嫡長身分。于氏與率的母子關係，主要從母養的恩惠確立，並非依循禮經從夫而來，而且于氏顯然認爲賀率既是自己的兒子，便是賀喬的嫡長子，以自己爲主體來安排家內的人倫秩序。

于氏從個人的母職經驗出發，提出養育可爲己子的人倫觀點，試圖突破父系禮制的繼嗣邏輯，爭取自己爲母的權利。于氏的論証方式包括援引經文、舉証前人故事及名儒判例，訴諸權威來增添論點的說服力。我們已討論過五服制背後代表的是一套宗法制度，一套以尊祖敬宗、父系繼嗣爲架構的人倫體系，所謂母親的角色並非單純由血緣關係來界定，于氏利用父系禮制對生母的壓抑，打擊陶氏，但母子關係應以父親爲中心做調整，因此于氏詮釋禮經的規範爲己證成不免有矛盾牽強之處。然而經文簡潔，如何解釋本身即具爭議，同時社會風氣也不會總是合於禮經規範。我們曾討論過爲嫁母服與同母異父兄弟服，因禮經無文，時人反而得以緣情制禮，使得「生」的恩情突破父系制度對親生母親的壓抑。《儀禮・喪服》中並無養子的規範，于氏由此發揮，分辨養子與爲人後不同，進而建立養育可自然成子的親子觀。衡諸史傳，以養育爲親子人倫的基礎之前從未被人正式提出，做爲禮制中有別於生育以及立後的另一種親子人倫依據。生育必由父母，而禮制規定尊父；養育的工作多由女性擔任，于氏的觀點意味女性可以依此建立對己有利的母子關係。于氏的立論，對於部份無法生育但能養育的女性有利，但對於另一群有生育能力的女性卻可能造成威脅。

于氏提出以女性爲母經驗爲依據的母子關係，對於父系家族以父親爲核心來安排人倫關係的原則，形成嚴重的挑戰，母親若能以自己爲主體建立母

子關係，隱然解構了父系家庭成立的基礎。于氏並沒有這種企圖，她只是從自己的母職經驗出發，認爲自己是賀率的母親，父系制度會如何回應她的訴求？下一節我們從朝臣的回應及魏晉時期的相關例子，討論父系制度對母職的控制。

第三節　父系制度對母職的控制

　　于氏的上表引發四位朝臣展開論辯與批評。博士杜瑗同意于氏的立論，以同情的角度認爲「猥欲同之爲人後，傷人棄義，良可悼也」。廷史陳序引法令規範發言，判定賀率應「別爲戶」。尚書張闓指出「今人養子皆以爲後」，駁斥于氏所論是「博引非類之物爲喻」。丹陽尹謨則十分贊同張闓的論理，認爲「上足以垂一代之式」。四位朝臣的看法可視爲時人權威意見，其立場分別著重於人情、法令、禮制規範及現實實踐，筆者試與魏晉時期的相關事例一併討論，分析于氏立論以養育爲據的親子人倫，與魏晉時代的人倫觀念發展是否相容或衝突，于氏以自身的母職經驗對父系制度發出的挑戰，獲得怎樣的回應。

　　（1）博士杜瑗議曰：「夫所謂爲人後者，有先之名也，言其既沒，
　　　　於以承之耳，非並存之稱也。率爲喬嗣，則猶吾子，群之平素，
　　　　言又惻至，其爲子道，可謂備矣，而猥欲同之與爲人後，傷情
　　　　棄義，良可悼也。昔趙武之生，濟由程嬰，嬰死之日，武爲服
　　　　喪三年。夫異姓名義，其猶若此，況骨肉之親，有顧復之恩，
　　　　而無終始之報！凡于氏所據，皆有明証，義不可奪。」

杜瑗認爲「爲人後」之名，正是言其行於立後者身歿之後，立後者與爲後者不並存於世。他也認爲賀率之於賀喬有「猶子」之義；又賀群生前可憐于氏無子，命賀率爲于氏之子，因此賀率爲于氏之子的確可以成立。杜瑗以同情的口吻指出，若將賀率「同之與爲人後，傷情棄義，良可悼也。」

　　杜瑗在評議中引趙武與程嬰的故事，其典出於《史記・趙世家》，趙氏一族遭滅族之難，當時趙武尚在母腹中。程嬰爲武父友人，趙武出生後，程嬰爲保趙氏香火，攜趙武匿於山中十五年，趙武後來長成得報家仇，程嬰的養活之恩最爲重大。程嬰死，「趙武服齊衰三年，爲之祭邑，春秋祠之，世世勿絕。」〔註20〕齊衰三年之服是子行於父卒爲母，因此趙武是將程嬰養長之恩

─────────────────

〔註20〕《史記》卷四三〈趙世家〉，頁1783～1785。

比作母恩，而無關於為後之義。杜瑗引趙氏孤兒的故事，認為異姓有長養之惠便視之有如母之恩，何況原是兄弟之子，復受于氏養育之恩。杜瑗和于氏的立論十分類似，認為長養之恩可視作如母；但父系制度中子的身分須繫之於父，故不斷強調賀率對於賀喬是「兄弟之子猶己子」。

杜瑗在《晉書》中無傳，其他典籍中也鮮少記載其事。博士官職隸屬於太常，《通典・職官典》曰：「魏文帝初置，晉因之，掌引導乘輿。王公以下應追諡者，則博士議定之。端委佩玉，朝之大典，必於詢度。」〔註21〕《晉書・職官》稱：「博士皆取履行清淳，通明典義者。」〔註22〕因此杜瑗官列博士應有豐富的禮學素養。四位朝臣中，杜瑗是于氏立論的唯一支持者，認為「凡于氏所據，皆有明証，義不可奪。」其言論顯示于氏對禮制的解釋、重視養功的論點，的確可被部份同時代人所接受。于氏的立論及杜瑗的評議皆曾舉異姓養育疏可為親之例，若欲探究魏晉時人對生恩與養功的取捨、以及是否可依養育之恩成為親子，或許可以從魏晉時人對異姓為後的看法窺知一二。

《通典》載，魏時有針對父母生子不舉、異姓無兒者收養之、異姓是否可為後的議禮，稱為「四孤論」。〔註23〕「異姓不為後」，本於《儀禮・喪服》所言，立後只能擇同宗支子立之；此外《春秋・左傳・僖公十年》亦載「神不歆非類」。〔註24〕無子立後的首要意義便是延續家族傳承、祖宗祭祀，而不是為了滿足人倫之情；既然神靈不享受他族之人的祭祀，若以異姓為後，便等於斷絕家族的傳承與祭祀，而成為家族罪人。禁止以異姓為後，具有悠久的歷史傳統，魏人卻提出「四孤論」討論異姓為後的問題，顯然對於「異姓不為後」的規範，認為有值得商確之處。在「四孤論」中，議論者不論是否贊成四孤可為異姓之後，對於養育的恩惠皆不敢輕忽，因此「四孤論」表現出在魏人的觀念裏養育之功具有相當的份量。由此可見，于氏認為養育可制為親子的看法，並非全然無中生有；博士杜瑗認同于氏的立論，也非僅是出於同情。

然而從法律沿革觀之，法令禁止異姓為後，似乎自漢以來並無改變。前文于氏引董仲舒斷獄之例，即可知西漢法令禁止異姓為後。三國時期蜀人衛

〔註21〕《通典》卷二五〈職官典七〉，頁694。
〔註22〕《晉書》卷二四〈職官志〉，頁736。
〔註23〕《通典》卷六九〈禮典二十九〉「異姓為後議」條，頁1914～1915。
〔註24〕在楊伯峻編著，《春秋左傳注》，頁334。

繼有兄弟五人，父爲縣功曹，縣長張君無子，向衛繼之父乞繼，養爲子。衛繼後來進仕州郡，歷職清顯，然而「時法禁以異姓爲後，故復爲氏。」衛繼卒於鍾會之亂，法禁應指蜀漢之法。〔註25〕西晉賈充薨而無嗣，其妻郭氏上表稱賈充遺意，以外孫韓謐爲子。朝廷允其表，詔曰：「太宰尊勳，不同常人，自餘不得爲比。」〔註26〕可見西晉亦禁止以異姓爲後。東晉殷仲戡，任荊州刺史，「以異姓相養，禮律所不許」爲其政，佐史咸服之。〔註27〕這些例子一方面顯示歷代皆禁止異姓爲後，另一方面卻見時人多不遵守，甚至朝廷亦無法堅持，殷仲戡只不過秉禮律而行，便成爲其獨特的政績。魏晉時人吳商曰：「世人無後，並取異姓以自繼」，〔註28〕可見異姓爲後十分普遍；東晉范甯與謝安書曰：「稱無子而養人子者，自謂同族之親，豈施於異姓？今世行之甚眾，是謂逆人倫昭穆之序，違經典紹繼之義也。」〔註29〕范甯的批評正呈現時人所行與禮律規範落差極大。

　　于氏舉現實中異姓爲子之例，一方面企圖在禮制與現實的落差中，證成養爲己子之說；另一方面，從異姓爲子普遍存在的現實脈絡，于氏不斷疾呼「異姓猶不爲嫌，何況養兄弟之子！」確有令人動容之處。但是養異姓爲子仍是以父系繼嗣傳承爲目的，並未觸及女性養育與親子人倫可能連結的關係。因此于氏雖費心鋪陳異姓爲子不爲嫌的例證，但就父系制度而言，賀喬有子，即代表家族有後，不需要于氏養育賀率爲子；就于氏而言，于氏無子，養育賀率爲己子，而不是爲了父系家族，這樣的觀點並無法被父系制度所接受。

　　（2）廷史陳序議：「〈令文〉：『無子而養人子以續亡者後，於事役復除無迴避者聽之，不得過一人。』〈令文〉：『養人子男，後自有子男，及閹人非親者，皆別爲戶。』按喬自有子纂，率應別爲戶。」

陳序的主張很明確，引晉令討論，一切依法而行。爲人後可免除徭役，應是指於服喪期間，法令特別強調「不得過一人」，顯示的確有重覆立後的現象發

〔註25〕見《三國志・蜀書》卷四五〈楊戲傳〉，頁1091，裴松之〈注〉引《益部耆舊雜記》。
〔註26〕見《通典》卷六九〈禮典二十九〉「異姓爲後議」條，頁1915。
〔註27〕見《晉書》卷八四〈殷仲戡傳〉，頁2194～2195。
〔註28〕吳商之議收於《全上古三代秦漢三國六朝文》，頁1712。《通典》亦收有此議，然冠以後漢吳商，未審何是；見《通典》卷六九〈禮典二十九〉「異姓爲後議」條，頁1914。
〔註29〕見《通典》卷六九〈禮典二十九〉「異姓爲後議」條，頁1914。

生。養人子男後自有子男應別戶，因此陳序判定賀率應別戶，別戶是否即代表歸本，尚有疑義。值得注意的是，晉令一謂「無子而養人子以續亡者後，……」云云，似意謂死而立後；二說「養人子男，後自有子男，……」云云，又明指生即先養。二令顯示不同的立後程序，陳序卻並舉爲證，似可見法令中立後之制的規範，並不以爲生時先養與死而立後，在爲人後的意義上有所分別。史傳中所見立後的實例又是如何？以下試舉例論之。

西晉劉頌無子，養弟劉和子雍爲嗣。劉雍早卒，更以雍弟翊之子劉隔爲嫡孫。劉頌於永康元年追封梁鄒縣侯，隔襲封。〔註30〕范陽康王虓，無子，養從兄平昌公司馬模之子黎爲嗣。〔註31〕皇子謐出後叔父，叔父後自有子。謐年四十喪所生後母，而叔父子既已成年，謐遂還本宗。〔註32〕東晉王敦無子，養兄王含之子應。〔註33〕以上所見，皆是生時即養爲嗣子之例。是否死後方立嗣較難判斷，可確知者，多見於夫早亡、妻不願改嫁而乞子守養，如于氏所舉東漢徐淑之例，以及魏曹文叔之妻夏侯令女。〔註34〕

由以上所舉之例，于氏詮釋立後生不先養，的確與現實風氣不甚符合，而且我們也從例子發現，立後之制並未僅行於大宗。于氏雖依據禮經，斷言大宗才須要立後，但史傳中所見之實情並非如此。《通典》卷九十六載東晉「出後者卻還爲本父服及追服所後父議」：

> 或曰：「甲有子景，後叔父乙。甲死，景以降服周。涉數年，乙之妻又亡，景服父在爲母之服。今叔父自有子，景既還本，當追報甲三年服否？若遂即吉，則終身無斬縗之服。」博士曹述初議曰：「禮，大宗無子，族人以支子後之。不爲小宗立後，明棄親即疏。叔非大宗，又年尚少，自可有子。甲以景後，非禮也。子從父此命，不得爲孝。父亡則周，叔妻死，制母服，於義謬也。今歸本，宜制重，以全父子之道。」……張湛謂曹曰：「禮所稱爲人後，後大宗，所以承正統。若非大宗之主，所繼非正統之重，無相後之義。今乙雖無子，於禮不應取後於甲。甲之命景，景之從甲，皆爲違禮。若如前

〔註30〕《晉書》卷四六〈劉頌傳〉，頁1308；同卷註八，頁1314。

〔註31〕《晉書》卷三七〈范陽康王虓傳〉，頁1101。

〔註32〕《晉書》卷五一〈皇甫謐傳〉，頁1409～1410。

〔註33〕《晉書》卷九八〈王敦傳〉，頁2560。

〔註34〕《三國志・魏書》卷九〈諸夏侯曹傳〉，頁293，裴松之〈注〉引皇甫謐《列女傳》。

議，則兄弟以子相養者，代代有之，此輩甚眾，時無譏議。蓋同繫
一祖，兄弟所生，猶如己子，非犯禮違義故也。雖非禮之正義，亦
是一代成制，由來故事，豈可以甲命獨為非禮，景從便為失道。此
之得失，自當與代人共之耳。〔註35〕

這條議禮又再次佐證生時即養子為後的現象。博士曹述初以大宗方可立後，
駁斥景出後叔父是非禮之舉，主張景應為父追服三年；可見于氏依據《儀禮》
言大宗才可立後，並非曲解。張湛亦同意大宗立後是禮經所明言，但他更進
一步指出現實中兄弟以子相養為後的情況「代代有之，此輩甚眾」，已成一代
之制，應放在時代脈絡中來評價。張湛之言道出了現實並未遵行禮典的尷
尬，但他坦白地指出小宗立後雖違禮，亦成一代之制，從務實的角度，安於
順時用禮。清胡培翬《儀禮正義》討論「後大宗」之義，引徐乾學云：「古禮，
大宗無子則立後，未有小宗無子而立後者也。自秦、漢以後，世無宗子之法，
凡無子者，即小宗亦為之置後。」〔註36〕徐氏之論，明白指出秦漢以來家族
形態轉變後，立後制度的變化。

由此觀之，于氏謂「喬上非大宗，率不為父後」之論，確合於禮文，但
卻不一定能說服同時代之人；而于氏稱立後是生不先養，雖有杜瑗贊同其說，
實際上既缺乏經典文字為證，也難從現實中尋得同情。

（3）尚書張闓議：「賀喬妻于氏表，與群妻陶氏所稱不同。陶辭：
喬妻于無子，夫群命小息率為喬嗣。一年，喬妾張生纂。故驃
騎將軍顧榮謂群，喬已有男，宜使率還，問與為人後者不。故
司空賀循取從子紘為子，鞠養之恩，皆如率，循後有晚生子，
遣紘歸本。率今欲喬，即便見遣，于表養率以為己子，非謂為
人後，立六義十疑，以明為後不并存之稱，生言長嫡，死乃言
後，存亡異名。又云『乞養人子而不以為後』，見於何經？名
不虛立，當有所附，以古者無此事也。今人養子，皆以為後。
又云『為人後者，族人選支子為之嗣，非謂如率為嫡先定，庶
幼後生，而以為讓』。此乃正率宜去，非所以明其應留也。且
率以若子之輕義，奪至親之重恩，是不可之甚也。于知禮無養

〔註35〕見《通典》卷九六〈禮典五十六〉「出後者卻還為本父服及追服所後父議」條，
頁2583～2586。
〔註36〕見胡培翬，《儀禮正義》卷二二〈喪服二〉，頁1424。

> 子之文，故欲因今世乞子之名，而博引非類之物為喻，謂養率
> 可得自然成子，避其與後之譏乎！」

張闓指出陶氏（賀率的生母）之辭與于氏不同，可見陶氏亦曾以某種形式表述事情本末，而顯然立場與于氏相對立。我們之前即曾提到陶氏、于氏爭奪賀率為子的形跡，張闓所言更足以確認。陶氏的述詞應是認為賀率的身分是出後賀喬；喬妾生賀纂後，賀群尚健在時，即有顧榮等人認為賀率應還本。顧榮為吳國吳人，家為南土著姓。〔註37〕顧榮與賀群似乎交往親密，賀家可能也是東吳地方的士族，或許即是會稽山陰賀氏之支系，若然，難怪其家族的繼承問題，如此受人重視。張闓援引當代禮學名家、會稽山陰賀循之例佐證賀率應還本，若賀群確是會稽山陰賀氏，則兩人可能有親屬關係；而且賀循在江左有極高的聲望，元帝稱其「言行以禮，乃時之望，俗之表也。」〔註38〕「朝廷疑滯皆諮之於循，循輒依經禮而對，為當世儒宗。」〔註39〕因此張闓引賀循所行為例，對時人應有很強的說服力。

于氏之前曾引諸葛亮以兄子為嗣為己證成，其時代與于氏相距已一百多年，而張闓則舉當代賀循之例，反駁于氏。諸葛亮與賀循二者作法的差異，是否是人倫觀念與時推移的結果？史傳相關的事證太少，此假設不易回答，姑且備舉兩個南北朝僅見的例子，做為參考。南齊魚復侯子響，「世祖第四子也。豫章王嶷無子，養子響，後有子，表留為嫡。」〔註40〕北周柱國大將軍豆盧寧，初未有子，養弟永恩子勣。「及生子讚，親屬皆請讚為嗣。寧曰：『兄弟之子，猶子也，吾何擇焉。』遂以勣為世子。世以此稱之。」〔註41〕這兩個南北朝的例子，皆是以兄弟之子為後，後自生子，但是皆由家父長作主，留下兄弟之子為嗣。

這些分屬不同時代、地域的例子，不足以歸納出關於以兄弟之子為後、後自有子的處置差異是否與時代風氣相關。但從性別權力的角度觀之，這四位男性家長，不論留兄弟之子為嫡嗣，或是遣兄弟之子歸本，皆以身為父家

〔註37〕見《晉書》卷六八〈顧榮傳〉，頁1811。

〔註38〕見《晉書》卷六八〈賀循傳〉，頁1828。

〔註39〕見《晉書》卷六八〈賀循傳〉，頁1830。

〔註40〕見《南齊書》卷四○〈武十七王傳〉，頁704。

〔註41〕見《周書》卷一九〈豆盧寧傳〉，頁310。豆盧寧以兄弟子為嗣還受到稱揚，或許與北方重同姓骨肉的風氣有關。《宋書·王懿傳》云：「北土重同姓，謂之骨肉，有遠來相投者，莫不竭力營贍。」（《宋書》卷四六〈王懿傳〉，頁1391）

長的權力主斷而行，即使在他人有異議的情況，男性家長依然握有最終決定嗣子的權力。筆者在第一章曾討論于氏表文中，缺乏賀喬的意見，推論賀喬並未積極支持于氏，或許這正是于氏難以留住賀率爲子的關鍵。在父系制度下，父與子的關係才是認定子嗣的判準。于氏故事中，賀群將賀率給予于氏扶養，讓于氏得以養育屬於自己的子嗣，同時卻剝奪了陶氏的母親身分；賀喬不以賀率爲子，使得陶氏可以依據父系繼嗣的制度爭回賀率，又剝奪了于氏的母親身分。在父系制度下，女性無法以自己爲主體表現自己的意志，處處受制於人，雖然陶氏最後藉由父系禮制爭回兒子，但總觀整個爭奪子嗣的過程，陶氏與于氏都是父系制度下的受害者。

對於于氏所立六不解、十疑，張闓並未一一討論，他主要提出的反駁有二：其一，于氏所謂乞養人子而不以爲後，於禮無據。張闓認爲古代根本沒有養子不爲後的事，且今人養子皆以爲後。張闓對於于氏反覆論辯所欲闡明的養育之功、顧復之恩，完全置之不顧，全然站在父系繼嗣的角度解釋親子關係；父系制度生、養子嗣的目的就是傳承父系家族，因此斷論養子皆以爲後。其二，于氏以自己爲主體來安排賀率的身分，稱賀率爲嫡先定，賀纂庶幼後生，張闓認爲賀率以若子之輕義奪至親之重恩，是不可之甚。依然是從賀喬的立場，判斷二子孰親孰疏；于氏引「兄弟之子猶子」，亦被張闓認爲「猶子」不能和親子並比，重視的還是以父親爲主體的人倫關係。

對賀喬而言，賀率只是兄弟之子，賀纂才是骨肉至親。對于氏而言，賀率與賀纂於己皆沒有血源之親，賀纂爲丈夫的親子，在父系禮法中爲于氏的庶子；而賀率與于氏的親屬關係原只是姪兒與叔母，但從于氏的生命經驗來看，于氏與賀率有共同生活的經驗與情感，經由養育建立起實質的母子恩情。因此，于氏一心認同爲己子的是自己親手扶養長大的賀率，而不是父系制度指派的賀纂。在父系家族中，理所當然地以父親爲主體來安排母子關係，超出父系制度的女性經驗與情感往往被否認其存在，或無法被理解而視爲荒謬。于氏欲建構的、別於血源與繼嗣，以長養爲基礎的親子觀，似乎根本不被張闓等時人理解，被斥責是「博引非類之物爲喻」，否認女性養育可自然成子的可能。于氏的上表抗爭最後以失敗結束，夫已死，養育成人之子又被父系制度判定不是于氏的兒子，于氏的晚年如何自處，思之令人傷感。

父系家族對母職的控制，一方面藉由禮制刻意壓低母親的地位，另一方面，在生育文化的壓力下，「強迫」女性必須生育，性別分工將養育子嗣的責

任交給母親，並藉由史傳稱揚塑造理想的母親形象，利用女性的母職為父系家族傳承服務。母親為了兒子「含辛菇苦」、「犧牲奉獻」，然而當女性在擔任父系制度母職的過程中，藉由褓抱提攜、推燥居溼、訓誨教導等母職實踐，建立起母與子的親密情感以及權力關係，母子情感往往亦回頭挑戰父系制度對母職的控制。

　　魏晉時期的母子關係，在母子情感與父系制度之間有著微妙複雜的融合與對抗。母親為家族誕育子嗣、培養賢子，將父系文化的價值觀念灌輸在兒子身上，也將自己的生命實踐寄託於兒子的功成名就。繼承家主的孝子為母伸情，兒子躋登貴位或成就大業，亦往往「母以子貴」，抬高了母親被壓抑的地位，在一定程度上鬆動了父系制度對母子關係的控制。但是父親的至尊地位並未動搖，母子即使情感深厚，也抗拒不了父命的絕對權力，這在父命母出，及兒子奉父命出繼的事例中最清楚不過。

　　母子情感對父系制度構成挑戰，往往發生在父親亡故之後，母親成為寡母得以對兒子發號施令，儼然如女家長；但孝子還是必須援引父命為自己的違禮舉動證成，因為禮法公論推崇父命的權威，父命依然主宰著母子關係。誰可為子？誰可為母？只有能夠在父系文化的倫理價值中被承認的母子關係，其母子情感才能被接受並引起共鳴。親生母子的「天生」情感，被魏晉時人視為理所當然，而成為母親挑戰父系制度的利器；但是像于氏以養育的母職經驗爭取自己成為「合法」的母親，由於超逸出父系制度以父親認定親子的根本原則，而四處碰壁、沉冤千古。父系制度決定母子關係是否得以成立，在獲得承認的前提下，母子之情才能爭取到世人同情，才能夠在父系制度的框架內，以母子情感挑戰父系制度。

參考書目

一、**基本史料**（依經史子集四部分類）

（一）**經部：**（依照《四庫全書》目錄經部分類順序）

1. 《周易》，（清）阮元校刻十三經注疏本，北京：中華書局，1996。
2. 《詩經》，（清）阮元校刻十三經注疏本，北京：中華書局，1996。
3. 《詩經注析》，程俊英、蔣見元著，北京：中華書局，1996。
4. 《儀禮》，（清）阮元校刻十三經注疏本，臺北：世界書局，1963。
5. 《儀禮正義》，（清）胡培翬撰，南京：江蘇古籍出版社，1993。
6. 《禮記》，（清）阮元校刻十三經注疏本，北京：中華書局，1996。
7. 《大戴禮記解詁》，（清）王聘珍撰，北京：中華書局，1992。
8. 《禮記訓纂》，（清）朱彬撰，北京：中華書局，1996。
9. 《禮記集解》，（清）孫希旦撰，北京：中華書局，1995。
10. 《禮記譯注》，楊天宇著，上海：上海古籍出版社，1997。
11. 《春秋‧公羊傳》，（清）阮元校刻十三經注疏本，北京：中華書局，1996。
12. 《春秋公羊傳譯注》，王維堤、唐書文著，上海：上海古籍出版社，1997。
13. 《春秋‧穀梁傳》，（清）阮元校刻十三經注疏本，北京：中華書局，1996。
14. 《春秋‧左傳》，（清）阮元校刻十三經注疏本，北京：中華書局，1996。
15. 《春秋左傳注》，楊伯峻著，北京：中華書局，1993。
16. 《孝經》，（清）阮元校刻，十三經注疏本，北京：中華書局，1996。
17. 《孝經譯注》，汪受寬著，上海：上海古籍出版社，1998。
18. 《論語集釋》，程樹德著，北京：中華書局，1990。
19. 《釋名疏證補》，（清）王先謙撰，臺北：臺灣商務印書館，1968。

（二）**史部**（依該書時代先後排列）

1. 《史記》，（漢）司馬遷撰，顧頡剛等點校，北京：中華書局，1992。

2. 《漢書》，（漢）班固撰，傅東華等點校，北京：中華書局，1992。

3. 《東觀漢記校注》，（漢）劉珍等撰，吳樹平校注，鄭州：中州古籍出版社，1987。

4. 《後漢紀校注》，（晉）袁宏撰，周天游校注，天津：天津古籍出版社，1987。

5. 《續漢書》，（晉）司馬彪撰，收入（清）汪文臺輯，《新校本後漢書附補編十三種》，臺北：鼎文書局景印本，1977。

6. 《後漢書》，（劉宋）范曄撰，宋雲彬等點校，北京：中華書局，1993。

7. 《三國志》，（晉）陳壽撰，陳乃乾點校，北京：中華書局，1995。

8. 《晉書》，（唐）房玄齡等撰，吳則虞等點校，北京：中華書局，1991。

9. 《宋書》，（梁）沈約撰，王仲犖等點校，北京：中華書局，1996。

10. 《南齊書》，（梁）蕭子顯撰，王仲犖等點校，北京：中華書局，1995。

11. 《梁書》，（隋、唐）姚察、姚思廉撰，盧振華等點校，北京：中華書局，1992。

12. 《陳書》，（隋、唐）姚察、姚思廉撰，盧振華等點校，北京：中華書局，1995。

13. 《南史》，（唐）李延壽撰，盧振華等點校，北京：中華書局，1992。

14. 《魏書》，（北齊）魏收撰，唐長孺等點校，北京：中華書局，1995。

15. 《周書》，（唐）令狐德棻撰，唐長孺等點校，北京：中華書局，1992。

16. 《隋書》，（唐）魏徵等撰，汪紹楹等點校，北京：中華書局，1991。

17. 《唐律疏議》，（唐）長孫無忌等撰，劉俊文點校，北京：中華書局，1993。

18. 《通典》，（唐）杜佑撰，王文錦等點校，北京：中華書局，1988。

19. 《元史》，（明）宋濂撰，翁獨健等點校，北京：中華書局，1992。

20. 《明史》，（清）張廷玉等撰，鄭天挺等點校，北京：中華書局，1991。

（三）**子部**（依該書時代先後排列）

1. 《韓非子集解》，（清）王先慎撰，鍾哲點校，北京：中華書局，1998。

2. 《呂氏春秋校釋》，（秦）呂不韋等撰，陳奇猷校釋，上海：學林出版社，1995。

3. 《列女傳》，（漢）劉向撰，收入周光培編，《漢魏筆記小說》，石家莊：河北教育出版社景印本，1994。

4. 《列女傳今註今譯》，張敬著，臺北：臺灣商務印書館，1996。

5. 《白虎通疏證》，（清）陳立撰，吳則虞點校，北京：中華書局，1994。

6. 《論衡校釋》，黃暉校釋，劉盼遂集解，北京：中華書局，1995。

7. 《搜神記》，（晉）干寶著，汪紹楹校注，臺北：里仁書局景印本，1999。

8. 《錄異傳》，（晉・宋）撰人不詳，收入魯迅校錄，《古小說鈎沈》，濟南：齊魯書社，1997。

9. 《幽明錄》，（劉宋）劉義慶著，收入魯迅校錄，《古小說鈎沈》，濟南：齊魯書社，1997。

10. 《世說新語箋疏（增訂本）》，（劉宋）劉義慶著，（梁）劉孝標注，余嘉錫箋疏，上海：上海古籍出版社，1993。

11. 《顏氏家訓集解（增補本）》，（北齊）顏之推著，王利器集解，北京：中華書局，1993。

12. 《唐前志怪小說輯釋》，李劍國輯，臺北：文史哲出版社景印本，1987。

13. 《續高僧傳》，（唐）釋道宣撰，收入《高僧傳合集》，上海：上海古籍出版社，1991。

14. 《法苑珠林》，（唐）釋道世編，北京：中國書店景印本，1991。

15. 《醫心方》，（日）丹波康賴撰，臺北：新文豐出版公司景印本，1982。

16. 《太平廣記》，（宋）李昉等編，汪紹楹點校，北京：中華書局，1995。

17. 《朱子語類》，（宋）黎靖德輯，王星賢點校，臺北：文津出版社景印本，1986。

（四）集部（依成書時代先後排列）

1. 《全上古三代秦漢三國六朝文》，（清）嚴可均校輯，北京：中華書局，1995。

2. 《先秦漢魏南北朝詩》，逯欽立輯校，北京：中華書局，1993。

二、近人著作

（一）中文部份（依作者姓氏筆畫排列）

1. 石磊

　　1986，〈儀禮喪服篇所表現的親屬結構〉，《中央研究院民族學研究所集刊》53：2。

2. 田夫（邢義田）

　　1988，〈從《列女傳》看中國式母愛的流露〉，《歷史月刊》4。

3. 史鳳儀

　　1999，《中國古代的家族與身分》，北京：社會科學文獻出版社。

4. 甘懷眞

1995，〈魏晉時期官人間的喪服禮〉，《中國歷史學會史學集刊》27。

5. 杜正勝

1982，〈傳統家族試論〉，《大陸雜誌》65：2／3。

1988，〈古典的慈母魯季敬姜〉，《歷史月刊》4。

1992，《古代社會與國家》，臺北：允晨文化實業股份有份公司。

1997，〈中國傳統家族特質之現代反省——特從服紀與法律的考察〉，《大陸雜誌》95：4。

6. 杜芳琴

1996，〈七十年來中國婦女史研究綜述（1919～1989）〉，《發現婦女的歷史——中國婦女史論集》，天津：天津社會科學院。

7. 余英時

1980，〈名教危機與魏晉士風的演變〉，《中國知識階層史論》，臺北：聯經出版事業公司。

8. 李必友

1999，〈魏晉南北朝家族教育的特點〉，《安徽師範大學學報（人社版）》27：2。

9. 李亦園

1986，〈中國家族與其儀式：若干觀念的檢討〉，《中央研究院民族學研究所集刊》59。

10. 李貞德

1987，〈西漢律令中的家庭倫理觀〉，《中國歷史學會史學集刊》19。

1994，〈最近中國宗教史研究中的女性問題〉，《近代中國婦女史研究》2。

1995，〈漢隋之間的「生子不舉」問題〉，《中央研究院歷史語言研究所集刊》66：3。

1996，〈漢唐之間醫書中的生產之道〉，《中央研究院歷史語言研究所集刊》67：3。

1996，〈超越父系家族的藩籬——臺灣地區「中國婦女史研究（1945～1995）」〉，《新史學》7：2。

1997，〈漢唐之間求子醫方試探——兼論婦科濫觴與性別論述〉，《中央研究院歷史語言研究所集刊》68：2。

1999，〈漢魏六朝的乳母〉，《中央研究院歷史語言研究所集刊》70：2。

1999，〈漢唐之間的母親〉，國科會結案報告 NSC88-2411-H-001-019。

11. 林麗眞

1991，〈魏晉人對傳統禮制與道德之反省——從服喪論、同姓婚論與忠孝

論談起〉,《臺大中文學報》4。

1993,〈論魏晉的孝道觀念及其與政治、哲學、宗教的關係〉,《文史哲學報》40。

12. 祝總斌

1982,〈劉裕門第考〉,《北京大學學報（哲社版）》1982：1。

13. 唐長孺

1994,〈讀《顏氏家訓‧後娶篇》論南北嫡庶身分的差異〉,《歷史研究》1994：1。

14. 陳東原

1997（第十一版）《中國婦女生活史》,臺北：臺灣商務印書館。

15. 陳弱水

1997,〈試探唐代婦女與本家的關係〉,《中央研究院歷史語言研究所集刊》68：1。

1999,〈從〈唐晅〉看唐代士族生活與心態的幾個方面〉,《新史學》10：2。

16. 章景明

1986（再版）,《先秦喪服制度考》,臺北：臺灣中華書局。

17. 程樹德

1965,《九朝律考》,臺北：臺灣商務印書館。

18. 葛建平

1990,〈東晉南朝社會中的家庭倫常〉,《中山大學學報（哲社版)》1990：3。

19. 楊聯陞著,林維紅譯

1992,〈中國歷史上的女主〉,收入鮑家麟編,《中國婦女史論集》,臺北：稻鄉出版社。

20. 閻鴻中

1997,《周秦漢時代家族倫理之變遷》,國立臺灣大學歷史學研究所博士論文。

21. 臧健

1995,〈中國大陸近年中國婦女史研究之概況〉,《近代中國婦女史研究》3。

22. 熊秉真著、岳心怡譯

2001,〈建構的感情——明清家庭的母子關係〉,收入盧建榮主編,《性別、政治與集體心態——中國新文化史》,臺北：麥田出版。

1995,《幼幼——傳統中國的襁褓之道》,臺北：聯經出版事業公司。

23. 劉美智

　　1995，《魏晉父名、母名喪服研究》，國立臺灣師範大學國文研究所碩士論文。

24. 劉增貴

　　1980，《漢代婚姻制度》，臺北：華世出版社。

　　1991，〈魏晉南北朝時代的妾〉，《新史學》2：4。

25. 錢穆

　　1977，〈略論魏晉南北朝學術文化與當時門第之關係〉，《中國學術思想史論叢》（三），臺北：東大圖書公司。

26. 蕭公權

　　1982，《中國政治思想史》，臺北：聯經出版事業公司。

27. 瞿同祖

　　1984，《中國法律與中國社會》，臺北：里仁書局。

28. 顧燕翎編

　　1996，《女性主義──理論與流派》，臺北：女書文化事有限公司。

29. 顧燕翎、鄭至慧主編

　　1999，《女性主義經典》，臺北：女書文化事有限公司。

（二）日文部份（依作者姓氏筆畫排列）

1. 下川千惠子

　　1984，〈『世説新語』に見られる女性觀〉，《香川中國學會報》12。

2. 下見隆雄

　　1994，《儒教社會と母性──母性の威力の觀點でみる漢魏晉中國女性史》，東京：研文出版。

3. 吉川忠夫

　　1975，〈六朝時代における『孝經』の受容・再説〉，《古代文化》27：7。

4. 神矢法子

　　1978，〈晉時代における王法と家禮〉，《東洋學報》60：1。

5. 越智重明

　　1979，〈漢六朝の家產分割と二重家產〉，《東洋學報》，61：1.2。

（三）英文部份（依作者姓氏字母排列）

1. Cole, Alan

　　1998，*Mothers and Sons in Chinese Buddhism*. Stanford: Stanford University Press.

2. Hsiung, Ping-Chen

1993，"Constructed Emotions: The Bond Between Mothers And Sons In Late Imperial China", Late Imperial China. Vol.15, No.1.

3. Lee, Jen-der

1993，"The Life of Women in the Six Dynasties", 《婦女與兩性學刊》4。

4. Orliski, Connie

1995，"From the Sung to the PRC: An Introduction to Recent English-Language Scholarship on Women in Chinese History", 《近代中國婦女史研究》3。

5. Rich, Adrienne

1986，*Of Women Born*. New York: W・W・Norton & Company.

6. Ropp, Paul, 梁其姿譯

1991，"Chinese Women in the Ming and Ch'ing: A Reviewof Recent English-Language Scholarship."〈明清婦女研究：評介最近有關之英文著作〉,《新史學》4：2。

7. Wolf, Margery

1972，*Women and the Family in Rural Taiwan*. Stanford: Stanford University Press.

附錄一「大小宗圖」

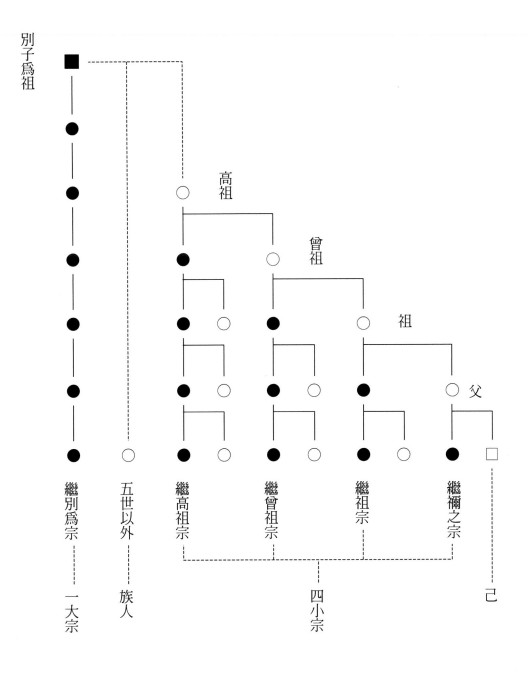

別子為祖

高祖

曾祖

祖

父

繼別為宗 —— 一大宗

五世以外 —— 族人

繼高祖宗

繼曾祖宗

繼祖宗

繼禰之宗

四小宗

己

附錄二「五服圖」

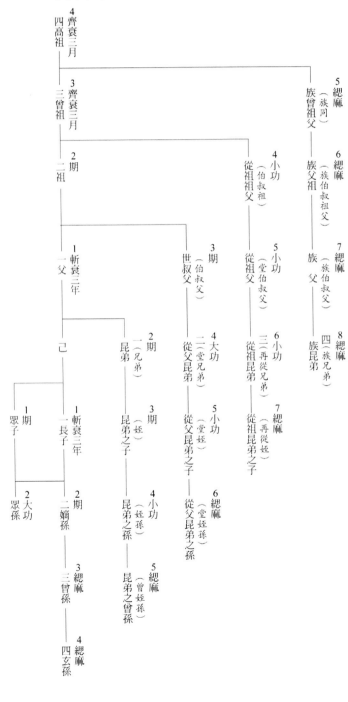

註：中文數字表示「世」
阿拉伯數字表示親等